罗素文集

第 14 卷

罗素自传

第 二 卷

1914—1944

陈启伟 译

商务印书馆
创于1897 The Commercial Press
2018 年 · 北京

Bertrand Russell
AUTOBIOGRAPHY
Volume Two first published by George Allen & Unwin 1968
Reprinted 1991,1993,1995 by Routledge
本书由英国卢德里奇出版社授权，
根据乔治·艾伦和昂温出版公司 1968 年版译出

被亵渎的神殿

威廉·布莱克

我见过一座全金筑成的教堂，
　　没有人胆敢迈进它的门墙，
许多人哀泣着伫立门外，
　　流泪，悲叹，顶礼膜拜。

我看见一条巨蛇
　　在白色门柱间耸起，
它猛施暴力，猛施暴力，猛施暴力，
　　直至把黄金的门键咬啮得破碎支离：

沿着那散发着芳香的甬道，
　　那镶满了珍珠宝石的甬道，辉煌灿烂
它拖曳着闪亮的细长的躯体
　　一直爬上了纯洁的神圣的祭坛。

它喷出它的毒汁
　　洒满面包和酒的圣餐，
于是我转过身来进入一处污秽的猪栏，
　　而倘伴于猪猡们之间。

目　　录

插 图 目 录

第一章　第一次世界大战

　　从 1910 年到 1914 年这段时间是一个过渡时期。我的生活在 1910 年以前和 1914 年以后，就如浮士德的生活在遇见梅菲斯特之前和之后一样，截然有别。我经历了一个重新焕发青春的过程，由奥托兰·莫雷尔开其端，又为战争而继续。说战争会使人恢复青春似乎很怪，但是事实上它使我摆脱了一些成见并使我重新思考了许多根本性的问题。它还提供给我一类新的活动，对这类活动我并不感到乏味，而这种感觉每当我试图回到数理逻辑上去时都困扰着我。因此我逐渐形成了一种习惯，认为自己是一个并不超凡出世的浮士德，对我来说代表梅菲斯特的就是这场大战。

　　7 月末炎热的日子，我在剑桥，和所有的人讨论时局。我觉得不能想象欧洲会疯狂到陷入战争，但是我相信，一旦有战争，英国是会卷进去的。我强烈地认为，英国应当保持中立，而且征集了很多教授和研究员在以此意发表于《罗彻斯特卫报》的一份声明上签名，到了宣战的那天，他们几乎全都变了卦。回首当年，人们竟没有明白地意识到将要发生什么事情，似乎有悖常情。我在本书第一卷中曾提到，8 月 2 日星期天，我遇见凯恩斯匆匆穿过三一学院的大院去借他表兄弟的摩托车赶往伦敦。[①] 不久我发现政府派人来召他去提供财政咨询。这就使我明白了英国加入战争已迫在眉睫。星期一一早我决定去伦敦。我在贝德福广场同莫雷尔夫妇一起吃午餐,发现奥托兰和我的想法完全一样。她赞成菲利普要在下院发表一篇和平主义的演说的决定。我继续到下院去,期望听听爱德华·格雷爵士[②]的著名声明,但是人群拥挤不堪,竟无法进入。不过,我得知菲利普已经适时地发表了他的演说。傍晚,我绕着马路散步,特别是在特拉法尔加广场一带,我留心地看着那些兴高采烈的人群,让自己感受一下过往行人的情绪。这时和随后的几天,我惊讶地发现,普通的男女对战争的前景都很高兴。我曾经愚蠢地以为,战争是奉行马基雅维里主义的专制政府强加给并不心甘情愿的民众的,这也是大多数和平主义者的看法。前些年我已注意到,爱德华·格雷爵士如何处心积虑地说谎,以使民众不晓得他是用什么办法让我们大家都答应在发生战争时要支持法国的。我曾天真地以为,当公众发现他怎样对他们说谎时,就会对他感到恼怒而厌恶了;然而相反,民众却对他表示感激,因为他使他们减轻了道义的责任。

8 月 4 日的早晨,我和奥托兰在大英博物馆后面的街上来来回回地散步,那里现在已经是伦敦大学的一些楼舍了。我们沮丧地讨论着未来。当我们向别人谈到我们所预见的灾祸时,人家都

---

① 他的表兄弟是 A. V. 希尔,一位卓越的医学家,他住在我隔壁的楼梯间。

② 爱德华·格雷爵士(1862—1933),1905—1916 年任英国外交大臣,奉行亲法反德和联合俄国的政策,一次大战爆发后,促使内阁对德宣战。——译注

以为我们是发疯了；然而结果证明，同事实①相比，我们倒是只会预卜小灾小难就唧唧喳喳叫的乐观派了。4 日晚，与乔治·特里威廉沿着整条斯特兰德大街一路争吵，之后去参加了格雷厄姆·沃拉斯任主席的一个中立委员会的最后一次会议。会议中间突然爆发一声雷鸣般的巨响，委员会的老会员们都以为是一颗德国炸弹。这就把他们赞成中立的最后一点点感情也驱散无遗了。战争爆发后的最初一些日子，我感到大吃一惊。我的一些最好的朋友，如怀特海夫妇，都持异常激烈的好战态度。又如 J. L. 哈蒙德这样的人，多年来一直撰文反对参加一场欧洲的战争，却被比利时弄得狂热好战起来。我早就从参谋学院的一位军人朋友那里听说，比利时一定会卷入战争，但是我没有想到那些大有名望的政论家们如此之轻率浮躁，竟对这种至关重要的大事无所知闻。《国民报》每周星期四照例有一次同仁午餐会，8 月 4 日的这次午餐会我去参加了。我发现，主编马辛汉激烈反对我们加入战争。我提出要为他的报纸写一篇反战的文章，他热情欢迎。次日，我收到他的一封信，开头就说："今天不是昨天"，并说明他的意见已全然改变。不过，他还是将我的一封反战的长信发表在下一期的《国民报》上②。究竟是什么使他改变了主张，我不知道。我晓得阿斯奎斯的一个女儿在 8 月 4 日午后晚些时候曾看到他从德国大使馆的台阶上走下来，而且我隐约觉得，他也许因此而受到警告，说在如此危难之际缺乏爱国热诚是轻率愚蠢的。在战争开头的一年左右， 17

---

① 指不久后发生的一次大战。——译注

② 该信全文见本书第 42 页。（指本书边码，下同。——译注）

他一直是爱国的,但是随着时间的推移,他逐渐忘记了自己曾经是这样的。有些主张和平主义的国会议员连同二三同情者开始在贝德福广场莫雷尔的家中举行聚会。我常去参加这些聚会,由此聚会中就产生了民主监督同盟。我很感兴趣地看到,许多和平主义的政治家更为关心的是他们当中谁来领导反战运动,而不是反战的实际工作问题。不过,他们都是应该发动的,而且我竭力把他们往好处想。

那时,我正处于最大可能的情感紧张状态。尽管我并没有预见到战争的全部灾难,但是我确比大多数人所预见的要多。战争的前景使我满怀恐惧,但是使我尤感恐惧的却是这个事实,即:约近百分之九十的人在预料到战争造成的屠杀时竟是极大的欢乐。我不得不修正我对人性的看法了。那时,我对精神分析毫无所知,但是我对人类感情的观点却与精神分析学家的观点并无二致。我是在力求理解在对待战争问题上的群众情绪时得到这个观点的。在那之前,我一直以为,父母爱自己的儿女是人之常情,但是战争使我相信那不过是一种罕见的例外。我曾经以为,人们大都爱财甚于爱别的任何东西,但是我发现,他们甚至更喜欢毁坏。我曾经以为,知识分子总是爱真理的,但是我在这场战争中又发现,知识分子中宁爱真理而不沾名钓誉者不足百分之十。吉尔伯特·默里自 1902 年以来一直是我的一个亲密的朋友,在我没有支持布尔人的时候,他已经是一个亲布尔派了①。因此我自然希望他会又一

_____

① 指在 1899—1902 年英国人与布尔人(南非荷兰移民的后裔)的战争中支持布尔人。——译注

次站在和平一边；然而他却一反常态，写文章骂德国人的邪恶，而赞颂爱德华·格雷爵士的超人美德。我对于那些将遭到杀戮的青年们充满了绝望的爱惜之情，而对所有欧洲的政治家们则感到怒不可遏。在几个星期里，我觉得如果碰巧遇到了阿斯奎斯或格雷，我会禁不住去把他们杀了。不过，这些个人的情感渐渐地消失了。这场悲剧之严重，以及对于仅仅由这些政治家的放任纵容而酿成的群众暴力的亲身体验，把我的这些个人的情感给吞噬以尽了。

在这中间，我自己备受爱国心的折磨。在马恩战役之前德国人的胜利令我恐惧。我像任何一个退役军官那样热切期望德国人战败。对英国的爱几乎是我所具有的最强烈的感情，而在这样一个时刻看来要把它抛开，我是在做一个非常困难的决裂。但是，我对于自己应该做的事情从无片刻的犹疑。有时我被怀疑论所麻痹，有时我抱着犬儒派的人生态度，另外的时候我对世事漠然处之，但是当战争降临的时候，我觉得仿佛听到了上帝的声音。我知道我的使命是提出抗议，尽管抗议可能是徒劳无益的。我的全部生命力都卷入其中了。作为一个热爱真理的人，所有交战国的民族宣传都令我厌恶。作为一个热爱文明的人，向野蛮的倒退使我惊骇。作为一个早失父母亲情的人，对青年人的大屠杀使我心痛欲碎。我并不认为反战会有很好的结果，但是我觉得，那些没有狂热冲昏头脑的人应该表明自己是坚定不移的。目睹运送士兵的火车开离滑铁卢站，我总是有一种奇异的幻觉，似乎伦敦并不是一个在现实中存在的地方。我常在想象中看见伦敦的那些桥梁塌陷、沉没，整个这座大城市像晨雾一样消逝了。伦敦的居民也开始变得仿佛是虚幻地存在，而且我甚至怀疑我以为自己一直生活于其中的这个世界是否只是由于发烧引起的梦魇的产物①。不过，这种心情为时不久，因为忙于工作很快就过去了。

战争的最初阶段，奥托兰给了我最大的帮助和激励。如果没有她，最初我会是完全孤独的，而她无论在憎恨战争这一点上，还是在拒不相信那些充斥世界的神话和谎言方面，都是毫不犹豫的。

桑塔亚那当时正在剑桥，同他的交谈使我得到些微的安慰。他是一个中立者，而且无论如何他并不十分关心人类是否会毁灭自己。他那恬静的哲学的超然风度，虽非我所欲仿效的，却给我以慰藉。马恩战役前夕，当时看来德国人一定会很快拿下巴黎，他竟梦呓般地说："我想我非得去一趟巴黎不可。我冬天穿的衬衣还在那儿，我不乐意让德国人把它们拿去。我还有另外一个虽然较不重要的理由去巴黎，那就是我有一部书的手稿放在那儿，最近10年我一直在写这部书，不过我对此并不像对那些衬衣那么在意。"不过，他并没有去巴黎，因为马恩战役为他解除了忧虑。但有一天他却对我说："我明天要到塞维利亚②去，因为我希望到一个人们并不克制自己感情的地方去。"

10月份秋季学期开学，我又必须开始讲授数理逻辑了，但是我感到这是一件徒劳无益的事情。于是我着手在剑桥教师和研究员中间组建民主监督同盟的一个支部，在三一学院有相当多的教研人员最初持同情的态度。我也在大学生的集会上发表演说，他们很乐于听我讲话。记得在一次演讲中我说："妄称德国人是邪恶

① 我曾将此想法对 T. S. 艾略特谈过，他写入了长诗《荒原》(*The Waste Land*)。
② Seville，西班牙西南部的城市。——译注

的,那完全是胡说",出乎意料的是,全场热烈鼓掌。但是,随着葡萄牙卢西坦尼亚的陷落,一种更可怕的风气开始占据上风。人们似乎认为,在某种程度上我要为这个灾难负责。曾经参加民主监督同盟的教师和研究员中间,有许多人这时已得到任命被擢升了。巴恩斯(后为伯明翰主教)离开三一学院到伦敦圣殿律师学院做院长去了。老的教师和研究员们都变得愈来愈歇斯底里,我开始发现自己在特设餐桌①上被人们敬而远之了。

整个战争期间,每过圣诞节,我感到万念俱灰,这种完全绝望的心情使我什么也不能做,只有待在椅子上,纳闷人类究竟有什么用处。1914 年的圣诞节,经奥托兰的劝告,我找到了一个令绝望的心情不那么难以忍受的办法。我开始以一个慈善委员会的名义去访问那些贫苦的德国人②,调查他们的生活境况,以救济他们的穷困,如果他们应该得到救济的话。在这件工作过程中,我碰见一些在战争狂热里显现出来的和善仁爱的突出事例。在贫民区一些女房东本身虽然也穷,却让德国人不付分文房租地住下去,这种情况屡见不鲜,因为她们知道德国人已经不可能找到工作了。不过这个问题随后不久就不复存在了,因为德国人全都被扣押了,但在战争开头的几个月,他们的状况是很可怜的。

1914 年 10 月,有一天我在新牛津大街遇见 T.S.艾略特。我不知道他此前在欧洲,这时才发现他是从柏林来英国。不用说,我问起他对这场战争有什么想法。他回答说:"我不晓得。我只晓得

---

①　High table,英国大学饭厅中专为院长、导师和主要宾客所设的餐桌。——译注

②　此处应指在英国的德国侨民。——译注

我不是一个和平主义者。"那就是说,他认为为杀人找出任何借口都是有充分理由的。我同他,后来也同他的妻子(他们于 1915 年初结婚),成了亲密的朋友。在他们穷困至极之际,我把我的住宅的两间卧室之一借给他们,因而我同他们时常见面①。对他们夫妇二人我都很喜欢,而且在他们困难的时候尽力去帮助他们,一直到我发现他们原是以苦为乐,才停止对他们的帮助。我持有一家工程营建公司的票面值为 3000 英镑的一些债券,在战时这家公司自然要制造军火,因此我在良心上深感不安,不知如何处理这些债券,最后我把它们都送给了艾略特。几年以后,战争已经结束了,他也不再穷困了,他把这些债券又还给了我。

1915 年夏,我写了《社会改造原理》或《人们为何而战》一书,后者是未经我的同意在美国印行时用的书名。我本来没有打算写这样一本书,而且它与我先前写的任何东西全然不同,但是它不由自主地就出来了。事实上直到写完了它,我才发觉这究竟是怎样的一本书。它有一个框架、一个方案,但是只是在除了开场白和结束语之外什么都写好了的时候,我才发现它是有一个框架并提出了一个方案的。在此书中我提出了一种政治哲学,它是基于这样一种信念,即认为冲动较之自觉的意图在塑造人的生活上起的作用更大。我把冲动分为两类:占有的和创造的,认为最是建立在创造性冲动之上的生活才是最好的生活。我以国家、战争和贫困作为占有的冲动的具体例子,而以教育、婚姻和宗教作为创造的冲动的具体例子。我相信,把创造性解放出来应当成为社会改革的原

---

① 不过,有时人们以为我们中的一个影响了另一个却是毫无根据的。

则。这本书最初是一些讲演的稿子,后来出版了。出乎我的意料,它一问世立即获得成功。我写它本不指望人们会去读它,而只是作为一种信念的表白,可是它给我挣来了一大笔钱,而且为我后来的一切收入打下了基础。

这些演讲在某些方面同我与 D.H.劳伦斯的短暂的友谊有关系。我们都认为在改革人类关系问题上有某种重要的东西要说,但是我们开头并没有意识到,我们对需要采取何种改革的观点正好相反。我同劳伦斯的交谊是短暂而热烈的,总共持续了一年左右。我们是由奥托兰介绍相识的,奥托兰对我们两人都很称赞,而且要让我们也认为应当彼此互相赞赏。和平主义在我身上产生了一种强烈的反叛情绪,我发现劳伦斯同样蛮有反叛精神。这就使我们最初以为彼此之间有相当大程度的一致性,我们只是逐渐地发现彼此的差别大于我们各自与德国皇帝的差别。

那时劳伦斯对战争有两种态度:一方面,他不可能全心全意地爱国,因为他的妻子是德国人;但另一方面,他对人类是如此之憎恨,竟至认为就交战双方互相憎恨而言,大家一定都是对的。当我终于知道他的这两种态度时,我明白自己不可能同情其中任何一种。不过,我们双方都是逐渐地意识到彼此的分歧的,最初一切都像结婚的钟声那样欢快。我邀请他到剑桥我这里来做客,并且把他介绍给凯因斯和其他许多人。他对他们全都抱有激烈的憎恨,说他们"该死,该死,该死"。有一段时间我曾想他也许是对的。我喜欢劳伦斯的热情,我喜欢他的情感的活力和激扬。我喜欢他的这个信念,即要使世界恢复正常,必须有某种极为根本的东西。我同意他的观点,认为政治学与个人心理学是分不开的。我觉得他

是一个有某种想象天才的人,最初当我感到要同他发生分歧时,我
就想他对人性的洞见也许比我更深刻。我只是逐渐地才感到他是
对付恶的一种积极的力量,而他对于我也怀有同样的感觉。

这时我正在为后来以《社会改造原理》发表的那些讲演稿做准
备。他也要去讲演,有一段时间我们似乎有可能进行某种合作。
我们有很多书信往来,我给他的信都丢失了,但是他的信都发表
了。从他的信中可以看出他渐渐意识到我们的根本分歧。我是一
个坚定信仰民主的人,而他则在政治家们想到法西斯主义之前,就
已经发挥出一整套法西斯哲学了。他写道:"我不相信民主监督。
我认为工人只是由于其直接的生活状况就有资格选举领导者或监
督者。你必须彻底修改选民制。工人们将只是为了切身相关的事
情才选出他们的上司。当他们起来时,则将在其他阶级中选出更
高的领导者。正如一切有机的东西必定有一个头儿那样,选举之
事最终也必定出来一个真正的头儿——不是立个愚蠢总统的愚蠢
共和国,而是一个选出来的国王,类似凯撒那样的王。"当然,在他
的想象中,一旦建立了独裁政权,他就该是那个凯撒。这是他的全
部思想的那种梦幻性质的一个方面。他从不让自己接触现实。他
会发表慷慨激昂的演说,长篇大论一个人如何必须向群众宣布"真
理",而且他似乎毫不怀疑群众会侧耳倾听他的议论。我问过他准
备采取什么方法。他会把他的政治哲学笔之于书吗?不。在我们
这个腐败的社会里,书面语总是谎言。他会到海德公园去站在肥
皂箱上宣布"真理"吗?不。那可太太危险了(在他那儿不时地表
现出莫名其妙的谨小慎微)。我对他说,那么,你怎么办呢?在这
个节骨眼上,他就会是顾左右而言他了。

　　我逐渐发现他并不真的希望改善这个世界，而只是耽迷于对世界如何之坏做能言善辩的独白。假如有什么人偷听到他的那些独白，那要好得多，但是他的独白最多不过打算产生一小群忠实门徒，他们能够坐在新墨西哥的荒原上，感受神物。这一切都是以一个法西斯独裁者的语言作为我必须传布的东西传达给我的，这个"必须"下面划有13条着重线。

　　他的信逐渐变得更有敌意了。他写道："像你这样活着究竟有什么好？我不相信你的讲演是好的。它们已差不多完了，不是吗？陷进这条该死的船用商贾朝圣者们自己的语言向他们慷慨陈词有什么好？你为什么不离开那条船呢？你为什么不抛开这整出闹剧呢？在这些日子里，一个人必须是一个不法之徒，而不是一个教师或传道士。"在我看来这纯属虚夸之词。我正在变得比他更加是一个不法之徒，而且我看不大出来他有什么理由抱怨我。他在不同的时候以不同的方式表达他的怨愤。在另一个场合，他写道："你要完全停止工作和写作，成为一个生物而不是一个机械的工具。你要摆脱整个社会之船。为了你的自尊，你要成为一个纯粹的无，成为一只鼹鼠，成为一个跟着感觉走而不去思考的生物。看在老天爷的分上，你要成为一个婴儿，而不再做学者。不要再做任何事情——但是看在老天爷的分上，要开始成为——从头开始，成为一个完全的婴儿：以勇敢的名义。

　　"噢，我要问你，何时才拿定主意，你得让我可以活下去呀。你希望你永远活着。但是我希望你在某种程度上把我作为你的继承人。"

　　这个计划的唯一的困难在于，如果我照着它去做就不会有任何东西留给他去继承了。

　　他有一种神秘的"血"的哲学,我不喜欢。他说:"除了大脑和神经,意识还有另一个所在,在我们身上有一种血意识,独立于通常的心理意识而存在。我们在血中生活,认知,并且在血中有我们的存在,而与神经和大脑无涉。这是属于隐秘状态的那一半生命。当我御一妇人时,血知觉就达到最佳状态。我的血认知是压倒一切的。我们应该明白,我们有一种血存在,一种血意识,一种血灵魂,完全独立于心理的和神经的意识。"坦白地说,我觉得这是荒诞的谬论,而且激烈地给以驳斥,虽然那时我并不知道这种荒诞的谬论直接导致奥斯维辛集中营①。

　　如果有人表示说任何人本来都可能友爱地对待任何别的人,他总是勃然大怒。当我因为战争造成的苦难而反对战争时,他斥我伪善。"你,你的根本的自我,要求终极的和平,这绝不是真的。你是在以一种间接的、虚伪的方式来满足你寻求刺激和大走红运的欲望。要么以直接而诚实的方式去满足它,说'我恨你们所有的人,你们这些说谎者和下流坯,我要出来攻打你们了',要么坚持搞你的数学,在那里你可以是真诚的——但是要装成和平的天使——不,我更千百倍地喜欢蒂尔皮茨②扮演那个角色。"

　　现在我觉得很难理解这封信曾经给我以莫大的震动。我曾有些相信他具有我拒不承认的某种洞见,当他说我的和平主义是植根于嗜血欲时,我猜想他一定是对的。我思考了24小时,觉得自

---

　　①　Auschwitz(奥什维茨),是波兰地名 Os'więcim(奥斯维辛)的德语形式。奥斯维辛是纳粹建立的第一个设有杀人毒气室的集中营。——译注

　　②　蒂尔皮茨(1849—1930),德国海军上将,曾任帝国海军大臣,主张向外侵略扩张。——译注

己不适合活下去而打算自杀。但是到了那段时间的末尾，产生了一种比较健康的反作用力，我决意摆脱这种精神病态。当他说我必须宣讲他的而不是我的学说时，我反抗了，而且要他记住，他不再是教师，而我也不是他的学生。他曾写道："你是全人类的敌人，充满了仇恨的欲望。激励你的不是对虚假的憎恨，而是对有血有肉的人民的憎恨，那是一种被颠倒了的嗜血欲。你为什么不承认呢？让我们再成为陌路人吧。我想那比较好。"我也作如是想。但是他从对我的攻击里找到了一种快乐，而有几个月光景继续写信，其中也包含十分友好的话，以便同我保持通信往来。最后，通信也悄然中止了，没有任何戏剧性的结尾。

劳伦斯是他的妻子的喉舌，这一点人们大都不知道。他有辩才，而她有思想。当精神分析在英国还不甚为人所知的时候，她在每个星期都要到奥地利弗洛伊德的信奉者们的聚居地去消磨一段时光。不知她怎么会超前地接受了后来被墨索里尼和希特勒所阐发了的思想，我们可以说，她又把这些思想通过血意识传送给劳伦斯。劳伦斯是一个本性胆小的人，他用气势汹汹的狂呼大叫来掩饰他的怯懦。他的妻子却不是胆小鬼，她对人的指斥直如雷轰电击，而不是大喊大叫。在她的卵翼下，劳伦斯感到比较安全。像马克思一样，他因为娶了一位德国贵族为妻而有一种自命不凡的傲慢，在《查特莱夫人的情人》一书中他把她精心打扮得妙不可言。他的思想是一堆伪装成素朴实在论的自欺欺人的东西。他的描写能力是非凡的，而他的思想不会被人们太快地忘记。

最初使我对劳伦斯抱有好感的是某种富有活力的特质和一种对人们往往视若当然的假定提出挑战的习惯。我已习惯于被人们非难为过分屈从理性,我想他或许能给我一剂恢复生气的非理性的灵丹妙药。事实上我的确从他那里获得了某种激励,我想我认识他以后写的书尽管遭到他猛烈的抨击,但是要比我没有与他相识的情况下写得更好。

但这不是说,在他的思想中有任何好的东西。回顾一下,我认为它们没有任何价值。它们是一个一心想当专制君主、因为世界不会即刻俯首听命而发怒的神经质的人的思想。当他意识到他人的存在时,他就恨他们。不过大部分时间他是生活在他自己幻想的孤独的世界中,那里充满了如其所希望的那样的幽灵怪影。他之所以着力描写性,乃因为只有在性行为中他才不得不承认自己不是宇宙间唯一的人。但是性行为是如此之痛苦,以至于他认为性关系是每一方都企图摧毁另一方的永无休止的战斗。

24　　两次大战之间的世界被诱入疯狂。纳粹主义是这种诱惑力的最突出的表现。劳伦斯是这种疯狂崇拜的一个典型。我不能确定斯大林的克里姆林宫的那种冷酷不近人情的清醒理智是不是一种改进①。

随着1916年的来临,战争打得更猛烈可怕了,和平主义者在国内的处境更困难了。我同阿斯奎斯的交情从未变得冷淡不恰。在奥托兰结婚之前,他就是她的一个爱慕者,我以前时常在加辛顿她的住处碰见他。有一次,我在一洼池塘里一丝不挂地洗澡,当我上来时发现他正在岸上。在这种场合,内阁首相②和一个和平主

---

① 参见我给奥托兰的信中谈及劳伦斯的地方,本书第53页。

② 阿斯奎斯(1852—1928),曾任英国自由党内阁首相(1908—1916)。——译注

义者的会见有点缺少本应具有的尊严性。但无论如何,我觉得他不大会把我扣起来。在爱尔兰都柏林复活节叛乱期间,有37名出于良心而拒服兵役者被判处死刑,我们有几个人作为代表去见阿斯奎斯,要求为他们减刑。虽然他正要去都柏林,但还是很有礼貌地听取了我们的意见,而且采取了必要的行动。人们曾普遍认为,甚至政府也认为,从法律来说,出于良心而拒服兵役者是不应判死刑的,然而结果这个看法倒成了错误,要不是阿斯奎斯出面干预,他们好多人就会被枪杀了。

然而,劳合·乔治①则是一个难对付的家伙。有一次,我同克利福德·艾伦(反兵役联谊会主席)和凯瑟琳·马歇尔女士找他面谈有关正被囚禁的拒服兵役者的问题。他只有在沃尔顿希斯吃午餐的时间才能同我们见面。我对不得不接受他的款待感到厌恶,但那似乎是无法避免的。他对我的态度是快活而温和的,但是他没有给我们任何令人满意的东西。最后,当我们要离开时,我以一种近乎读《圣经》的调子痛骂了他一通,对他说他的名字会遗臭青史。从此以后我再也不乐意见他。

随着征兵开始,我实际上把全部时间和精力都用于有关拒服兵役者的事务。反兵役联谊会全是由正值兵役年龄的人组成的,不过它也吸收妇女和年龄较大的男子作为非正式会员。在原来的委员会全都入狱之后,又组成了一个替补委员会,我成为它的执行主席。我有大量的工作要做,有些是照管拒服兵役者的个人利益,

---

① 劳合·乔治(1863—1945),英国自由党领袖,一次大战期间组织联合内阁,任首相(1916—1922)。——译注

有些是注意军事当局的动静,以便判断他们并没有把拒服兵役者派往法国,因为只有在被派往法国之后,拒服兵役者才有被处死刑的危险。于是我要在全国四处奔走发表大量的演说。我在威尔士矿区里待了三个星期,有时在大厅里讲,有时在露天里讲。没有一次会被中间打断,就我限于在工业区进行演讲来说,我发现大多数听众抱着同情的态度。但是,在伦敦情况就不同了。

反兵役联谊会主席克利福德·艾伦[①]是一位极有才能、机敏精明的青年。他是一个社会主义者,而不是基督徒。在基督徒和平主义者和社会主义和平主义者之间保持和谐的关系总有某种困难,在这个方面他表现出令人钦佩的公正无私的态度。然而,1916年夏,他受到军事法庭的审判并被投入监狱。在那之后整个战争期间,我只是在与法庭判决有关的一些特殊的日子里才看到过他,1918年年初,他因健康的理由(实际上是已濒于死亡)被释放,但之后不久我自己也入狱了。

当克利福德·艾伦最初被治安法庭传讯进行诉讼时,我第一次遇见康斯坦丝·马勒森夫人,她的舞台艺名科莉特·奥妮尔是广为人知的。她的母亲安斯利夫人与普鲁士的亨利亲王有一种友情,这种友情始于战前,战争结束后又重叙旧情。这无疑使她倾向于赞成中立态度,不过科莉特和她的姊妹克莱尔·安斯利夫人都是真正的和平主义者,并且投身于反征兵联谊会的工作。科莉特嫁给了演员和剧作家迈尔斯·马勒森。他在 1914 年曾被征入伍,但是由于一只腿有点毛病幸而被遣退。为了拒服兵役者的利益,

―――――――――

① 即后来的赫特伍德·艾伦勋爵。

他极慷慨地利用了他所获得的这种有利的地位,他在被征入伍以后已经开始相信和平主义的立场之为真理了。我注意到科莉特在治安法庭,并且被介绍给她。我看出她是艾伦的朋友,并从艾伦那里得知她不吝惜时间,有自由主张,诚心诚意信奉和平主义。我亲自看到了,她年轻而且极美。她在舞台上演出,连续在两个角色的扮演上赢得了迅速的成功,但是当战争来临时,她把整个白天的时间都用于在反征兵联谊会的办公室里写信封上的姓名地址。根据这些情况,我自然采取一些办法去更进一步地认识她。

　　这时我同奥托兰的关系已经渐渐疏远了。1915 年她离开伦敦,住到牛津附近加辛顿的庄园宅第去了。那是一幢古老的华丽的宅第,曾被用作农园,她一心要把它的全部潜能都恢复过来。我常去加辛顿,但是发现她对我比较冷淡了①。我在寻找另一个女人来安慰我的愁苦,但是在遇见科莉特之前,一直没有找到。在治安法庭相遇之后,我在一群和平主义者的宴会上又遇见了科莉特。从饭店出来我同她和其他一些人步行回到她的住处,那是伯纳德街 43 号,在罗素广场附近。我觉得自己被她深深地吸引了,但是我没有机会过多表达这种感情,只是向她提到我要在贝克街波特曼公寓发表一个演说。当我到那儿演讲时,看见她坐在前排的一个位子上,于是我请她在会后到饭店去吃晚饭,然后同她一起回家。这次我进了她的家,这是我以前没有做过的。她非常年轻,但是我发现她有一种与奥托兰一样大的沉着从容的勇气(我发现勇气是我当真爱的每个女人必具的品质)。我们谈了半夜,而且话谈

---

①　战争初期我写给奥托兰夫人,反映我那时心境的一些信,见本书第 51—67 页。

了一半就成了情人。有些人说，一个人应该慎重，但是我不同意他们的看法。我们彼此并不熟悉，但是在那一刻对我们双方都开始了一种非常认真、极度重要、有时快乐、有时痛苦、但绝不寻常、绝非不配与关乎战争的重大社会感相并重的关系。诚然，战争自始至终都与这场爱情的特质密切相关。我第一次同她同床共枕（我们第一次成为情人时并没有上床，因为要说的话太多了），我们就突然听到街上发出野兽般狂呼胜利的叫喊。我跳下床来，看见一艘齐伯林飞艇①坠落下来在焚烧。人们在街上欢呼胜利，是因为他们想到那些在极度痛苦中死去的勇敢的人。科莉特的爱在这一时刻是我的一个避难所，不是从残酷本身逃脱出来，那是不可能的，而是使我摆脱了由于认识到那就是人的本质而感到的极度的痛苦。我记得一个星期天，我们是到英格兰南部丘陵一带散步来度过的。傍晚时分，我们到路易斯车站乘车回伦敦。站上挤满了士兵，他们大部分要返回前线，差不多都喝醉了，有一半的人有喝醉的妓女陪着，另一半人则由妻子或恋人陪伴，他们都自暴自弃，都不顾一切，都发了疯。战争世界的严酷和恐怖把我压倒了，但是我紧紧地依恋着科莉特。在一个仇恨的世界中，她保持着爱，就这个字的每一种含义上的爱，从最普通的含义到最深刻的含义的爱，而且她有一种安如磐石的坚定不移的品质，这种品质在那些日子里是无比宝贵的。

　　在齐伯林飞艇坠落的夜晚之后，我第二天一大早就离开她回

---

①　齐伯林（1838—1917）为一德国军官，他研制的硬式飞艇被称为齐伯林飞艇。——译注

到戈登广场我哥哥的住宅,我那时正住在那里。在路上我遇见一个卖花的老翁,他大声叫卖:"鲜美的玫瑰花!"我买了一束玫瑰花,付了钱,请他送到伯纳德街去。人人都会以为他会把钱匿下而不去送玫瑰花,但并不是这样,而且我知道他不会这样。从那以后,"鲜美的玫瑰花"这几个字成了我思念科莉特的一种口头禅。

我们到上巴克斯顿沼泽地的猫琴小旅店①度了三天的蜜月(由于工作忙,我不可能有更多的余暇)。时当严寒,壶里的水清晨都结了冰。但是萧索荒寒的沼泽地却正适合我们的心情。它们是荒凉的,但给人一种浩瀚无际的自由感。我们把白天都消磨在长距离的散步上,夜晚则是在一种能把人世间一切痛苦都消融的激情中度过的,这种激情使我们从痛苦中升华到一种几乎是超乎人类的销魂忘形的境界。

在最初的日子里,我并不知道我对科莉特的爱是多么深挚认真。我以往总认为我把全部真挚的感情都给了奥托兰。科莉特远更年轻,远更不是一个重要人物,远更敢于追逐轻浮的欢乐,因此我不能相信自己的感情,而且几乎觉得我不过同她做个消遣罢了。圣诞节,我在加辛顿逗留,那儿有一个大型的晚会。凯恩斯在那里,宣布两个狗的婚礼,结尾说:"是人使它们结合在一起的,愿狗们永不分开。"利顿·斯特雷奇给我们朗诵了《维多利亚时代名人传》的手稿。凯瑟琳·曼斯菲尔德和米德尔顿·默里也在那里。此前我刚刚见过他们,但是只是这一次我才对凯瑟琳有了充分的了解。我不知道我对她的印象是否正确,但与别人对她的印象很

---

① Cat and Fiddle 是以猫和小提琴为标志和牌号的小旅店。——译注

不一样。她的谈话极妙,尤其在她谈到她要写的事物时,比她写出来的东西要好得多,但是当她谈到人时,则心怀妒意,阴毒险狠,在揭发人家最不愿为人所知的隐私和任何恶德上,她颇有惊人的洞察力①。她恨奥托兰,因为默里不恨奥托兰。我终于明白了,我必须把对奥托兰有过的感情淡忘,因为她不再给我的感情以充分的回报而使我感到幸福了。我留心听取了凯瑟琳·曼斯菲尔德所有要说的反对她的话;结果我并不相信她的话,但是我逐渐能够把奥托兰看作一个朋友,而不再是情人了。此后我再也没见过凯瑟琳,但是我已能让自己对科莉特的感情自由驰骋了。

我倾听凯瑟琳谈话的那个时候是一个危险的过渡时期。战争已经使我几乎成了一个十足的犬儒主义者,要我相信有任何事值得做,是难乎其难的。我会有一阵阵如此绝望的心情,以致连续几天完全无聊地坐在我的椅子上,除了偶尔读读《圣经·旧约》的《传道书》之外,无所事事。但是,在这段时间的末尾,春天来临了,我觉得自己从在与科莉特的关系上曾经令我苦恼的那些怀疑和犹豫中解脱出来了。不过,在我冬日绝望最甚之际,我找到了一件事来
28 做,这件事虽然最后证明也像所有其他的事一样是无用的,但是我觉得在当时并非毫无价值。美国其时仍持中立,我给威尔逊总统②写了一封公开信,呼吁他拯救世界。我在信中说:

先生:

您有机会为人类完成一件了不起的功业,这件功业像林肯的

---

① 亦见我给奥托兰夫人的信,本书第 53 页。

② 伍德罗·威尔逊(1856—1924),美国第 28 任总统(1913—1921),1917 年领导美国参加一次大战,1919 年出席巴黎和会,倡议建立国际联盟。——译注

功业一样伟大，甚至要超过他。以一种正义的和平结束这场战争，就在您的掌握之中，这种和平将为消除人们对不久又会重燃战火的恐惧做出可能做的一切。挽救欧洲文明免于毁灭，现在还不太晚；但是如果像我们的军事家们所威胁的那样要让战争继续打上两三年的话，那恐怕就太晚了。

战局现在已经发展到关键时刻，其最终的结局大致说来对一切有思考能力的人都是明显的。所有交战国政府当局一定都很清楚，任何一方都不可能取得胜利。德国人在欧洲有优势，同盟国在海上占上风。任何一方都不可能赢得一种压倒性的胜利而迫使对方屈膝求和。战争使各国遭到巨大的破坏，但是并没有破坏到使它们不可能继续打下去。显然，不管战争会怎样拖下去，双方终究将不得不根据实质上是目前对得失衡量的结果进行谈判，而且达成的条件同现在可能缔结的条件也不会有很大的差别。德国政府已经承认这一事实，而且表示愿意根据至少应被看作为讨论提供一个基础的一些条件缔结和约，因为这些条件在涉及同盟国尊严的若干要点上做出了让步。同盟国政府一直没有勇气公开承认它们私下无法否认的东西，即现在不可能抱有赢得全面胜利的希望。由于缺乏这种勇气，它们就准备使欧洲陷入可能继续打两三年战争的恐怖之中。这种状况对任何一个有仁爱之心的人都是不可容忍的。先生，您能终止这种状况。您的权力构成一种机会和一种责任，从您以往的作为，我确信您会以在政治家中罕见的那样高度的智慧和人道精神来行使您的权力。

这场战争已然造成的损害是无法估量的。不仅几百万宝贵的生命被杀害了，不仅甚至有更多的人受伤致残或损坏了健康，而且整个文明的标准被降低了。恐惧已侵入人的最内在的本性,总是与恐惧相伴的残忍亦随之而来。仇恨变成了生活的准则,损人比利己更为人们所渴望。我们以前所经历的和平发展的希望已经没有了,绝不可能恢复了。恐怖和凶残已成为我们呼吸生活于其间的真正的氛围。我们的祖先经过几个世纪的斗争取得的那些自由被毁于一旦,各个民族都为了一个可怕的互相毁灭的目的而被严密管制。

但是,只要我们某些领导人的声明使我们预料战争还要打下去,那么这一切同未来将落在我们头上的灾难相比就算不了什么了。随着压力的增加,对战争的厌倦使普通民众愈发难以驾驭,于是严厉的镇压不断加强。在所有交战国中,那些受伤和休假回家的士兵对战壕表示绝对的厌恶,对达成一个军事决定感到绝望,对和平有一种极度的渴望。我们的军事家们反对给士兵以选举权,他们的反对成功了;然而在所有的国家中人们都试图使民众相信,只有敌军士兵有厌战情绪。每日听到为被毁掉的年轻生命敲响丧钟成为一种可怕之极而几乎无法忍受的恐怖;然而提倡和平却到处被斥为对士兵们的背叛,虽然士兵们比所有的人都更希望和平。和平的支持者们到处都碰到这种令人恼恨的诡辩,说已死的勇士们的血绝不会白流。而因此人们对仍然活着的士兵的怜悯之情就逐渐枯竭了,被一种对那些立誓要救助我们的人的虚妄无益的忠诚所泯灭了。就连为了制造军需品、为了负担码头装卸劳动和为了进行战争所不可或缺的其他目的而迄今被留下来的人,也逐渐被选派到军队里去,而以妇女代替之,结果造成了有色人种劳动力留在后方的严重威胁。存在着一个实实在在的危险,即如果不设法抑止民族情绪的猛烈爆发，我们所了解的欧洲文明就会完全毁灭，就像罗马在野蛮人进攻面前陷落时，文明遭到毁灭一样。

人们也许会觉得奇怪，公众舆论似乎支持政府当局为进行战争所做的一切。但是这种表面现象多半是靠不住的。积极鼓吹把战争继续打下去的是一些有影响的人物和到处都由政府控制的新闻界。至于社会其他各界，看法则与新闻报章所说者大不相同，但是公众的意见仍然默然无声而不被报道，因为那些可能引导舆论的人要受到如此严厉的惩罚，以致很少有人敢于公开发表声明，而且他们少数几个人也不可能把公众意见广泛地宣传。根据个人很多的经验（这些经验又由我从他人可能获知的一切所增强）我相信，人们几乎普遍希望和平，不仅士兵如此，而且整个工薪阶层也是如此，尤其在工业区更是如此，尽管他们有高工资和稳定的工作。如果对是否应该举行谈判这个问题进行一次全国公民投票，我确信绝大多数人会赞成这个做法，而且对法国、德国和奥匈帝国都可以这样说。

人们对持久的战争状态之持沉默态度，乃完全出于恐惧。每个民族都认为它的敌人是侵略者，如果不把他们彻底打败，他们在几年之内就会重新挑起战争。美国政府不仅有力量迫使欧洲各国政府媾和，而且有力量使自己成为和平的保障而让广大民众消除疑虑。这个行动即使会令欧洲各国政府感到不快，但是会受到广大民众的热烈欢呼。如果德国政府（现在看来是可能的）不仅归还其攻占的领土，而且拥护促进和平联盟或者恪守某种不诉诸战争解决争端的类似的方法，那么恐惧就会消除，而且几乎可以肯定，

30

您出面调停会产生一种有利于谈判的不可抗拒的趋势。但是战争已陷入这样的僵局,除非通过一种外力的调停,是不大可能接近终结的,而这种调停只能来自于您。

有人或许会问我有什么权利给您写信。我没有任何正式的头衔;我不属于政府机构的任何部分。我说话只是因为我必须说;因为其他那些本该记得文明和人类兄弟情谊的人已经让自己被民族情绪彻底打垮了;因为他们的背信弃义迫使我不得不以理性和仁慈的名义说话,以免让人们以为在欧洲无人记得它曾为人类做过而且还应该为人类去做的事业。世界在思想、科学、艺术、政治理想、对未来的希望各个方面拥有的东西大都应归功于在欧洲和欧洲之外的欧洲各民族。如果他们听任自己互相毁灭,那么比外交威望更宝贵、比使战胜者自己归于毁灭的无益的胜利远远更有价值的某种东西就会失掉了。像我的其他同胞一样,我曾热烈地希望协约国取得胜利;像他们一样,当胜利被推迟时我曾感到痛苦。但是我经常记得,欧洲有其要履行的任务;欧洲各国之间的战争本质上是一场内战;我们认为我们敌人具有的坏处也正是他们认为我们具有的坏处;在战争期间一个在交战中的国家是很难如实地看待事实的。尤其是,我明白了在战争中没有任何问题像和平一样重要;一种和平如果没有把所有我们所希望的东西都带给我们,那么它对我们的伤害较之继续打下去造成的伤害是无足道的。当欧洲所有握有权势的人都在为他们误信为其各自民族的利益进行辩护时,我则为一种深切的信念所驱使以欧洲的名义代表所有的民族说话。以欧洲的名义,我请求您给我们带来和平。

在当时的审查制度下，要寄出这类文件诚非易事，但是海伦·达德利的姊妹凯瑟琳来探望她，答应把我的这封信带回美国。她找到一种把它隐藏起来的巧妙方法，并及时地将它转交给一个美国和平主义者委员会，通过他们及时地把它发表在几乎每家美国报纸上。正如我们在这方面将会看到的，那时我和大多数人一样认为，战争不可能以任何一方的胜利而结束。如果美国仍保持中立，情况无疑会是这样。

从1916年中到1918年5月入狱，我的确非常之忙，忙于反兵役联谊会的事情。我同科莉特在一起的时间都是从和平主义的工作中挤出来的，而且多半与这种工作本身有联系。克利福德·艾伦定期被允许在监外待几天，但是由于他显然仍拒绝服从军事指挥，于是立刻就又送到军事法庭审判。我和科莉特常常一同去军事法庭看他。

当克伦斯基革命①发生时，它的同情者们在利兹举行了一次大会。我在这个会上讲了话，科莉特和她的丈夫也出席了这个会。我们与拉姆齐·麦克唐纳②乘火车同行，一路上他给我们讲了一些精明的苏格兰人幽默的故事，讲得如此乏味，简直不知道幽默之处何在。利兹大会决定要在英格兰和苏格兰各地区成立组织，以便仿照俄国的模式发起工人苏维埃和士兵苏维埃。在伦敦南门路的兄弟会教堂曾为此目的举行过一次集会。爱国派的报纸在邻近

---

① 指1917年俄国的二月革命，克伦斯基是二月革命后成立的资产阶级临时政府的总理。——译注

② 拉姆齐·麦克唐纳(1866—1937)，费边社成员，英国工党领袖(1911—1914)，曾三度出任英国首相(1924；1929—1931；1931—1935)。——译注

的所有旅店酒馆（这里是一个很穷的教区）散发传单，说我们与德
国人勾通，给他们的飞机发信号，告诉他们往哪儿扔炸弹。这就使
我们在周围左近成了不大受欢迎的人，而且不久就有一帮暴徒来
包围了教堂。我们当中大多数人认为反抗是不好的或不明智的，
因为我们有些人是不抵抗主义者，另外一些人则明白我们人太少，
无法抵抗整个周围贫民窟的居民。有几个人，其中有弗兰西斯·
梅内尔，试图抵抗，我记得他从教堂门口回来时脸上挂了彩。这帮
暴徒由几名警察带领闯了进来；除了警察之外，他们全都有点醉醺
醺的。最凶的是一些母夜叉，她们手持木板，上面满是生了锈的钉
子。警察们想先把我们中间的妇女劝走，以便用他们觉得合适的
办法来对付我们这些男性和平主义者，警察们猜想他们全是胆小
鬼。斯诺登夫人在这种场合表现得极为高尚令人敬佩。她断然拒
绝离开会场，除非允许男人也同时离开。其他妇女当即表示赞同
她的意见。这使得负责管理这伙粗暴家伙的警察们有点心烦意
乱，不知所措。但是这帮暴徒到这时候已经血气上冲，要群魔乱舞
了。每个人都不得不尽可能躲开，而警察们却不动声色地在那儿
袖手旁观。两个醉态可掬的母夜叉开始用布满钉子的木板打我。
正当我不知如何自卫以抵御这种攻击时，我们中的一位夫人走向
警察，提醒他们应当保护我。然而，警察们只是耸耸肩。"但他是
一位著名的哲学家啊"，这位夫人说，警察们仍然耸耸肩。"但他是
世界闻名的大学问家啊"，她继续说。警察们依然无动于衷。"但
他是一位伯爵的弟弟啊"，她最后喊道。这句话却使警察们赶紧过
来帮助我。然而，他们来得太迟了，于我丝毫无助，而救我一命的
是我不认识的一位年轻妇女，她始终挡在我和母夜叉们中间，足以

使我逃脱。值得庆幸的是，她没有挨打。但是很多人，包括几位妇女，在离开这座房子时背上衣服被撕开了。科莉特当时在场，但是有一个大喘粗气的暴徒隔在我们中间，在我们都出来之前我无法接近她。我们怀着一种极其沮丧的心情一起回家。

这座兄弟会教堂属于一位牧师，这位牧师是一位异常勇敢的和平主义者。尽管有了这番遭遇，他在随后的一个机会还邀请我到他的教堂去做一次演讲。不过，这次暴徒们烧了教堂的布道坛，我未能发表演说。这些是我亲自碰见的仅有的几次暴力事件；我参加其他各种集会都没有受到干扰。但是新闻宣传的力量是如此之大，以致我的一些不主张和平主义的朋友跑来对我说："所有的集会都被暴徒破坏了，你为什么还到会上去演说呢？"

到这时我和政府的关系已经变得很坏了。1916 年我写了一个传单①，讲一个出于良心拒服兵役者被政府不顾道义条款②而判刑入狱的事情，反兵役联谊会把它发表了。传单上并没有署我的名字，但我惊讶地发现，那些散发传单的人被送进了监狱。因此我写信给《泰晤士报》，声明我是这个传单的作者。在伦敦市长官邸，当着市长的面，我被起诉。我做了长篇发言进行自我辩护。这一次我被罚款 100 英镑。我没有如数全付，因此我放在剑桥的财物被他们卖掉了以抵罚款的总额。但是，一些好心的朋友把它们买下来，又还给了我，因此我感到我的抗议有点徒劳无益。在此期间，三一学院所有年轻的研究员都被授以军衔入伍了，老一些的人

---

① 全文见本书第 63 页。

② 道义条款(conscience clause)，指法律规定允许人们根据宗教或道德的准则拒做某种事情的条款。——译注

自然希望尽他们的一份职责。因此他们剥夺了我的讲师职位。当年轻的人们在战争结束后返回剑桥时，我又被邀请回校，但是到这个时候我已不再有这样的愿望了。

　　说也奇怪，生产军需品的工人偏要成为和平主义者。我在南威尔士对军需厂工人的讲话全都被密探们做了不真实的报告，因此国防部发了一道不许我进入任何禁区①的命令。禁区就是特别要求不许间谍进入的地区，包括全部沿海地带。由于人们的抗议，国防部声明说，他们并不认为我是德国间谍，但无论如何不允许我到近海的任何地方去，以防我会给德国潜水艇发信号。正当国防部发出这个命令之际，我已经从萨塞克斯郡的博瑟姆（我在那儿同艾略特夫妇住在一起）上伦敦料理日常工作去了。我不得不请艾略特夫妇把我的衣服、梳子和牙刷带给我，因为政府不同意我自己去取。如果没有政府方面的这种种恩赐，我本来是要把和平主义的工作丢开的，因为我已逐渐相信这个工作完全徒劳无益。然而，我发觉政府并不这样看，因此我想我也许弄错了，我还应继续做下去。且不说我是否在做任何有益的事情，如果我不继续做的动机竟似乎是对其后果的恐惧，那么我是绝不能罢手不干的。

　　不过，这时，关于我因之入狱的罪名，我最后决定没有更多的事要做了，而且我哥哥已经使政府了解我的决定。有一份小的周报，名为《特别法庭》，是由反兵役联谊会发行的，我常为它写每周社论。我不做该刊的主编之后，有一个星期新的主编病了，又要我在最后时刻赶写这期每周社论。我写了，在文中我说美国士兵在

－－－－－－－－－－

　　① 见我关于我与国防部科克里尔将军会见的声明，本书第 72 页。

1. 康斯坦丝·马勒森夫人(科莉特·奥妮尔)[照片由 E.D. 霍佩提供]

2. 弗兰克·罗素[照片由罗素父子提供]

英国会被利用来破坏工人罢工，这是他们在其本国惯于干的事情①。这个说法是以我所援引的一份参议员的报告为依据的。我为此被判六个月监禁。然而，这一切绝不令人不快。它使我保持了自尊，而且使我去思考比普遍毁灭较少痛苦的某种东西。由于贝尔福的干预，我被关在轻罪犯狱室，这样，虽在狱中我却可随意阅读和写作，条件是我不进行和平主义的宣传。我觉得在狱中有许多方面颇为惬意。在这里没有什么约会，没有任何难以做出的决定要做，不必担心有人来访问，不会有人打断我的工作。我大量地阅读，写了一本书，即《数理哲学导论》，这是《数学的原理》(*The Principles of Mathematics*)的半通俗本，同时我也开始了《心的分析》一书的工作。我对于同监的那些狱友倒有点兴趣，在我看来，在道德上他们绝不低于其他人，虽然总的来说他们略低于一般智力水平，他们之被捉住就说明了这一点。对于任何人，特别是惯于读书和写作的人，如果不是在轻罪犯狱室里，坐牢是一种严重而可怕的惩罚；但是，幸亏有贝尔福的帮助，我才没有遭受此苦。我感谢他的干预，但是我激烈反对他的一切政策。在我抵达狱所时，必须对我进行详细询问的那个看大门的看守使我很高兴。他问我的宗教信仰，我回答说"我是不可知论者"。他问这个字怎么写，然后叹口气说："哎呀，竟有这么多的宗教，我还以为大家拜的都是同一个上帝呢。"这个话让我高兴了近一个礼拜。有一次，正当我诵读斯特雷奇的《维多利亚时代名人传》时，我笑的声音如此之大，致使那位看守跑来制止我，告诉我必须记住，监狱是刑罚的地方。另一

34

———————————

① 全文重载于本书第 79—81 页。

次,中国诗的译者阿瑟·韦利①寄给我一首尚未发表、题为"红鹦鹉"的诗②。其诗如下:

> 安南远进红鹦鹉,
>
> 色似桃花语似人。
>
> 文章辩慧皆如此,
>
> 笼槛何年出得身?③

我每周可有一次来人探视,当然总有一个看守在场,但无论如何是很愉快的。奥托兰和科莉特常常轮流着来,还带着另外两个人。我发现了一种秘密通信的方法,即把信藏在毛边书未切开的书页里面。当然,我不可能当着看守的面说明这种方法,于是我第一次35 实践这种方法是把《伦敦数学会会刊》给奥托兰,对她说这个会刊比它表面看来更有趣。在发明这种方法之前,我还找到另外一种方法,可以把给科莉特的情书编入可被典狱长审阅的信中。我假称正在阅读法国革命回忆录,发现了吉伦特党人比佐给罗兰夫人的信。我编造了一些法文信,说是从书上抄下来的。比佐的境遇与我自己的境遇十分类似,这就使我有可能把这些信编得好像真的一样。我料想典狱长不懂法文,但又不愿承认自己的无知。

　　狱中满是德国人,其中有些人很有才智。有一次,我发表了一篇对一本讲康德的书的评论,有几个德国犯人走过来热烈地讨论

---

　　① 阿瑟·韦利(1889—1966),英国汉学家,译作有《中国诗集》,另有《敦煌民歌及故事集》、《中国画研究引论》等著作。——译注

　　② 现收入《中国诗集》(*Chinese Poems*),伦敦,Allen George & Unwin Ltd.。

　　③ 这是白居易的一首七言绝句,原题"红鹦鹉"下注有"商山路逢",说明是过商山的路上遇到安南进贡的红鹦鹉而写的。——译注

我对这位哲学家的解释。我被关押期间，有一段时间李维诺夫①也因在同一所监狱，但是我得不到任何机会同他谈话，虽然我常可远远地望见他。

我在狱中的心情可从下面摘录的我给我哥哥的信中看出，所有这些信都必须由典狱长过目的：

（1918年5月6日）……这里的生活恰如在一艘远洋客轮上的生活；一个人同许多普普通通的人被禁闭在一起，除非你钻进自己的客舱，是躲不开他们的。我没有看到有任何迹象表明他们比一般人要坏，除了他们也许意志力比较薄弱，如果可以根据他们的面容来判断的话，而我也只能根据这些来判断他们。这主要适用于那些因负债而入狱的人。在这里生活的唯一真正的苦处是见不到朋友。那天见到你我感到极大的快乐。下一次你来时，我希望你带另外两个人来——我想你和伊丽莎白都有名册的。我切望见到尽可能多的朋友。你似乎认为我在这方面会渐渐变得淡漠起来，但是我相信你错了。要见我喜爱的朋友，这可不是会渐渐淡漠下去的事情，虽然对他们的思念就是一种极大的满足。我觉得，在心里重温各种各样曾使我欣然愉悦的事情乃是一种慰藉。

焦躁和烟叶告罄还没有像我料想的那样令我大为烦恼，但再过些时候无疑会这样的。解除了一切负担的休假日真是令人愉快极了，几乎胜过其他的一切。在这儿我没有世上的任何忧虑，心情

---

① 李维诺夫（1876—1951），苏俄外交家，20世纪30年代曾任苏联外交人民委员，二战期间曾任苏驻美大使。——译注

和欲望得到超凡出尘的安息。人摆脱了这种折磨人的问题:我能再做些什么? 是否有我不曾考虑到的有实效的行动? 我有权利把全部事情放手不管而返回哲学吗? 在这儿,我不得不将一切放手不管,这比起想放手不管而又怀疑这个选择是否正确要远更宁静宜人。监狱在某些方面胜过天主教会……

（1918 年 5 月 27 日）……告诉奥托兰夫人,我一直在读讲亚马逊河的两本书:我喜欢汤姆林森的那一本;贝茨的那一本,我读的时候觉得厌烦,但是它在我心中留下了一些我后来感到喜欢的美丽如画的描写。汤姆林森从《黑暗的心》一书受益良多。他和贝茨形成鲜明的对照:他看到了我们这一代人比较起来是有点狂热,因为他们容许自己瞥见真理,而真理是幽灵般的、疯狂的、可怖的东西:人看到真理愈多,精神健康保有得愈少。维多利亚时代的人（这些可爱的灵魂）是神智正常和卓有成就的,因为他们从不走到接近真理的任何地方。但是就我而言,我宁愿偕真理以疯狂,而不愿抱谎言而健康。……

（1918 年 6 月 10 日）……居于斯而处此条件,并不像我在驻巴黎大使馆做随员的那段时间那么不愉快,在这个可恶的地方也不像我在临时抱佛脚以应付考试者中间度过的那一年半时间那么不愉快。那些年轻人几乎都是要入伍或进教堂的,所以他们的道德水准比平常人要低得多。……

（1918 年 7 月 8 日）……我一点也不烦躁,恰恰相反。开始,我对自己关心的事情想得很多,不过(我想)都不外是一些合乎情理的考虑;现在我几乎根本不去想它们了,因为我已做了我能做的一切。我在读很多书,对哲学进行卓有成效的思考。这很怪而且也不合理,但事实是我的心境之有赖于战局正如有赖于任何事情一样:当协约国仗打得好时我感到很高兴,仗打得不好时我对与战争似乎距离很远的种种事情都忧心忡忡。……

(1918 年 7 月 22 日)……我一直在读有关米拉波①的东西。他的死是有趣的。他在临终时说:"啊! 如果我还活着,我就要给这个皮特②麻烦!"比起皮特的言辞(除非是由迷糊大人③改写过的),我倒是更喜欢米拉波的这个话。然而,这还不是他的全部遗言。他继续说道:"只还有一件要做的事:就是给自己洒上香水,给自己戴上花冠,让音乐围绕着自己,以便喜悦地进入永不再醒来的长眠之中。人们已给我准备了刮脸刀,做好了全套化装用具。"④然后他转向一个正在抽泣的朋友说:"我亲爱的行家里手,你对得到善终感到满意吗?"⑤最后,听到几声枪响,他说:"已经在为阿喀琉斯⑥举行葬礼了吗?"⑦之后,显然他缄默不语了,我推测他是在想再多说一句都会是以败笔收尾。他是我上星期三向你坚持的那个论点的例证,即凡异常之能力皆激于异常之虚荣心。另外只有一种动

---

① 米拉波(1749—1791),法国大革命时期君主立宪派的领袖。——译注

② 当指 1783 年后任英国首相的小皮特〔Pitt,William (the Younger)〕,曾组织反法联盟,进行反对法国革命的战争。——译注

③ Dizzy,19 世纪英国小说家迪斯雷利(Disraeli,Benjamin)的绰号。——译注

④ 原文为法文。——译注

⑤ 原文为法文。——译注

⑥ 阿喀琉斯(或 Achilles),荷马《伊利亚特》和《奥德赛》中的英雄人物。——译注

⑦ 原文为法文。——译注

37　机:爱权力。西班牙的腓利二世[①]和格罗夫纳路的西德尼·韦布[②]在追求虚荣方面并无特异之处。

在狱中只有一件事令我不高兴,那与科莉特有关。我爱上她整整一年之后,她又爱上了另一个人,虽然她并不希望这对她跟我的关系有任何影响。然而,我却大吃其醋[③]。我把那个他想得极坏,并非全无道理。我和科莉特有过激烈的争吵,我们的关系再也不是原来的样子了。在狱中时我始终为嫉妒所苦,而且因为感到自己无能为力而被弄得如痴如狂。我并不认为自己感到嫉妒是正当的,我认为嫉妒是一种可鄙的感情,但虽说如此它还是把我弄得心身交瘁。当我一有机会感到它时,有两个礼拜之久,我每个晚上都彻夜无眠,最后只有请医生开了安眠药才能入睡。我现在承认,这种感情完全是愚蠢的,而且科莉特对我的感情十分诚挚认真,无论经过多少琐事细故,都坚定不渝。但是,我觉得,我现在在这种问题上能够坚持的哲学态度不是来自哲学而是来自生理的衰退。当然,事实是她很年轻,不可能在我那时生活于其中的那种过于严肃的气氛里继续生活下去。尽管我现在明白了这一点,但我那时却一任自己异常粗暴地斥责她,结果自然是她对我的感情大为冷

---

①　腓利二世(1527—1598),西班牙国王(1556—1598),反对宗教改革,迫害异端,是出名的专制君主。——译注

②　西德尼·韦布(1859—1947),英国费边社会主义的重要人物,经济学家和社会史学家。——译注

③　后来我承认,我的感情不仅出于嫉妒,而且出于一种合作破裂和在这些年中常常以多种方式发生的圣殿被亵渎的感觉,这在我觉得我们之间具有的如此深切的关系上是常见的情形。

淡了。一直到1920年我们彼此还是情人，但是永远没有回复到最初岁月那样水乳交融的地步。

我于1918年9月出狱，当时战争即将结束已经是明显的事情了。战争的最后几周，我同大多数其他人一样，将希望寄托于美国总统威尔逊。战争结束得如此之快而具有戏剧性，以致谁都来不及调整感情以适应变化了的局势。11月11日晨，我比一般群众早几个小时就知道要停战了。我跑到街上去，把消息告诉一个比利时士兵，他说："啊，太好了！"（Tiens, c'est chic!）我走进一家卖烟的铺子，也告诉了给我拿烟的老板娘。她说："停战我很高兴，因为我们现在可以把被扣押的德国人给赶走了。"当11点钟宣布停战时，我正在托特纳姆宫路上。不到两分钟，所有商店、机关里的人全都来到了街上。他们随意搭乘公共汽车，让它们开到他们想去的任何地方。我看见一个男子和一个妇女，彼此素不相识，在路中间相遇，走过去时互相接吻。

我一个人在街上待到深夜，留心观察群众的情绪，就像四年前8月的那些天我也曾这样观察过的。群众仍然心浮气躁，除了比以前更加不管不顾地及时行乐外，在战争恐怖时期没有学会任何东西。在人们欢宴庆祝之际，我感到一种异样的孤独，仿佛是从另外一个星球偶然落到地球上来的一具幽灵。诚然，我也感到欢欣喜悦，但是在我的喜悦和群众的喜悦之间找不到任何共同之点。我在一生中都渴望感到与广大的人群融为一体，这是那些热情群众的每个分子都体验到的一种感觉。这种渴望往往如此强烈，足以使我产生一种自欺欺人的幻觉。我又想象自己是一个自由派，一个社会主义者，或一个和平主义者，但是就其深义而言，我从来不是其中的任何一种人。我极想把怀疑论的精神压抑下去,但是它总是悄悄地启我疑窦,而使我与其他人的浅显易解的热情断然隔绝,陷入孤独凄凉的境地。在一次大战期间,我同教友会教徒[①]、不抵抗主义者和社会主义者一起工作,我容受了他们的不受欢迎的意见及其带来的麻烦,但同时我会告诉教友会教徒说我认为历史上许多战争是合乎正义的,又对社会主义者说我厌恶国家专制。他们会对我侧目而视,虽然继续接受我的帮助,但会觉得我不是他们中的一员。从很年轻的时候起,我就觉得在万事背后、在一切欢乐背后暗伏着孤寂的痛苦。在爱的那些瞬间我几乎已逃出了这种孤寂的痛苦,然而过后想来我发现那种逃避多少有些出于幻觉[②]。我不知道有任何一个女人,理智的要求对于她像对于我那样是无条件的,而且凡是有理智介入的地方,我发现我所寻求的爱的共鸣往往都得不到。斯宾诺莎所谓"对神的理智的爱"在我看来是我们据以生活的最美好的东西,但是我甚至不相信有为斯宾诺莎所承认而我要对之献出理智的爱的那个有点抽象的神。我爱过一个幽灵,而且在爱一个幽灵时我最内在的自我本身也变成了幽灵般的东西。因此我已把它深深地、深深地埋葬在层层生活的愉悦、柔情和欢乐之下了。但是我最深沉的情感始终是孤独感,而且在人性的事物中找不到任何与之相伴的东西。大海、星辰、荒野的风,对于我甚至比我最喜爱的人们更有意义,而且我觉得,人类之情对于我究其实乃是试图摆脱对上帝的徒劳无益的寻求的一种

---

① Quaker,基督教教派之一,强烈反对暴力与战争。——译注

② 这一点和下面所说的一番话不再是正确的(1967)。

努力。

　　1914—1918 年的战争改变了我的一切。我不再是大学教师，而且开始写一类新的著作。我改变了我的整个的人性观。我第一次变得深信，清教徒式的生活准则无助于人类幸福。通过战争中死亡的悲惨景象，我获得一种新的对有生命的东西的爱。我开始相信人类大多被一种极度的不幸所控制，这种不幸在大破坏的战争狂热中发泄出来，只有使人类天性具有的欢乐散播开来，才有可能产生一个善的世界。我看到，在我们现在的世界中，改革家和反动分子同样都被残酷行为给扭曲了。我逐渐地对所有要求严苛纪律的目标都发生了怀疑。既然与社会的整个目的相对立并且发现平常的美德都被用作屠杀德国人的手段，因此我感到很难不变成一个摒弃一切道德律令的反律法主义者①。但是由于对世界的不幸所抱有的那种深切的同情，我没有变成反律法主义者。我失去了一些老朋友，结识了一些新朋友。结果我认识了几位我深为敬佩的人物，首先应当提到的是 E.D. 莫雷尔。我是在战争之初与他相识的，在他和我都入狱之前我时常见到他。他一心一意地致力于真实地报道事实。从揭露比利时人在刚果的罪恶行径着手，他难以接受"英武的小比利时"的神话。他仔细地研究了法国和爱德华·格雷爵士对摩洛哥的外交政策，认为不能把德国人看作唯一的罪人。面对着宣传和书报检查的重重障碍，他以不知疲倦的精力和巨大的才能，做了他所能做的一切，去开导大不列颠民族，

──────────

　　①　Antinomian，亦译唯信仰论者，原指认为基督徒只需信仰上帝而不必遵守摩西诫律的一种主张，罗素在这里用以指一般否弃道德规范的观点。——译注

使他们明白政府把青年驱往屠场的真正目的。他比其他任何一个反战者遭到政治家们和新闻界更多的攻击,而且闻知其名的人中有 99% 相信他是拿德意志皇帝的津贴的。最后他被送进了监狱,表面的罪名只是雇用了西奇威克小姐而不是通过邮政给罗曼·罗兰送了一封信和若干文件。跟我不同,他不是关在轻罪犯牢房,使他的健康受到永未恢复的伤害。尽管如此,他从未失掉勇气。他往往待到深夜,安慰那个惯常"胆小怕事"的拉姆齐·麦克唐纳,但是当麦克唐纳到了要组阁的时候,他却未能想到将任何一个像莫雷尔这样被加以亲德派恶名的人物延揽入阁。莫雷尔对他的忘恩负义非常感慨,不久之后,死于由牢狱之苦而得的心脏病。

教友派中有些人是我非常敬佩的,虽然我们的见解大不相同。我可以反兵役联谊会的司库格拉布先生作为他们的代表。我最初认识他时,他已届古稀之年,是一位很安详、不喜欢出头露面、不易激动的人。他是为狱中的年轻人办事,完全没有一丝一毫自私自利的打算。当他和其他许多人因为一份和平主义的刊物而被起诉时,我哥哥正在庭上听着他的反诘。我哥哥虽然不是和平主义者,但是深为此人的品德和正直所感动。他坐在公诉人马修斯的旁边,马修斯是他的一个朋友。当这位公诉人结束了他对格拉布先生的盘诘时,我哥哥悄悄地对他说:"说实在的,马修斯,你不适合演托尔克马达①的角色!"我哥哥这句话大大激怒了马修斯,从此

---

① 托尔克马达(1420—1498),西班牙多明我派教士,西班牙宗教裁判所第一任总裁判官。在任期间以火刑处死所谓异端分子约 2000 人。——译注

他再也不理我哥哥了。

就我而言,战争期间最稀奇的事件之一,是被国防部传唤去给以温和的劝导。几位戴红领章的军事参谋,以极悦人的风度和极友好的姿态,恳求我带上一种幽默感,因为他们认为,凡是具有幽默感的人都不会讲出不受欢迎的话来。但是,我让他们失望了,过后我很后悔当时没有回答他们说,每天早晨我读报看到伤亡数字都捧腹大笑。

当战争结束时,我才明白,我所做的一切,除了对我自己,是全然徒劳无益的。我没有救出一条生命,也没有使战争缩短一分半秒。我没有做成一件事情去减轻最终造成凡尔赛和约的那种困难。但是,无论如何,在各交战国犯下的罪行中,我不是一个同谋犯,而且我为自己获得了一个新的哲学和新的青春。我摆脱了大学教习和清教徒。我学会了对本能过程的理解,这是我以前不曾有过的,而且我从如此长久的孤立中得到了某种安宁。在宣布了停战的那些日子里,一些人对威尔逊曾抱有很大的希望。另一些人则对布尔什维克的俄国感到鼓舞。但是,当我发现人们乐观情绪的这些源泉对于我皆不可用时,我仍能并不失望。我审慎地预期最坏的事情就要到来[①],但是我并不因而不再相信人们(男人们和妇女们)终究会认识到本能的欢乐的简单秘密。

书　信

诺伯特·维纳的来信

---

① 这段话是 1931 年写的。

我亲爱的罗素先生：

遵照您的指教，我目前正在哥廷根这里学习。我正在听兰道开的一门群论的课，希尔伯特开的一门微分方程的课（我知道这与哲学没有什么关系，但是我想听听希尔伯特讲课），和胡塞尔的三门课：一门讲康德的伦理学著作，一门讲伦理学原理，和一个现象学讨论班。我必须承认，在使自己具有真正的现象学态度之前所必须经历的那种精神磨炼完全不是我力所能及的。现象学对数学的应用以及胡塞尔所谓不从现象学出发就不能给数学基础以适当的说明的说法，在我看来是荒谬的。

在哥廷根，人们对符号逻辑没有好感。数学家们照例与逻辑这样哲学的东西毫不相干，而哲学家们则绝不涉及像符号这样数学的东西。由于这个缘故，我这个学期没有做很多创新的工作：你明知在你与之谈论创新工作的人中没有一个会懂得你说的一个字，在这种地方企图做创新的工作是令人沮丧的。

我在圣灵降临节时到梅克伦堡的布伦斯豪普顿去拜访了弗雷格，他正在那里度假。我同他有几次有意思的谈话，谈到您的工作。

近来引起我兴趣的一个问题是能否以凸形立方体及其关系为不可定义的东西并像您定义瞬间那样定义点，从而得到一组更简单的公设。我用这种方法已得五、六组基本几何学概念的定义，但是照这样做我却根本找不到一种简化几何公设的方法：例如，如果你想通过把三角横切公设改变为关于任意凸形平面的命题来简化它，就会出现几乎无法克服的困难。

非常感谢您关注我的论文和发现。我现在有一些材料，我可能将它们与我关于感觉强度的工作联系起来形成一篇新的论文：我想请教您一下，我该怎样做才好。这是将我对时间的研究工作扩展到具有某种序列特性的多价关系，例如一给定直线上各个点间的"介于"关系。……①

随信寄上拙文的重印件，未能早日寄给您，谨表歉意。迟寄的原因是：我把预定在美国分送的论文全部寄给了父亲，要他"把它们播在会生根的地方"。父亲大概以为我已将论文直接寄给您了。

我非常高兴得知您有如此快乐的一段时光同我们在一起，我明年一定会去剑桥在您的指导下学习。我刚刚开始意识到，我到剑桥在您指导下工作对于我有什么重要的意义。

非常尊敬您的

诺伯特·维纳

1914 年 6 月或 7 月

德国，哥廷根

比尔大街 28 号

致伦敦《国民报》，载于 1914 年 8 月 15 日该报

先生：

与绝大多数国人相反，甚至在当前这样一个时刻，我要以人道和文明的名义，抗议我们参予对德国的毁灭。

———————————

① 此信的中心部分对一般读者来说太专门了，故从略。

　　一个月之前,欧洲还是一个各民族和平礼让的大家庭;如果一个英国人杀死一个德国人,他会被处以绞刑。而现在如果一个英国人杀死一个德国人,或者一个德国人杀死一个英国人,他就是一个有功于国家的爱国者。我们用贪婪的目光在报纸上扫视着屠杀的消息,当我们读到那些盲目服从命令的无辜的青年被比利时列日造的机关枪扫射而倒在成千上万的死者中时,我们欢呼庆祝。在宣战前夕注意过伦敦民众的人们都亲眼目睹了迄今一直热爱和平的仁厚的全体居民在短短的几天内突然急转直下陷入了原始的野蛮状态,转瞬间让仇恨和嗜血的本能自由放纵起来,而整个社会组织本来是为了反对仇恨和嗜杀而建立起来的。各国的“爱国者们”热烈欢呼这种残忍的暴行表现了一种证明权利的高贵决心;在一股巨大的仇恨的洪流中理性和仁慈被消灭净尽了;德国对于我们和法国人,俄国对于德国人,乃是不可想象的邪恶,正是这种暧昧不清的抽象观念把下面这个简单的事实掩盖了,即敌人像我们自己一样也是人,既不更好,也不更坏,作为人,他们也爱自己的家,爱明媚的阳光,爱日常生活中一切纯朴的欢乐;但是现在他们想到自己的妻子、姊妹、儿女在我们的帮忙下遭受到得胜的哥萨克的温柔的摆布,已经因恐怖而变疯狂了。

　　所有这种疯狂,所有这种愤怒,所有我们的文明和希望的这种灰飞烟灭,其之所以发生就是因为有一帮子过着奢侈淫逸的生活、多半愚不可及而且全都毫无才智、毫无心肝的官僚绅士们宁愿出现这种情况,而丝毫不想抵制其国家的傲慢自尊。任何文学的悲剧故事都达不到外交白皮书所引起的恐怖效果。外交家们从一开头就看到了不可避免的结局,他们虽多半希望避免它,然而他们随时会卷入瞬息激变的危机而随波逐流。他们拘谨固执,不肯做出或接受本来可以拯救世界的小小的让步,最后由于盲目的恐惧而匆匆把军队放出来,去干互相屠杀的勾当。

在我们从官方文件得悉的这些外交家们背后,支持他们的是巨大的民族贪婪和民族仇恨的力量,这是在现阶段有害于人类的隔代遗传的本能,是从野蛮的半兽性的祖先遗传下来的,得到政府和新闻的全力关注和支配,被上流社会作为消解转移社会不满情绪的手段而加以强化。军备制造商们以其邪恶的影响人为地助长这种本能,整个污浊的"光荣"文学和用以毒化儿童心灵的一切历史教科书都鼓励这种本能。

无论在其民族情绪方面,还是在其外交政策方面,英国并不比其他参战国更可赦免其罪责。

过去10年来,由于政府的悉心培育和新闻界的襄助,已经培植起对德国的一种仇恨和对德国海军的一种恐惧。我并不是认为德国是无罪的;我不是否认德国犯下的罪行比我们自己的还大。但是我的确主张,无论采取什么必要的防御手段,都应该经过沉着的深谋远虑,而不可出之于完全多余的恐慌夹杂猜疑的情绪。正是这种蓄意制造的恐慌和猜疑产生了使我们参战成为可能的公众舆论。

我们的外交政策也不是没有罪过的。瞒着国会而且甚至(首先)瞒着几乎整个内阁所做的秘密协定,虽然一再遭到否决,却把一种义务加诸国人,一旦战争狂热达到下面这样一个地步这种义务就突然被宣示出来,即战争狂热已使舆论在发现许多人的生命和所有人的生活都成为一个人的不负责任的决定的抵押品时,也能加以容忍了。然而,法国虽然知道我们承担的责任,E. 格雷爵士直至上月还拒绝通知我们保持中立或进行干涉的条件。8 月 1 日他谈到同德国大使的一次谈话(第 123 号)说:

"他问我,如果德国保证不侵害比利时的中立,我们是否会许诺继续保持中立。我回答说,我不能说这个话;我们仍有自由行动权,我们要考虑应当采取什么态度。我所能说的只是:我们的态度多半会由这里的舆论来决定,而比利时的中立问题会受到此间舆论的强烈关注。我不认为我们能仅仅根据这个条件就做出中立的承诺。这位大使逼问我是不是我不可能把我们继续保持中立的条件谈出来。他甚至提出可以保证法国与其殖民地之为完整的统一体。我说我不能不明确地拒绝根据类似的条件做出继续保持中立的任何承诺,而且我只能说我们必须使自己的手脚不受任何束缚。"

我不能不得出这样的结论:政府没有尽到它对国家的责任,因为一直到它已将同法国的长期协定作为赢得信誉的基础时,才宣布了这些协定;它也没尽到它对欧洲的责任,因为它没有在危机一开始就申明自己的态度;它也没有尽到它对人类的责任,因为它没有把它保证不参加战争的条件通知德国,而这场战争,无论结果如何,必然会造成数不尽的苦难,牺牲成千上万的我们最勇敢最优秀的公民。

伯特兰·罗素谨启

1914 年 8 月 12 日

莫利勋爵①的来信　　　　　　　　　　　　　　44

亲爱的罗素先生：

　　谢谢您告诉我，在对权利和政治智慧的这种破坏的问题上，您和我的看法是一致的。像您这样的人表示赞同是有实在价值的，我真诚地尊重您的意见。

　　　　　　　　　　　　您的

　　　　　　　　　　　　莫利

　　　　　　　　　　　　1916[1914]年 8 月 7 日

　　　　　　　　　　　　伦敦西南区　　温布尔登园区

　　　　　　　　　　　　王子路，弗劳尔米得

C.P.桑格的来信

亲爱的伯蒂：

　　多谢你的来信。这整个事情的恐怖把我吓坏了。你知道，我一向认为格雷是迄今使文明蒙羞的最坏最危险的罪犯之一，但令人难过的是一个自由派的内阁也参预策划一场支持塞尔维亚人和俄罗斯专制政权而毁灭条顿民族文明的战争。我祈祷，让经济恐慌严重到迫使人们不得不很快实现和平，但是看来情况是坏透了。

---

　　①　我曾写信给他，祝贺他在战争爆发后即辞去政府的职务。

你的情同兄弟的

C.P. 桑格

1914 年 8 月 7 日，星期五

布里斯托尔，

韦斯特伯里—昂—特里姆

F.C.S.席勒①的来信

亲爱的罗素：

我刚刚先在《国民报》上，然后又在白皮书上读了您的那封令人钦佩的信，特别注意了一下在您所引第 123 号白皮书的那段话中达于顶峰的那些事件的后果。因此我必须向您表示我不仅完全同意您的意见（这是每个有文明教养的人的意见），而且完全赞同您的论证。在我看来，根据格雷爵士自己的言行，他显然必须对这场大灾难担负很大一部分责任，不论他这样做是存心如此还是出于愚蠢。他顽固地拒绝给德国以在某些条件下保持中立的任何保证，一直到他产生了一种信心，认为他能使英国去打仗，而德国于是就"疯狂肆虐，四出杀伐"。但是证据表明，德国是愿意出很高的代价来争取我们的中立的。

首先（第 85 号白皮书）德国许诺保证法国本土的领土完整和比利时的领土完整（虽然允许它或可保持中立）。当格雷说那还不

---

① F.C.S.席勒(1864—1937)，英国实用主义哲学家，著有《人本主义》(1903)、《人本主义研究》等。——译注

够(第101号白皮书)而且要求给比利时的中立地位以保证(第 45
114号)时,德国国务大臣解释(虽然笨拙但显然是真诚的)了困难
何在(第122号),并说他一定向首相和德皇请示。各家报纸把这
说成是拒绝做出保证,然而显然第二天利希诺夫斯基同格雷的谈
话(第123号白皮书)就已做出了回答。而且我不知道他们怎么可
能再做更多的让步。他们已经接受了保证比利时中立和法国及其
殖民地领土完整的要求,并暗示可以接受格雷要附加的任何条件
(只要他提出来)。当然,那本会使对法之战化为一场闹剧,而且可
能意味着法国根本不会受到(严重的)进攻,而只是被遏制。人们
始终有一种印象,觉得德国实际想打俄国,为了建立同盟国体系,
必须接纳法国加入。人们还有一个印象,认为俄国曾把奥地利逼
入绝境(第118号末尾处),很愿意打仗(第109号,139号),正在
伸展势力,或者说被德国怀疑正在伸展势力(第112号,121号,
139号,第144号的第72页开头部分)。一想到任使血流成河完
全是为了让沙皇的独裁暴政扩张到全世界,就令人感到厌恶。至
于格雷的善意问题,你有没有注意到新闻报道的摘要没有提示第
123号白皮书的重要内容? 最初没有一家报纸注意到它,大概就
是这个缘故。至于《国民报》主编对您的答复,他简直颠倒了时间
顺序。利希诺夫斯基提出尊重比利时的中立地位是在格雷发出照
会之后,而且是对其照会的答复。格雷的回答似乎纯粹是一种"搪
塞之词",如果他真的想要保持中立,他肯定会就利氏的建议反问
道"这些就是可靠的保证吗?"但是他根本未做任何反应。

　　但是,覆水难收,哭也无益,到现在还考虑如何拯救欧洲文明
也没有多大用处;我担心这场可怕的灾难会持续很久,足以将欧洲

文明彻底毁灭。不过，我料想，当受苦受难的千百万人民已经忍受了半年的大灾难时，那些造成这场大灾难的帝王将相、外交政客们也不会有几个留存下来。

　　　　　　　　　　　　　　您的永远诚挚的

　　　　　　　　　　　　　　F.C.S.席勒

　　　　　　　　　　　　　　1914年8月19日

　　　　　　　　　　　　　　萨里郡，伊谢尔

　　　　　　　　　　　　　　伊谢尔寓所

与J.L.哈蒙德的往来书信

亲爱的哈蒙德：

　　我很高兴诺曼·安吉尔在做出回答，而且很高兴被他免职。

　　关于比利时，有几个问题我要问你一下，不是进行争论，而是因为我希望，如果可能的话，对《国民报》继续怀有某种程度的政治敬意，我过去同它一直是密切协同一致的。

　　一、过去许多年来，德国并无欲在下一场战争中经由比利时进攻法国的密谋，这是所有对军事问题略加关注的人尽皆知晓的事实，《国民报》竟对此毫无所知吗？

　　二、在前几年《国民报》是否认为对比利时的侵犯（假如发生的话）是与德国交战的一个正当理由呢？

　　三、如果是这样认为的，那为什么从未将这个看法做丝毫的流露，也从未要求政府向德国宣明这个看法呢？如果旨在拯救比利时,这是一个明显应负的责任。

四、当所谓保护比利时的义务已然危害了可能由于同俄法的联 46
盟而产生的一切纠纷,为什么《国民报》过去反对大陆国家的卷入?

在我看来,过去和现在一样,《国民报》的政策是感情用事的,
就是说它不肯面对不利于它的政策的事实。无论如何,我看不出
它如何能够逃脱人们对它的指责,说它过去缺乏头脑,现在歇斯
底里。

如蒙赐复,无任感荷。

> 您的诚挚的
>
> 伯特兰·罗素
>
> 1914 年 9 月 5 日

亲爱的罗素:

您的来信(责备我的字写得有些模糊不清)给我很大的震动,
不过如果我不是先已从印刷商那里得到过类似的告诫,我受到的
震动会更大。因此,我已着手进行修改的费力工作,其结果是您看
到了的。

我的信是回答您提出的一个问题,即如果《国民报》认为我们
应当为保护比利时而战,为什么不告诉读者这是它的观点,又如果
它持这个观点,为什么反对外国力量卷入。(我以最简略的方式转
达尊函所言)首先,我必须请您——为了对《国民报》表示公正——
把《国民报》和我区别开来。我从未负责该报外交政策(或有关军
备)方面的方针,我与它没有联系。在波斯问题上我与《国民报》意

见完全一致。因此回答您的问题我并不是很合适的人选；不过我想《国民报》可以自己澄清矛盾。

1. 我不知道《国民报》是否晓得这一点。（就我个人来说，我是不晓得的。我总是认为德国会形成针对比利时和荷兰的阴谋，我在《言者》上写的有关外交政策的文章中说，如果她（德国）进攻它们，我们不可能袖手旁观。）

2.《国民报》在 1912 年 4 月，1913 年 3 月和战争爆发前一周，都曾提醒人们注意我们对比利时所负的责任。

3. 我推想他们没有要求政府把这一点告知德国，因为他们想英国政府会考虑其所负的责任，这是尽人皆知的。

4.《国民报》认为，同法国和俄国结成协约国，更可能引起一次大战，如果我们完全保持独立，则更易于保护比利时。"德国不能为了一点微小的军事利益而破坏比利时的中立地位，如果她在其他方面也许还要指望我们持中立态度的话"（1913 年 3 月 1 日《国民报》）。他们也许本来就是错的，他们对格雷的总的批评也许对也许错，他们认为可能建立英法德协约国的想法也许是不切实际的，但是他们在几年间为实现这个政策而努力工作，并认为是德国把它毁掉了，这似乎没有什么矛盾之处。马辛汉的观点是：（1）德国在最近两周内不会为了欧洲的和平做任何让步；（2）德国一定会侵入比利时。

如果您说您认为《国民报》过去没有充分考虑到德国的好战的势力，我同意。我认为那是所有爱和平的人民共同的错误。布雷斯福德在其《钢与金的战争》一书（有许多地方很精彩）中完全是一个怀疑论者，但是他却预言在欧洲再也不会有大战了。

您的

J. L. 哈蒙德

1914 年 10 月 19 日

奥特费尔德

海伦·达德利的来信

谢谢您所赠的鲜花。它们给我以极大的欣慰,您的信也是如此,——我把它读了好几遍。那天晚上是很可怕的——要不是我们彼此见到了,那会更可怕无数倍——我原以为我再也不会见到您了。现在这一切都过去了——我的确理解您的情况,而且比以往任何时候都更加觉得,一旦我恢复了气力——我希望很快恢复——我们间的一种深厚而持久的友谊是可能的。无论发生过什么事情最后都不会有任何影响,我们的友谊过去是、现在仍然是最好的。

现在说声再见了,如果在这个狂乱的世界上还可以谈和平的话,那么让和平与您同在。

H.

(海伦·达德利)

[1914 年]

致乔治·特纳先生

亲爱的先生:

很遗憾，我不能再向剑桥自由协会缴纳会费了，而且我也不想再做它的会员。我过去支持自由党的主要理由之一是，我认为他们不大可能像保守党人那样参预一场欧洲战争。结果表明，自从他们当政以来，他们一直在欺骗他们的支持者，而且在秘密地实行一种其结果为我所憎恶的政策。在这种情况下，我不可能做任何事情（无论直接地还是间接地）去支持现政府。

> 您的忠实的
> 伯特兰·罗素
> 1915 年 4 月 26 日
> 剑桥三一学院

下面这封信的作者是一位杰出的探险家和战士。他曾于 1903—1904 年任英国赴西藏探险队的指挥官。他是一个极讨人喜欢的豁达大度的人，我非常尊敬他。我们在 1914 年曾同游毛里塔尼亚。

弗兰西斯·扬哈斯本爵士的来信

我亲爱的罗素：

您说由于您对战争的看法而感到孤立，令我颇以为虑。其实情况恰恰相反。您应当感觉到您的朋友们因为您的独立精神和诚实正直而感到骄傲。那些自命不凡、自大成癖之徒则恰恰会被他们的朋友所鄙弃。但是很遗憾，他们倒不像您那样有孤立的感觉。

他们太意得志满了,以致不会有这种感觉。只有像您这样的人才会有此感觉。

但请您一定记住,您的朋友们,即使可能并不同意您的意见,他们也是敬佩您而且受惠于您的。最重要的是,在这样一个时候,您本来应该把您所想的东西说出来。因为您对德国人和其他大陆国家比我们大多数人都更了解,而且您对人类行为的基本原则也做过专门的研究。在这种时候,就需要有像您这样可使我们其余的人据以省察自己的榜样。一直到战争爆发前我对德国几乎毫无所知。我出于传统倾向于采取军人的观点。因此我对待这个问题是从一种与您颇不相同的观点出发的。我愈加想知道您的想法,并尽力根据您的看法把自己的观点弄得正确合理。

根据我自己对政府活动和军事态度的经验,我要说,任何处于政府圈外的人从一开头就对事情有一如实的看法几乎是不可能的。危机是突然出现在外界公众面前的。在表面的背后,危机一直在酝酿着,不过我们对之毫无所知或极少知闻。于是它突然爆发,我们则必须形成我们可能持有的最佳看法。至于军事态度,我从个人经验晓得,当你以物质的手段来加强你自己的观点(你是多么容易无视任何他人的观点啊)时,那是多么极端的危险。我在战场指挥官们那里就看到过这种情形,而我自己也许一直都很难听得进别人的话。在我看来,这正是德国正在遭受的苦难。它(德国)确实积聚了强大的武装力量,这就使得它对他人的感情和权利全然置之不顾。我认为我们必须教它明白的东西是这个起码的事实,即漠视人们的权利和感情,是不会有好处的——它必须考虑它们。

您的非常诚挚的

弗兰西斯·扬哈斯本

1915 年 5 月 11 日

伦敦

下面是许多同类信中一个典型的例子：

J. 布尔的来信

你现在已不是三一学院的一个研究员，这可能完全是真事，而且幸好如此，——但是你的最好的朋友们（如果你有什么朋友的话）不会否认你是一头蠢驴。不仅是一头蠢驴，而且是一头卑鄙的、好说谎的蠢驴，因为你竟肆无忌惮地散布谎言，说什么"无疑双方都发生了种种暴行"。你，连同你的朋友（？）庇古、马歇尔、沃尔特·G. 贝尔、A. R. 沃勒、科尼比尔诸人，都完全明白，指责英国军队犯有暴行乃是一种恶毒的谎言，只有投靠了德国佬的英国叛徒才会造出这种谎言，——你妄图把俄国人引进来的那种卑劣做法就已说明了你是个什么东西！

您的

J. 布尔

1915 年 9 月 20 日

赖德

下面这封信的起因是我在一次讨论战争的会上代萧伯纳①主　49
持会议。

萧伯纳的来信，寄自伦敦中西区亚达菲街 10 号，1915 年 10
月 16 日

亲爱的伯特兰·罗素：

您最好同韦布夫妇详细谈谈。就我来说，确如精灵一样在推
动您。如果您不想引起争论，只要说明下面几点就很容易宣布开
会了，即这是一次费边派的会议，费边社的任务是在人所能及的限
度内对社会问题进行公正客观的研究，探求消除社会灾害的办法；
战争像其他社会问题一样也是一个社会问题，需要做这样的研究，
与反征兵的示威游行和爱国精神之重振相并而行；这次晚间讲座
的题目是从心理方面看战争；并且表示您很高兴来召集这次会，等
等，等等，等等，等等。

我肯定不会成为一个明哲保身、调和折衷、超然物外的人。我
想争取人们来听讲，使这次讲座取得成功；如果可能的话，我也想
鼓动听众；不过我要以尽可能如闪电般公开挑战的姿态来这样做。
重要的是这次会应当开得心情愉快而又富有勇气；因为对每个人
来说，实际的问题是心有恐惧。在适当的关键场合，他可以什么都
说，但在不利的场合，他就什么都不说了，所以唯一棘手的工作是

———————————

① 萧伯纳(1856—1950)，英国剧作家，费边社会主义者，20 世纪 30 年代初曾来
华访问。——译注

确定关键之所在。

　　对您提出的思路我确无异议,而且您在我发言之前或之后讲,对我都是一样的。我们的任务是让人们认真地对待战争。使我恼火的是人们把该诅咒的事物视若等闲的那种令人骇怪的庸见和对我们认为爱国主义的东西的那种庸俗的轻薄态度。

永远是您的

萧伯纳

又及:估计此信在午后晚些时候之前不会送达,所以我将它寄给韦布夫妇了。

　　下面这封信的起因是我在论协约国的政策的小册子中批评了吉尔伯特·默里为格雷所做的辩护。

致吉尔伯特·默里

亲爱的吉尔伯特:

　　谢谢您的来信。对您和外交部的关系我给出了一个错误的印象,非常抱歉。我确曾认为您与他们有更深的干系。

　　我同意您对未来所说的一切。我无意同那些主张自由思想的人发生争论,虽然我在战争问题可能与他们有分歧。我认为有必要回答您,正如您认为有必要写您的小册子一样,但是我的意思并50 不是说在我的回答中应该有任何冒昧侵犯之处;如果有的话,我表示歉意。我觉得我们的友谊仍然永存。无论此时此地可能发生什么事情,我也会说上帝保佑您。

> 永远是您的
>
> B. 罗素
>
> 1915 年 12 月 28 日
>
> 伦敦中西区伯里街,
>
> 罗素宅邸 34 号

　　下面这封信本来应收入本书第一卷,如果在该卷出版时它在我手边的话。前者机会既失,我就将它收在此处,与桑塔亚那的其他来信放在一起。

桑塔亚那的来信

亲爱的罗素:

　　今晨接令兄一信。转告您的口信,多多感谢。我要去泰里格拉弗住宅同他一起度过星期天,但预计下周一或二去剑桥,料可与您见面。同时我要代表哈佛大学向您提出一个建议,或者更确切地说,重新向您建议:您可否于下一个学年即 1912 年 10 月至 1913 年 6 月以哲学教授的身份去哈佛讲学?罗伊斯要去休假,我将离开哈佛,帕尔默只在这个学年的第一个学期在那里。只有佩里、明斯特贝格和两三位年轻的心理学家留在那儿。他们的想法是请您开一门逻辑课,每周 3 小时,其中有一小时可委托为您做安排的一个助教宣读论文等等,他们还要请您开一个我们所说的"习明纳尔"(seminar，即讨论班)，讨论您想要讨论的任何问题。如果您乐意的话，您也可在哈佛或波士顿洛威尔学院做一些较通俗的演讲。这些演讲会单独付您报酬，而教授的薪金通常是4000美金(800英镑)。我们希望您乐于考虑这个建议，因为您是年轻的美国哲学家学派最渴望向之学习的人。您会给他们带来思想精确和独立精神的新标准，打开他们的眼界，而且可能对该国新一代哲学家产生最大的影响。

我们并不特别急迫要得到您的回答，所以您无须在下周我们晤面之前写信给我，除非您已做出极其明确而确定不移的决定，如果这样，您可复一短信，寄到泰里格拉弗来。我的固定地址是：

南威尔士，帕尔玛尔，123号

布朗·希普利公司转交

您的诚挚的

G. 桑塔亚那

1912年2月8日

温莎，昆斯艾克

又及：我的意思不是辞谢您要在我去剑桥时为我做推荐的好意，只是因为我在这个星期中间才能去，不知您那时去剑桥是否也方便。

桑塔亚那的来信

51　　　我在西班牙报纸上读到这段关于"war babies"(战时士兵的

私生子)的话:"基钦纳①在创造一个军队的同时也创造了爱情。在一个往日只知道男婚女嫁的国度里,这是一个巨大的变化。"

G. 桑塔亚那

1915 年 5 月 5 日

牛津

桑塔亚那的来信

从军事观点来看,或者对于那些因为战争干扰了他们私人的或政治的阴谋诡计而震怒的人来说,局势肯定很糟。这种局势可能还要持续一个很长的时期;否则就会在一段虚假的和平之后旧态复萌。但是,像一个哲学家那样极其平静地来看时局,我觉得没有什么可悲观的。当我到桑德福去吃午餐(我常去那儿就餐)时,看到刚刚耕耘过的大片农田,使我极感欣慰:英国正在变成一个被耕耘过的有教养的国度,而不是像野蛮的北日耳曼那样遍是泥沼草泽的蛮荒之域。在我看来,仅此一点即足以补偿一切损失而有余:它正在奠立健全的基础。至于俄国,我倒有点喜欢列宁(而不是那个昏庸的克伦斯基!);他有一个他愿为之奋斗的理想,那是一个彻底反日耳曼的理想。如果他仍然掌权,他可能还必须同德国人打仗,而且会使用毒气。此外,我认为他们在柏林的计划已然完全失败,使我们感到威胁的普鲁士在教育、工业、军事上的优势在国

---

① 基钦纳(1850—1916),一次大战时任英国陆军大臣。——译注

内已被逐渐削弱了。他们现在不会取得军事上的胜利,因为受其羁绊的人愈多,在他们自己的统治体制下突然爆发的爆炸性也愈大。

至于资本的破灭和损失,我不大关心。被杀死的青年们如果还活着,他们也变老了,而且不会有任何用处了;这样无所用于世地过上许多年,他们也许死于黏膜炎或肾脏病,也许上绞架,或者老朽而死——难道这就不那么令人可惊可怖了吗?我希望甚至喜欢世界更贫困一点,我只愿人口也能变得更稀少些;我非常希望过凭票证领面包、凭票证住房的生活,我愿自己被人们知道的只是一个编号,而不是一个教名,如果这一切能够结束依靠谎言的生活,而且真正澄清政治空气,但是恐怕灾难不会大到足以这样做的地步,而且尽管有列宁,恐怕人们还会修修补补拼制成某种虚假的安排,从而使我们一切还是以前的样子。人民缺乏聪明才智,期望他们如此是不切实际的,那是很久以前我的哲学使我得出的一个结论。否则我怎么可能在美国住了 40 年之久呢?

这一切不会使您感兴趣,但是我既然写了,那就随它去吧。

[G. 桑塔亚那]

致奥托兰·莫雷尔

你有没有看到今天《晨邮报》上刊登的一个美国人写的、注明发自"里茨旅馆"的信,说他在新学院教堂发现了一块刻着"保卫祖国"的石碑,上面刻写着在战争中死去的新学院的人的名字,其中有三个德国人! 对此他表示惊骇困惑。他向教堂司事讲了自己的惊骇,这位司事却回答说:"他们是为他们的国家而死的。我认识他们——他们是极好的人。"他们为新学院带来了荣誉。这位值得重视的美国人认为有必要给我们上一堂如何做爱国者的课。

"伊丽莎白"(我的嫂子)对她的 5 个德国外甥在战争中全都仍然活着感到遗憾。她是一个真正的爱国者。那个美国人会喜欢她的。

如果你方便的话,我可在周三和周四(15 日和 16 日)去看你。我想见一下[D. H.]劳伦斯……

1915 年　[剑桥]

自从我回到这里,我已越加感到战争的重压,——当你在这儿的时候,你就会惊骇地意识到战争造成的损失。而鲁珀特·布鲁克之死则使我痛感到这一点。现在待在这里,一切惯常的生活都中断了,真是难以忍受。将来会有下几代的人——但我还是担心,人类文明有些东西将永远失去了,正如希腊在遭到这样的毁坏时有些东西失去了一样。说来也怪,较之对自己的一切朋友或任何事物,人们更珍视文明,珍视人类脱离野蛮状态而缓慢取得的这种成果,文明似乎是人们为之而生的至高无上的东西。我活着不是为了人类的幸福,而是为了通过奋斗取得某种心灵的进化。在这里大部分时间这种进化是受到促进的,——已经做的一切要交给后代,他们将在我们停下来的地方继续前行。现在一切都被阻不前了,谁也不知道会不会在其止步的地方重新启动。而所有老牌的叛逆者却会欣喜若狂。

星期天下午（邮戳日期为 1915 年 5 月 10 日）

　　［剑桥］

　　我刚刚才意识到剑桥如何地压制我。我觉得在这里远更具有活力,远更能够面对这个时代可能带来的任何恐怖。但是从战争伊始,剑桥已不再是我的家园,不再是我的庇护所了。被人们视为一个叛国者,我感到无法形容的痛苦。在学院的四方院子里每次与人偶然相遇都令我心惊胆颤,忐忑不安。人是应该锻炼得更坚强些啊。

　　我最亲爱的,请原谅我近来令人极不愉快。但是我的确很倒霉,恐惧缠扰着我。在心情平静下来之前,我不想说我心中所想的一切,因为那太多了而且是疯狂的。所以我是一个又硬又蠢的家伙。

星期三晚（邮戳日期为 1915 年 5 月 27 日）

　　罗素宅邸 34 号

　　我想我将同反兵役联谊会的人交成朋友。民主监督同盟太温和而且纠缠于一些不相干的事情。战争结束以后再谈这些事情是可以的,但不是现在。我希望好人们不要这么温和。我在这里认识的主张不抵抗主义的人们都是一本正经进行道德说教的——人们觉得他们不了解人性有凶暴猛烈的一面,他们缺乏幽默感,缺乏强烈的意志,缺乏使人具有活力的任何东西。他们绝不会责斥法利赛人①也不会赶走兑换钱币的钱商。我多么强烈地渴望人们能够从自己本性的囚笼中挣脱出来。现在我甚至觉得，有某种巨大的力量由于我的怀疑论、犬儒主义和缺乏信念而被永久地拘禁在我之内了。但是无此拘禁的那些人则似乎总是无知而略显愚蠢的。这种拘禁使人觉得非常孤独。

对劳伦斯的哲学我一点都弄不明白。我不愿跟他谈论它。它不合我意。

星期五（邮戳日期为 1915 年 6 月 11 日）

劳伦斯从清早一直到 10:30 把我的时间都占去了，所以昨天我未能给你写信。我们有一场可怕的争论，但不是灾难性的。他为各种各样我觉得不该指责的事情而攻击我——实际上主要是攻击我之倾向科学和尊重事实。我将把他对我的提纲所写的评论寄给你。我很乐于知道你对它们的想法。他带我去见一个俄国的犹太人柯梯良斯基和［米德尔顿］默里及其夫人［凯瑟琳·曼斯菲尔德］，他们都坐在霍尔本饭店毗邻的一间没有任何设备的空屋子里，门窗紧闭，不停地吸着俄国纸烟，一副疏懒而愤世嫉俗的样子。我觉得默里令人厌恶，这三个家伙的整个气氛毫无生气而且有一种腐朽的味道。

随后我们去了动物园，——狒狒使我感到开心畅意。它故意

---

① 法利赛人是古代犹太教派的一支，主张拘于教义和传统礼义，后被用为伪善者的代名词。——译注

长时间地看着每一个人,然后慢慢地张牙露齿,狂呼大叫,带着一种不可思议的仇恨和厌恶。斯威夫特①也许会喜欢它。然后我们上汉普斯特德和雷德福去,劳伦斯夫人待在那儿。一个钟头之后我已经感到精疲力竭了,因为我们一见面就立刻开始争辩起来。我对劳伦斯说,我认为无论如何首先我们应当互相独立不倚,而不要试图开创一个学派。他谈论政治时,我觉得他是如此之狂诞,以致我无法同他正式合作。我希望他不要伤心。但就我仔细观察,他似乎并未伤心。他的思想狂放不羁,误将自己的愿望当作事实。他的头脑也糊里糊涂。他说"事实"无关紧要,要紧的只是"真理"。伦敦是一个"事实"而非"真理"。但是他希望把伦敦推倒拆除。我力图使他明白,如果伦敦是不重要的,那么拆除它就是荒谬的,但是他仍然反反复复地说伦敦实际并不存在,说他很容易使人们看到它并不存在,于是人们就会把它推倒拆除。他对自己的说服力如此自信,我就要他马上到特拉法尔加广场去开始宣传他的这些思想。这一来才使他清醒过来,开始坐立不安。他的态度有点疯狂而且不很诚实,或至少是非常糊涂的。他没有接受个人是软弱无力的教训。他认为我之力图使他承认事实,乃纯粹出于胆怯,缺乏大胆思想的勇气,自我沉溺于悲观主义之中,当你能使他对事实略有一点认识时,就如我终于做到的那样,他就灰心丧气了,说他要到南太平洋群岛去,要娶六个当地的老婆陪他一起舒适地晒太阳。他是个固执难对付的家伙。他的毛病是有一种疯狂夸大的倾向。

---

　　① 斯威夫特(1667—1745),英国著名作家,著有寓言小说《格列佛游记》。——译注

1915 年 7 月

　　是的,劳伦斯跟我在一起的日子是令人极不愉快的。我对他 54
完全绝望了,只是计算着跟他结束交往还有多少时间而已。这部
分地是因为他有肝病,但不完全是。劳伦斯非常喜爱雪莱,——这
固然很好,但是同样带有对事实的厌烦。他所盼望的革命就是恰
如雪莱所预言的一帮叛逆者飞逝而去,而人们则庆祝一个爱的节
日。他的关于人民的心理学在一定程度上好得惊人,但是在某种
程度上他又被具有强烈色彩的爱引入歧途。

　　星期五晚上,我同我在哈佛的一个学生 T. S. 艾略特及其新
婚妻子一起吃晚饭。我本来想由于艾略特的诡秘玄虚,这位新娘
大概是令人讨厌的,但是她倒并不那么讨人嫌。她很快活,有点粗
俗,敢作敢为,充满活力——我想艾略特说过,她是一个艺术家。
不过我原以为她是一个演员呢。艾略特有一种不同寻常的吸引
力,但是慵懒不思振作;她说她嫁给他就是要激励他奋发起来,但
是发现她不可能做到。他娶她显然是为了受到她的激励。我想她
很快就会厌倦他了。她因为害怕潜水艇,不肯去美国见他的亲属。
他对自己的婚姻感到羞愧,如果有人对她友好相待,他是非常感激
的。他是桑兹小姐①型的美国人。

1915 年 7 月　星期二

---

　　①　桑兹小姐是一个很有教养的新英格兰人。她是一个画家,亨利·詹姆士和洛
根·皮尔索尔·史密斯的朋友。

我的宝贝：

非常高兴今天早晨收到你的信——一封如此珍贵的信。我希望我能避免陷入不幸。这我能做到,即使除你之外我还有一些利害关系而又不能继续停留在家庭圈子之内,——否则若继续待在那个圈子里,我就会觉得自己是一个纯粹多余的幽灵,只能旁观不能参预,而且这种感觉已变得极其强烈而不堪忍受。每周在城里过几天我就会好起来的。女主人①向我说明了情况,而且今天她的姐姐沃特洛太太进城去了,她带我出去野餐时还要再给我讲。她说(我相信她的话),她最初对我哥哥并未留意,因为她觉得他已有可靠的婚姻,因而认为他只适合做一个情人。突然,没有跟她商议,他就写信对她说他要离婚。这使她激动得透不过气来,而且很令她高兴;她听之任之,什么明确的话也没说,但是默默地允许他着手进行一切。现在她感到非常不安,因为那个不可遏阻的时候即将到来,那时他的离婚已断然无疑,而她也必须做出决定。她对他的不满有如下几点:

(1)他睡觉时带七条狗在他的床上。在这种情况下她片刻不得安眠②。

(2)他高声朗读吉卜林③的作品。

55　　(3)他喜爱泰利格拉弗宅,而那里是令人憎恶的。

---

① "伊丽莎白",我哥哥的第三个妻子。

② 我给她讲了约瑟芬的狗咬了拿破仑的故事。皇帝忍受过的事情,她也可以。[约瑟芬的狗是在他们大婚之夜、在一个小岛上咬拿破仑的。]

③ 吉卜林(1865—1936),英国作家,作品赞美大英帝国的扩张侵略。曾获诺贝尔文学奖。——译注

　　我想如果有充分的时间去找,还可以发现其他一些缺点,这三点则是精心选择出来向我诉苦的。她是一个喜欢阿谀奉承的人,她显然给自己派了一项任务,即如果她同弗朗克断绝关系,要使我不反对她。我太爱我的哥哥了,我太关心他的痛苦了,以至于从心底里不能原谅她,纵然她有十足充分的理由。她说她还远未拿定主意,不过我想她是不会嫁给他的。她会很高兴继续有他做情人,但是我觉得他肯定绝不会同意这样做。

　　我必须住笔了,因为我得马上把信寄出去。

　　请勿以我为念。只要我不让自己的思想过分专注于我不可能拥有的东西,情况就会好起来的。我喜欢跟孩子们去野餐,因为只有这时我才不是一个幽灵。当你在场的时候,我就无法融入家庭生活,一方面是因为你吸引了我的注意力,一方面则因为有你在场我总是怕受到你的指责而局促不安,不知所措。我知道,由于我并不了解的一些理由,有些事情我做或不做都让你烦恼,这使我在你面前不可能表现得轻松自如,虽然有时这使我把你所憎恶的东西夸大了。但是在我不很疲惫时,我还是能够克服这一切的。由于跟你在一起的时候感到很不自在和惊恐,我的生命的活力在加辛顿不能保持长久,当它丧失时我就越来越无法抗拒要同你保持一个距离的想法了。

　　　　　　　　星期四晨[邮戳日期为 1915 年 9 月 9 日]
　　　　　　　　哈斯勒梅尔,金斯利格林
　　　　　　　　哈奇

我的宝贝：

很高兴收到你的信。我已经开始感到焦急了。我很高兴劳伦斯过去是这么了不起。我绝不怀疑他走是对的，但是我不能离开英国。我根本不忍心认为英国正在进入其生命的渐衰期——那太令人感到痛苦了。我是不相信这个说法的，我相信我们的民族在某个方面是健康而具有活力的。到处是黑暗和耻辱——但是我相信耻辱本身到头来会唤起一种新的精神。英国愈是衰微，我愈是想要扶助它，愈是觉得自己不论好歹是与英国拴在一起的。除了英国，我不可能写别的题材，与英国相比，别的东西似乎是如此之渺小。

你的 B.

星期四夜（邮戳地址、日期为伦敦，

1915 年 10 月 29 日）

艾略特昨天有半天休假，3:30 回家。非常滑稽的是我怎么会喜欢他，好像他是我的儿子。他愈来愈长大成人了。他对他的妻子有一种深切的、完全无私的热爱，而且她也的确非常喜欢他，但是时不时地冲动起来就虐待他。那是一种陀思妥耶夫斯基式的残酷，而不是那种日常的直截了当的残酷。我每天都在致力于使他们之间诸事顺遂，但是现在我不能丢开他们不管，当然我自己对此也极有兴趣。她是一个举棋不定的人，她的结局不是一个罪犯就是一个圣徒——我不知道她究竟会成为哪一种人。对这二者她都有完全的能力。

星期三（邮戳日期为 1915 年 11 月 10 日）

我的宝贝：

我不知道最近我怎么了，但是我已经又陷入了自从战争爆发以来时而会有的那种无精打采的状态。我深知我应该过一种不同的生活，但是我已失掉一切意志力。我需要有个人来管束我，来驱使我，告诉我住在何处，要做什么，而不留给我任何自主权。我以前从未有这样的感觉。我相信这是极度的精神疲劳，非常强烈的精神疲劳，它使我对任何东西都失掉了兴趣，靠我自己的努力不足以获得一种较好的心情。事实上我应该同任何可能被认为使我开心的东西作斗争。我的一个突如其来的念头恰恰是要实行静坐和沉思冥想。

在课程结束以前我还不可能多行静坐，不过那不会很久了。如果那时我能找个像德斯蒙德[麦卡锡]那样的人同我一起到乡村来而且迫使我去多做散步，我就会好转的。但是人人都很忙，我也没有精力安排这些事情。我现在没有做任何工作。过些时候我得为去哈佛讲学着手工作，但是一想到工作就有一种难以摆脱的恐惧感。我相信应该做点事情，否则我就要崩溃了。

艾琳（库珀·威利斯）刚刚在这里对我大骂海伦（达德利）——最近有人告诉了她全部事情——这并没有使我比先前更愉快些。罪孽感是这些时候使我烦恼的东西之一。我想这种感觉的根源在于世界的状况和严重的无能为力之感。我曾以为我已克服了这种感觉，然而它又复发了，而且比以前更甚。你能想出什么办法来帮帮我吗？如果你能够，我会非常感激你的。此时此刻我的生存真是糟透了。

　　我现在知道这恰恰是一种病态,它再也不会使我对你或任何人寻隙挑刺儿了。我已丧失了意志。我把它用得太多了,它突然崩溃了。

　　你的负担已经够重的了——但是如果你知道有谁能照料我一会儿又能不断驱使我,那情形就会不同了。

你的 B.

星期三(1915 年)

　　附上怀特上尉的一封信。你会看到他对我怀有同劳伦斯一样的敌意或对立情绪——我想这是我在精神上对之抱有同情的大多数人似乎都有的一种情绪——也许就是这同一种情绪使你未能如你最初认为自己要做的那样关照我。我希望你把它找出来,告诉我它究竟是什么。这种敌意使我感到非常孤立。我对之抱有理智的同情的人们几乎从来没有任何精神生活,或者即使有也几近于无;而别人似乎觉得我理智的一面是不可容忍的。你会认为我又患了忧郁症,但并非如此;我只是要寻根究底,把事情弄明白;如果我不能把它弄明白,就难求更大成就。

　　我曾对怀特说,使我感到烦恼的是:我的听众增多了,而应被我的讲演①弄得很不舒服的人却未加多——著名的如阿克兰夫人(她的丈夫曾入内阁),她安坐听讲,怡然自得,并未觉得我说的话

————————

　　①　这些讲演后来集成《社会改造原理》一书。

是对政府的谴责。我曾想，讲完最后一讲后，我要从实用的角度强调一下道德的东西。

　　我觉得我不大了解你近来的所思所感。我一直很忙，信写得不勤，所以我不能抱怨你。但是能见到你而且探明发生在你身上的某种东西将是一种宽慰。自从上次到加辛顿以来，就私事而言，我一直很快活。你还记得在你去见维托兹大夫①时我写过很多关于认识论的东西，遭到维特根斯坦最猛烈的批评吗？他的批评虽然我认为你那时并不了解，但却是我一生中具有头等重要意义的一个事件，而且对我此后所做的每一件事都有影响。我认为他是对的，我认为我绝不能再希望去搞哲学基本问题的研究了。我的动力被打掉了，有如一道波浪在防波堤上撞得粉碎。我变得彻底绝望了②，想要转向你求得安慰。但是你正忙于请维托兹大夫看病，无暇顾及我。于是我就放浪形骸，调情取乐，而这又加深了我的绝望。我必须为赴美国讲学写讲稿，虽然我过去和现在都相信哲学的全部基本工作都是逻辑的，但是我却选取了一个形而上学的课题。原因是维特根斯坦已使我相信逻辑上需要做的事情对我来说太困难了。因此我的哲学的动力在那个工作上并没有得到真正必要的满足，而哲学就失去了对我的支配力。造成这种情况的更多是维特根斯坦，而不是战争。战争提供给我的是一个新的、困难较小的目标，这个目标在我看来像旧的目标一样好。我的讲学使我相信在这个新的目标中有一种有潜在价值的生活和活动。所

---

① 给奥托兰看病的一位瑞士医生。
② 我很快就摆脱了这种心情。

以我想要安静地工作,而且就工作来说,我觉得比遭到维特根斯坦猛烈攻击以来的任何时候都更平静。

星期六[1916 年]

斯坦利·昂温的来信

亲爱的先生:

在最近一期《剑桥杂志》上我极有兴趣地注意到您计划讲授一门论"社会改造原理"的课程。

如果您有意以后将这些讲稿以书的形式出版的话,我希望我们能有幸为你印行此书。

58　　　附上《向着永久的和解》的内容简介,我们知道这是您很感兴趣的一卷,我们预计在 12 月 6 日发行此书。

您的忠实的
斯坦利·昂温
1915 年 11 月 29 日
伦敦中西区,
博物馆街 40 号

[这是我同艾伦和昂温出版公司打交道之始。]

T. S. 艾略特的来信

亲爱的伯蒂：

非常感激您的盛情——对您的慷慨相助我真可以说是受之太过了。很抱歉让您非回来不可——维维恩说您一直是她的保护神——但是我当然会满怀感激之情欣然接受这个机会。我相信您已做了可能做的一切，以最好的方法（比我更好）照看她，我常想要不是有您相助，事情不知会变成什么样子——我认为我们应当感谢您，她能活下来全亏了您。

我十点半来，希望在您走前同您叙谈。赛奇太太①盼望您来。她使我在这里过得很舒适。

深爱您的

汤姆

星期二[1916 年 1 月]

夏洛特·C.艾略特的来信

亲爱的罗素先生：

您以海底电报发来的信前不久刚收到。我现在写信是要感谢激发您来信的那种盛情。当然，像过去那样，您会感受到近来在萨

---

① 我寓所的打杂女工。她说我是"一个很怪异的绅士"。某次，来了一个煤气厂工人，原来是一个社会主义者，她说"他的谈吐就像一个绅士"。她设想只有"绅士"是社会主义者。

艾略特夫人病了，需要休假。艾略特起初不能离开伦敦，所以我先陪艾略特夫人去托基，几天后艾略特来替换我。

塞克斯发生的可怕的悲剧。艾略特先生不相信德国人（一切最可怕的东西的同义词）可能攻击一艘美国的客轮。那显然违反他们的利益。然而我觉得德美之间仍有发生战争的可能。我们对德国的方法（公开的和秘密的）知道得愈多，很多美国人就愈是义愤填膺。我很高兴，我们的祖先是万世一系的有法国血统的英国人。我要寄给汤姆一封信的抄件，这封信是他的高祖父在 1811 年写的，说明他的祖父（他是诸兄弟中的一个）克里斯托弗·皮尔斯于 1676 年出生于英格兰德文郡。

　　我相信，您在各方面的影响会使我的儿子更坚定地选择哲学为其终身的职业。伍德教授说他的毕业论文具有极高的价值。我希望他明年能谋得一个大学的职位。如果他谋不到，我会感到惋惜。我绝对相信他的哲学，但是我不相信他写的自由诗。

　　汤姆非常感激您的同情和亲切相待。我也有这种感激之情。

您的诚挚的

夏洛特·C. 艾略特

［T.S.艾略特的母亲］

1916 年 5 月 23 日

威斯敏斯特广场 4446 号

致布林·莫尔学院的英语教授露西·马丁·唐纳利

我亲爱的露西：

　　我很高兴得悉你在京都——迄今我只曾在三大洲上给你写过

信——到非洲和澳洲去完成你的采集工作，那是你通常的义务。

我的确希望你能设法经由西伯利亚铁路到英国来。能见到你将是极大的快乐，我相信我能使你同情我和我的大多数朋友对战争的看法。

你不必为我的讲演担心。海伦（弗莱克斯纳）写信来给我以严重的告诫，使我感到好笑。我原以为她此前应已知道在发表意见时保持社会警惕并不是我的长处。假如她在基督在山上布道时就认识他，她也会因为害怕布道损害了他在拿撒勒的社会地位而恳求他缄默不语。世界上重要的人物对这样的事情是不注意的。事实上，我的讲演很成功，——它们成为那样一些知识分子的团结基础，他们不仅对战争而且对一般政治问题都日益趋向我的思维方式。以前鄙视政治的各类文学家和艺术家都正被迫采取行动，正如过去在法国因德雷弗斯事件而被迫行动起来那样。他们的行动终究会产生深刻的影响。我首先就是对他们讲话的。——我已经不写有关战争的文章了，因为我要讲的都讲过了，也没有什么新东西要说。——我所追求的目标较之朋友们支持我的那些目标更远大、更少急功近利。我不喜欢一个人由于说了他人正在想的东西而博得喝彩；我希望的是实际改变人们的思想。我一生主要的个人愿望是能够影响人们的精神；这种能力不是靠说些广受欢迎的话得来的。在哲学上，我年轻时候的观点极不普通、极其古怪，然而我曾获得很大的成功。现在我已开始了一个新的生涯，如果我能活下去而且保持能力不失，我大概同样会取得成功。哈佛邀请我一年以后去教一门讲座课，讲我目前正在讲授的东西，我已同意去了。战争一旦结束，这里的人们需要的正是我所讲的这类东西。

你一旦了解了我的目标,就会明白我走的是实现目标的正路。任
60 何一件大的事业,都要经历一段艰难的时日,也许只有在你死后才
会实现——但是如果你有真诚的决心,什么艰难险阻都无所谓。
我要讲有关人生哲学和政治的重要问题,我们时代所特有的问题。
过去十年间,这里人们的总的观点已经发生异常急剧的变化;他们
的信念崩溃了,他们需要一种新的信条。但是那些塑造未来的人
们是不会听信依然保留着旧的迷信和清规戒条的任何东西的。在
老一辈和年轻一代之间有一道明显的裂隙;经过逐渐的进展,我决
定站在年轻人一边。因为站在他们一边,所以我能贡献给他们的
不只是批评,而是他们乐于尊重的某种经验。——望很快又听到
你的消息——你对远东的印象使我很感兴趣。

深爱你的

B. 罗素

1916 年 2 月 10 日

伦敦中西区伯里街

罗素宅邸 34 号

你读过罗曼·罗兰的《米开朗琪罗传》么? 那是一本非常精彩
的书。

致奥托兰·莫雷尔

哈夫洛克·埃利斯论性的书,我读了很多。此书有很多人人

须知的东西，非常科学和客观的东西，最有价值而且有趣的东西。
人们被禁锢起来，对性的问题全然无知（纵然他们以为自己什么都
懂得），这种办法太蠢了。我认为，几乎所有文明的人们在某种程
度上都可以看作是不正常的，他们感到痛苦，因为他们不知道有这
么多人实际上和他们一样。我们常听说，人们在结婚时出了毛病，
就因为他们不懂得会要发生的那种事儿，而又不敢坦率地谈那种
事儿。在我看来，婚姻显然应由儿童组成，儿童不涉入的肉体关
系，法律可置之不理，公共舆论可漠然视之。只有通过儿童，肉体
关系才不再是一种纯粹私人的事情。我确信全部传统的道德都是
与迷信有关的道德。不能说受到严格约束的人才更易于达到最好
的事物，——他们或者不会放纵自己而长大成人，或者如果他们放
纵自己，他们就会变成凶暴而鲁莽灭裂之徒。你同意我的看法吗？

再见，我的宝贝。这些日子我极快乐而且充满了爱。如果你
来，能再见到你将是一大赏心乐事。

你的 B

星期天下午

［邮戳地址、日期为伦敦，1916 年 1 月 30 日］

我的宝贝：

我想我忘了告诉你我是到这里来过周末的。我来给这里的一
个印度学生俱乐部"印度梅吉利斯"讲演。他们约有百人，举行年
会聚餐，要我提议为"印度"干杯。你的朋友萨拉瓦底（？）在场，而
且讲话异常之好。他们邀请我，是因为我对战争采取的方针，——

61　至少我想是这样。但是当我开始讲话时,产生了一种奇异的责任感。我忘不了,我毕竟并不希望德国人得胜,并不希望印度在此时此刻发生反叛。我说如果我是一个土生土长的印度人,我不会认为我应当希望德国取胜。对我这个话他们报以冷场,不过随后的一些发言表明,这是我的讲话中他们唯一不同意的一点。他们的民族主义给我以深刻印象。他们谈到穆斯林和印度教徒的团结,英国的压迫,谈到制服暴君的唯一办法是使之突然败北。他们中许多人聪明能干,很真诚,很有教养。最后发言的是一个生物学家,对科学满怀酷爱之情,正要返回印度。他说:"我将从这个繁荣昌盛的国度去向那个灾难和饥荒的国度,从这个自由的国度去向那诚实反被视为不忠、正直敢言竟被诬为煽动叛乱的国度,从这个文明开化的国度去向那个宗教盲从的国度,去向我所热爱的那个国度,去向我的祖国。一个人必须是非常富有人性的,才会热爱这样一个国家;而那些愿为祖国效力的人们已经成为非常富有人性的人了。"使这样的人才去搞政治斗争该是多大的浪费啊!在一个比较美满的世界里,他可能发现预防霍乱的良药;但事实上他的生活将充满争斗和苦辛,他要去抵抗恶,而不是创造善。他们全都是勇敢无畏而且很有思想的;他们大多是非常悲愤痛苦的。在他们的发言中还混合着一种奇特的大学生的玩笑戏谑,对牛津和剑桥的有关荣誉的嘲弄,以及能使英国青年闲时开心逗乐的话头。他们每个人的发言中都有的这种混合是非常离奇古怪的。

　　今晚我又同他们或者说他们中的一些人会面了,给他们做了一次关于教育的讲演。我的确很高兴得以了解他们的观点和性格。一个人有教养有知识却属于像印度这样的一个国家,那一定是极其可悲的。

海伦(达德利)要来吃午饭。我希望我能见到尼科,还有阿姆斯特朗①。昨天我同呆头呆脑的沃特洛②一起吃午饭。

我给这些印度人讲了半个小时,事先毫无准备,没有片纸的发言稿。我认为以这种方式讲话更好,更自然而不单调。

1916 年 2 月 27 日

三一学院

我的宝贝:

此间之令人沮丧已难以忍受——要不是有几个印度人,几个苍白无力的和平主义者,和一些残忍嗜杀的老头(他们在年轻人不在时志得意满一瘸一拐地走路),剑桥各学院就毫无生气了。士兵驻扎在各学院的四方院子里,在草地上操练;好战的牧师们从大楼的台阶上以极洪亮的嗓音向他们布道。夜间市镇陷入一片黑暗,与之相比,伦敦成了灯火灿烂之所在了。人们所珍爱的一切都死寂了,至少在眼下;很难想象它们会恢复生机。没有人考虑学术,认为它有什么重要性。我从外在的死寂想到自己的了无生意——我绕着书架注视着我的那些数学和哲学书籍,它们以往似乎充满了希望,饶有趣味,如今却使我感到心灰意冷了。我做过的工作似

---

① 阿姆斯特朗(Armstrong)在剑桥做大学生时我就认识他。战争一开始他就应征入伍,丧失了一条腿,变成了一个和平主义者。

② 即后来的西德尼爵士。他是伊丽莎白的侄子,在外交部供职。我们在剑桥有很多共同的朋友。

乎如此渺小,同我们发现自己生活于其中的这个世界了不相关。
而除了工作,我什么事情都很无能。五年前的一切期望像幽灵一
样闪现在我面前。我竭力要把它们从我的心中驱走,然而拂之不
去。我们的一切快乐时光都藏在我的记忆中,虽然我知道最好不
去想那些。我知道我必须工作和思考,并且学会对内心的事物发
生兴趣,但是极度的厌烦压倒了我的这种想法。对萦绕心头的忧
惧继续回避下去是没有用的。我必须让它们把我缠住,然后面对
它们。当我学会重新适当地工作时,我将愈加感到一种内在的精
神的独立性,情况就会好些。自从认识了你,我一直在力图从你那
里得到一个人本应由自身取得的东西。

1916 年 3 月 19 日,星期日晚

三一学院

我的宝贝:

　　自从你星期五写来一信后,我一直未再收到你的信,但是因为
我现在每天只取一次信(我是早晨去取的),所以那也不奇怪。

　　我今天有一段异常不快的经历。劳合·乔治受了什么导引觉
得还不如亲自查明有关拒服兵役者的第一手材料,所以他邀了克
利福德·艾伦、马歇尔小姐和我到他在莱盖特附近的寓所去吃午
饭,是用他自己的车来接我们又把我们送回来的。他很不满意,我
想他只是想在开始讨价还价时玩弄一下技巧。尽管如此,他看到
了艾伦而且认识了这个实际的人,那还是值得的。要是把艾伦毁
掉了,会使他更感到遗憾的。

　　我相信,在公共舆论和政府不再想迫害他们之前,这些人将不得不忍受很多痛苦。我有个印象,劳合·乔治是希望战争长期打下去,他认为整个局势坏透了。他似乎毫无心肝。后来我在下院见到安德森(工党国会议员),他是个油腔滑调的骗子。

　　我想劳合·乔治这个人是很隐蔽的。

　　首先要做的是彻底修改法庭的整个判决,对所有出于良心而拒服兵役的案子予以复审。有很多人无疑是胆小鬼:人们对胆小鬼残酷得难以形容——他们有些人疯了,有些人自杀了,而人们只是耸耸肩,说他们没有勇气。人类十分之九都是极端可恶的。

星期二夜(1916 年)

布卢姆斯伯里区,

戈登广场 46 号

萧伯纳的来信

亲爱的伯特兰·罗素:

　　叶芝给我来信谈查普洛,而且附了一位夫人(他的表姊妹)的信。但是我实在不知道怎么办。法案已经通过了;他必须或者去服役,或者以其殉道精神经受磨难。我们没有任何理由为他要求免服兵役:他好像完全听其自然,像一个孩子,不会想想法律同他个人有什么关系,既不上诉也不听人劝告。我个人对他没有任何内在的感化力;外在的影响力也许有,但帮不了他的忙。

　　他的信不像是一个具有殉道者品质的人写的。像许多文人一

样,他在实际事务方面似乎是无能的,而就某些方面说军队倒是他
正该去的地方;因为在那里他会被锻炼得能够面对不可避免的东
西而又无须承担责任。他会被供给衣食,得到训练,被告知做什
么;他会有无数机会去思考其他事情。他不会被要求在来年去杀
任何人;如果他觉得自己的良心有一种无法抑制的厌恶感,必要时
他可以扔掉武器,然后去服两年苦役,使他的良心好过一些。不过
到那时他或者因为不适于在军队服役而被开除军籍,或者不然的
话他就懂得一个人生活在社会上必须按照集体的良知行事,不论
其个人的良心会驱使他对此持何异议。我认为这是我们不能不对
所有向我们求援的反战爱和平的青年人讲的事情。殉道是个人灵
魂的事,你不能劝一个人去身体力行。我不会因为一个有才智的
人力图逃避(如果可能的话)极端可憎的军旅生涯而怪罪他;但是
查普洛似乎是太无能了,竟不曾做过逃避从军的任何尝试。他只
是目瞪口呆地挡在压路机滚滚碾来的路上。我为他难过,但是我
只能劝他去服役。你能否提示一个更好的主意?

永远是你的

G. 萧伯纳

1916 年 4 月 18 日

伦敦中西区

亚达菲街 10 号

又及:像下面这样讲恐很难对他有所助益:"是受英国的良心的约
束,还是受我自己的良心的约束,我并不在意;但是我觉得我不理
解诺思克利夫勋爵、爱德华·卡森爵士和罗伯逊将军的良心,他们

自然认为自己的东西是最好的。"

再及:我们的影响力的作用只限于在他被判决以后,以某种借口把他保释出来。

下面是我和散发者因之遭到起诉的那份传单:

由于拒绝违背良心行事而被判两年苦役

这是军事法庭于(1916年)4月10日对家住圣海伦斯,丹顿格陵巷222号的欧内斯特·F.埃弗里特所做的判决。

埃弗里特是圣海伦斯的一位教师,从16岁开始就反对一切战争。他是作为根据良心拒服兵役者被移交当地法庭和上诉法庭审理的,二者对待他都极不公正,竟越出正常的做法,提议将他从学校开除。他们只是在判处他在非战斗勤务方面服兵役的条件下才认可他按良心行事的要求。但是既然这样的非战斗性服役就是支持战争,使其他人能腾出身来到战壕里去,因此他是不可能接受法庭的这个判决的。

3月31日他作为受缺席审判者而遭逮捕,被带到地方法官那里,课以2英镑的罚款,并被移交给军事当局。他们把他押送到沃林顿兵营,在那里他被强迫穿上军装。4月1日他被带到阿伯盖莱,安置在非作战部队,那是军队的一部分。

对一切军令,他一直采取一种消极抵抗的对策。第一个早晨(4月2日),当人们被命令集合去干杂役时,他拒绝了,说:"我拒绝服从任何军事当局下的任何命令。"据下此命令的那个班长说,埃弗里特"是很文雅地说这个话的"。

　　班长向中尉做了报告,中尉又重申了这个命令,并且警告埃弗里特要明白他的行为的严重性。埃弗里特仍然有礼貌地做了回答,但是说明他何以不能服从这个命令。中尉下令把这个拒服兵役者关了禁闭,他在禁闭室里待了整整一夜。

　　上尉队长来查看这个关禁闭者,他仍然声明"他不会接受命令"。上尉下令将他带到指挥官那里,控告他违抗命令。

　　埃弗里特然后被带到上校那里,上校向他大声宣读了军队条令第 9 款,并说明违抗命令的严重后果。但埃弗里特仍然坚定不移,说"他不能也不愿服从任何军事命令"。

　　结果,他在 4 月 10 日受到军事法庭的审判。他在出庭作证时为自己辩护说:"我准备做不包括军事服务在内的对民族有重要意义的工作,只要我不会因此而使其他人腾出身来去做我自己不准备做的事情。"

　　对他的判决是服两年苦役。埃弗里特仅仅因为拒绝违背自己的良心行事现正遭到这种野蛮的惩罚。他正以同过去的殉道者一样的受苦受难的精神重新进行昔日争取自由、反对宗教迫害的斗争。你是同迫害者们站在一起呢,还是支持那些宁遭人辱骂、身心备受创痛而毅然捍卫良心的人呢?

　　还有 40 人像埃弗里特先生一样因为忠于自己的良心而在遭受迫害。你能在这种迫害还在继续下去的时候保持沉默吗?

―――――――――――

反兵役联谊会印行,伦敦中东区,弗利特大街,索尔兹伯里宫,梅尔顿寓所 8 号

致《泰晤士报》编者，原载该报 1916 年 5 月 17 日

ADSUM QUI FECI①

先生，最近反兵役联谊会印发了一张有关埃弗里特先生案件的传单，埃弗里特是一个出于良心而拒服兵役者，他以违抗军事当局的罪名被军事法庭判处两年苦役。有 6 个人因为散发这份传单被分别判处不同刑期的苦役监禁。我要声明，我是这张传单的作者，如果有任何人要被起诉法办的话，那么我就是首先要对此负责的那个人。

65

您的忠实的

伯特兰·罗素

A. N. 怀特海的来信

最亲爱的伯蒂：

愿你一切顺遂。请告诉我我是否和如何能给你以帮助，略尽朋友之谊。你很了解，我虽然认为你对国家政策及个人对其所承担的义务的看法是错误的，但这无伤于我们的感情。

挚爱你的

A. N. 怀特海

———————————

① 拉丁文：作者在此。此信标题为《泰晤士报》所加。

6 月 4 日[1916 年]

我将在 9 月份在纽卡斯尔开始讲 A 部分，——我会把手稿给你的。

英国驻美大使塞西尔·斯普林·赖斯致哈佛大学校长的信

我亲爱的校长先生：

　　我很遗憾地告诉您，罗素由于写了一个对社会有危害的小册子，根据王国国防法已被判有罪。在这种情况下，是不可能给他发护照，让他离开这个国家的。

　　我很遗憾，爱德华·格雷爵士也感到遗憾，不可能满足您的要求，但是我相信您会理解我国政府迫不得已而采取的这种做法。

　　说也奇怪，当我们因为罗素的态度而招致麻烦时，我正在柏林大使馆，其时罗素正访问柏林，德国政府对他的言论极为反感。①

　　　　　　　　　　　您的诚挚的

　　　　　　　　　　　塞西尔·斯普林·赖斯

　　　　　　　　　　　1916 年 6 月 8 日

　　　　　　　　　　　华盛顿英国大使馆

致哈佛大学哲学系教授詹姆斯·H. 伍兹

───────────────

　　① 使德国政府不满的不是我的言论，而是我参加了社会主义者的会议。

亲爱的伍兹教授：

　　您的来信和英国大使的信丝毫不使我感到意外。收到信后我给您发了一份海底电报，但不知您是否已收到。您的信厚意可感。至于提到我在柏林所做的种种事情，那是令人产生误解的。1895年我为了写一本关于德国社会主义的书而待在柏林，这使我与社会主义者发生了联系，因而被逐出大使馆。我在柏林的整个期间，没有公开地做任何事情。德皇因为社会主义者的思想观点而把他们大批监禁起来，这使我至今都对它感到憎恨。但是除了在纯系私人的谈话中，我在柏林的整个期间从未向人表露我的这种感情。1895年以后我再未去过柏林。

　　不知您是否已经看过或者收到对我审判的原原本本的报道。我已寄给您，但可能被信件检查官给压下了，他担心美国人会了解我的罪过的实情。您当已听说，我因此罪已被赶出三一学院。我的全部罪过就是：我说对于出于良心而拒绝参加战争的罪过判以入狱服两年苦役的刑罚太过分了。从那以后，同样的罪曾被判死刑，后减为 10 年苦役。无论何人，若以为在发生这种事情的时候我会闭口不语，那就大错特错了。政府徒劳地力图惩罚我们这些不肯保持沉默的人，不过是把它自己的错误公之于世罢了。有职业的人因为犯了我所犯的罪而被投入监狱，当他们出来时，没有人会再雇用他们，以致沦落到靠赈济过活。这是一场为自由而战的斗争。

　　这封信无疑到不了您的手上，不过信件检查官也许会发现它很有趣。如果您确实收到了此信，请即函告。弄清楚究竟什么可通过邮检，是一件关乎广大民众利益的事情，如果六周之内没有您的回音,我猜想此信已被压下了。

这是一个险恶的时期。但是在外面有一种新的精神,由此终究会产生出好的东西来。我希望您的国家不会走上军国主义的道路。

永远对您深怀感激的

B. R.

1916 年 7 月 30 日

罗素宅邸 34 号

致奥托兰·莫雷尔

我的宝贝:

一千遍地感谢你的亲爱的亲爱的来信,我刚刚收到它,快何如之。

这次起诉正是我求之不得的事情。在道德上这对我是一个极好的、好得不能再好的案子。我自己认为,这个案子在法律上也是有利的,虽然他们无疑会判我有罪。而且毋宁说我希望他们这样做。我已见过诉状律师(乔治·贝克)并准备星期一在第一法庭上无辩护律师出庭的情况下为自己辩护。然后我将上诉①,在第二次开庭时聘用一位辩护律师。第二次开庭要迟至秋天,因此我可以按原来的计划在夏季到全国各地去走走。那绝不是一个不切实

----

① 我上诉了,又再次被定罪。

际的计划——除了它可能带来的任何好处外，我还能获知很多我想要知道的东西。

我见到了马歇尔小姐和艾伦还有其他许多人——他们全都很高兴，而且希望我受到一个苛酷的判决。那是一大趣事，也是一次极好的机会，我一直渴望着的那种机会——而且这是我合法得来而非特地设法弄来的机会。我现在将返回剑桥，星期五再来并将在这儿待到星期一。星期一 11 点半你要想到我。我希望我配得上享有这个机会。

再见，我的宝贝。你的爱和同情对我的帮助远比你知道的要多。

　　　　　　　　　　　　你的 B.

　　　　　　　　　　　　［1916 年 6 月］

今天我同摩根·琼斯牧师一起吃午饭并到乡间散步，他是这里（南威尔士）一位著名的和平主义者，也是一位真正的圣徒。然后我去邻近的一个城镇参加一个会——原定在一个学校里开，但在最后时刻被拒绝了，因此我们就在露天开会。一位唯一神教派的牧师讲了话，他有一个儿子是拒服兵役者。拒服兵役者们为和平事业所做的一切真是了不起——英雄主义再也不是仅仅属于战争的。

我本应到怀有较大敌意的一些区里去。在这里的工作很轻松，我觉得我最好在伦敦工作。23 日以后我将返回伦敦，——到那时，我们民族委员会大多数人都会离去了。

我亟欲知道艾伦来访的情况。我非常担心那是一次失败。

讲话是一种神经高度紧张的过重负担。所有其余的时间我都觉得很轻松。但是我睡得很好,心境平和,因此我实际不觉疲惫。现在我绝无任何根本的忧虑。

美国去不成,三一学院的职位也可能失掉,我将陷入非常穷困的境地。我将不得不另谋挣钱的办法。我想如果三一学院辞掉我,我就在伦敦公开进行哲学问题的学术讲演。如果讲演获得成功,那是令人高兴的,因为它们与政治无涉。我一直常常梦想着像阿伯拉尔①那样建立一个独立的学派。它可能带来巨大的成果。我觉得我的生命才刚刚开篇——其后的篇章已在准备中——我这是就工作而言的。最近我不知怎的发现自己(我镇静而清醒)再也没有那种力量无法在自身实现的感觉了,这种感觉过去一直不断地折磨着我。我不在乎政府当局如何对我,他们不可能长久压制我。以前,我有一种邪恶或消极顺从的感觉,——现在我感到很积极,对自己的活动很满意——我再也没有内心的冲突了——实际上没有任何东西使我烦恼了。

我明白了,最沉重的压力一过去,我就需要有某种更理智的工作。但是我注意到对政治理论有无数可做的工作。搞政治理论的好处是:它要了解各种各样的人,能获知各种各样的人类事实——它不会像抽象的工作那样使我不能得到完全的满足。唯一的疑虑是:有一天我会不会又被酷爱像数学那样的永恒而完美的事物的感情所征服。即使最抽象的政治理论也是非常世俗的和短暂的。

---

①　中世纪法国经院哲学家,唯名论者。——译注

但是那必须留给未来去评断。

同你见面如此之少，令人非常遗憾。我觉得我们似乎会失去卿卿我我的亲昵，抛弃以往互相倾吐隐秘心事的方法，——如果发生这种情况，那会是一个巨大的损失。我现在对你的内心生活极不了解，我希望多知道一点，但是我不知道如何使其表露出来。我自己的存在已经变得如此客观，以致现在我几乎不复有一种内心的生活了——但我本来会有自己的内心生活的，如果我有闲暇的话。

我最亲爱的，我满怀对你的爱——在我的心中总是幻想着战后的幸福时光，那时我们将回到诗、美和夏日的树林，而且我还幻想着超乎尘世的事物。但是战争把我们束缚在这个尘世上。有时我感到疑惑，不知我们俩是不是已经变得如此缺乏人情味，以至难以专注于个人之爱——对你来说，那总是很难的。果如是，那是一个巨大的损失。我希望并非如此。如果可能的话，给我写一封详细的信，谈谈你的内心生活。

星期一晚［1916 年］

剑桥三一学院评议会的来信

亲爱的罗素：

根据我的职责，现通知你，学院评议会今天一致通过下述决议："鉴于罗素先生按王国国防法已被判有罪，而且经上诉此判决已被确认有效，兹免去他在本学院的讲师职位。"

你的诚挚的

H. 麦克劳德·英尼斯

1916 年 7 月 11 日

剑桥，三一学院

塞缪尔·亚历山大①的来信

亲爱的罗素：

　　我对三一学院的做法感到愤慨，他们这样做使他们丢脸（也使他们为人耻笑）。我并不同意你对战争的看法（我想你可能知道这一点），而且我无法判断你的行为的后果——虽然我憎恨对待拒服兵役者的那种拙劣而不公正的做法。但是通情达理的人们，即使个人并不认识和赞赏你，却尊重公正的判决，三一学院的做法既不可容忍也不合理。这对我们大学中（还有别的地方）所有的人也许比对你个人更为重要。

你的诚挚的

S. 亚历山大

1916 年 7 月 16 日

曼彻斯特

威辛顿

布伦斯维克路 24 号

----

　　①　著名哲学家。

3. 付了 100 英镑罚金之后:伯特兰·罗素

同利顿·斯特雷奇和奥托兰夫人在一起

4.多拉·布莱克[照片由平肖提供,纽约]

我只有三一学院的地址,来信务请寄到那里。

我兄弗兰克的来信

我亲爱的伯蒂:

三一学院的通知我已在报上看到了,无论你说什么,我对此深感遗憾。毫无疑问,这些古板不通人情的老教师们与你意气极不相投,由于你的观点对你也很不友好。但是我总还是认为你很适合过学术生活,在激发青年人的思想方面,有一种对青年极重要的个性。我想,随着时间的推移,你会怀念它,而不只是意识到它而且可能感到遗憾。

我不可能试图为你设计你的生活道路——你必须是你自己的行动的唯一向导和唯一裁判——但是切勿过于急躁地使自己完全隔绝孤立起来,首先要当心广大的听众。普通人是这样一种蠢人,任何善言谈的有能力的人都能使其动摇转向。世界对于像你这样才智出类拔萃者所希望的不是行动——寻常的政治家或煽动家足以当此——而是思想,这是一种远更罕见的品质。仔细考虑我们的问题,将思考的结果笔之于书,让下一代的教师们慢慢地把它广为传播吧。不要以为你遇见的人都像你一样认真,一样深刻,一样真诚。

作为有关人类的单纯经验和知识,你目前所做的事情也许有其价值,但是你明白,我想对你说的是:你在糟蹋自己。你不是在为世界最好地利用自己的才能。一旦清醒地看到这一点,你就会改变你所从事的种种活动的。

好啦——我并不常劝诫你，因为一般说来你不需要劝诫，但在我认为你有点（或者更确切地说，很有些）昏昏然的时刻还是要给你以劝诫的。

到 2 月 1 日还有很长时间——你为什么不早些去美国呢？——摆脱掉你他们当会非常高兴！

到伦敦时来看望我们吧，8 月份尽可能在这儿同我们共度几天平静的日子。

深爱你的

F.

1916 年 7 月 16 日

奇切斯特，泰利格拉弗宅

F. M. 康福德[①]的来信

亲爱的罗素：

我今天才收到关于学院评议会的举措和你在市法院受审的报道。

我必须对你说，我认为你的案子是未经辩驳的，也是经不住辩驳的，就我能看到的而言，那个判决是没有任何证据支持的。

我很高兴你说你会尊重你那些不像你一样是和平主义者的

———————————

① 康福德是三一学院的研究员和关于古代哲学的著名作者。他的妻子是诗人弗朗西丝·康福德。他的儿子死于西班牙内战。我非常喜欢他们夫妇。

朋友。你对我怎么想我不知道,但是我一直很赞赏你所进行的斗争。

至于学院评议会,你对它太了解了,不会把它跟学院混为一谈。那些老先生们,我上次看到他们的时候,觉得他们都不同程度地发了疯。当年轻教师们回来的时候,他们非得干一场不可。我确信,全学院大多数人会反对评议会,如果把它提交全院大会讨论的话。

评议会使我们受到屈辱,我极愤懑。当你和穆尔回到剑桥时①,我很高兴我们又得到了你们二位,现在我们失去你们中的一位,这确实是一种不幸和屈辱。

> 您的诚挚的
> F. M. 康福德
> 1916 年 7 月 23 日
> 萨里郡,冈沙尔
> 伯罗斯山

致 G. 洛斯·迪金森

亲爱的戈尔迪:

多谢你发表在《国民报》上的信②,我以感激之情读过了。我

---

① 穆尔曾任教于爱丁堡,后被请回剑桥。
② 载于 1916 年 7 月 29 日《国民报》。

有点觉得是在读自己的讣告①,这是我一直希望能做到的一件事！怀特海夫妇对此事(指三一学院将罗素免职一事。——译注)的态度很公正。我认为,麦克塔格特和劳伦斯是挑头的人物。我的全部财物已被强制拍卖,但是由于好心的朋友们把它们买回来了,我没有受到什么损失。我不知道他们是谁,——但无论是谁,我都至为感激和深受感动。

克利福德·艾伦明天将被拘捕。凯斯门特②要被枪决。我为自己还自由自在未身陷囹圄而感到羞耻。

你永远的朋友

B. R.

星期天[1916 年]

伦敦中西区伯里街

罗素宅邸 34 号

C.P.桑格的来信

亲爱的伯蒂:

你会明白我对所有这些迫害有怎样的感觉。你曾否在我们的住处见过康斯特布尔——一个要去当律师的年轻经济学家？他现

---

① 1921 年我真的读到自己的讣告(指当时报界误传罗素病死在中国的消息——译注)。此处指我被赶出三一学院。

② 罗杰·凯斯门特爵士(Sir Roger Casement)最初因为抗议在刚果的暴行而知名,他是一个爱尔兰的反叛者,支持德国人,被捕后经审判被处决。

在是一名少校了，从前线写信给我说："我非常高兴看到，对三一学院对待伯特兰·罗素的做法已有抗议。我必须告诉你，我在这里遇见的人们几乎全都赞成我的意见，认为三一学院不过暴露了自己的愚蠢可笑罢了。"……

梅斯菲尔德正写文章报道达达尼尔海峡，已获许查阅某些官方文件等等。有名的文学家们竟会试图把一种纯粹的灾难描写成美国人奢侈靡费的"史诗"，这是最令人沮丧的。

你的兄弟般的

查尔斯·珀西·桑格

1916 年 8 月 22 日

阿斯顿，蒂洛尔德芬彻斯

詹姆斯·沃德[①]的来信　71

亲爱的罗素：

看到你在受困扰和迫害，我很吃惊也很伤心。那是令人不能容忍的，我猜不出他们究竟出于什么动机。难道他们怕你偷偷地溜到美国去，或者有某个狂热之徒要使他们相信你是麦克塔格特们所谓的亲德派吗？我得知已宣布你将去曼彻斯特讲学的消息，你的讲学有没有遭到禁止的危险呢？这时你恰恰必须保持尊严和

---

①　詹姆斯·沃德(1843—1925)，英国新黑格尔主义哲学家，罗素在剑桥读书时的指导教师。——译注

耐心,镇定自若,不久会有支持你的呼声发出来的。

自从我们见面以后,我一直试图起草一份声明,为你的行为辩护,把它送给学院的所有同事(评议会成员除外),作为号召大家抗议评议会的做法的一个开端。① ……

永远是你的

詹姆斯·沃德

1916 年 9 月 3 日

剑桥

塞尔温街 6 号

下面这封信的作者不久之后被杀害了。我从未见过他,但是我认识了他的未婚妻多萝西·麦肯齐,她在得知其夫的死讯后,有三个星期双目失明。

A. 格雷姆·韦斯特少尉的来信

亲爱的罗素先生:

看到以您为不幸主角的这台令人惊异的滑稽戏又加了新的一幕,我禁不住要给您写信。您当然知道我们这些依然活着的头脑清醒的人或依然神智正常的人对您只有钦佩,因此您可以大声地说他们这台戏的调子是荒谬的。确实,我认为它是荒谬的,但不是

---

① 这个声明并未发表。

对我个人而言。

能够直接跟我在战前曾如此钦敬的一位最明晰最优美哲学散文的作者通信，我不能不感到莫大的喜悦，而且现在当所有的知识分子（谢天谢地，除了萧伯纳）都丧失了理智的时候，我更大大地钦敬您了。

当理性和思想陷入危机，当您，理性和思想的最有才能的斗士，成了拙劣无能和讥讽嘲笑的牺牲品之际，我想我冒昧写信给您，是可以得到谅解的：在这样一个时刻，爱正义的人们应当说话。

我知道您在军队里一定有很多朋友，您也一定知道军队里也有怀着善意的人，虽然英国之有今日是靠了军队和军队的统治；不 72 过更有信心的完全理解和同情大概不会使您厌烦吧。

如果我重返部队，——我希望我能回去——我会在我们排里找来半打的人跟我一起签名，在这里情形就不同了。

感谢您所做的一切，感谢您所写的一切，感谢您的《自由人的崇拜》、《战时的正义》和《协约国的政策》以及其他著作；我希望我能活着见到您（当然也希望您活着，因为我们不知道他们会不会对您下手）。

您的诚挚的

A. 格雷姆·韦斯特少尉

1916 年 9 月 3 日，星期天

多尔塞特，韦勒姆

博文顿营地

牛津郡和白金汉郡轻步兵第 9 营

H.G.威尔斯[①]致迈尔斯·马勒森

亲爱的先生：

　　我认为根据良心拒服兵役者中有少数人是真诚可敬的人，但我相信，除非拒服兵役者的道路受到阻难，它会成为各种各样逃避兵役者的遁逃薮。当然，很多管制的工作落到了一些鲁莽灭裂之徒手中。对这些"殉道者"我的确不很同情。我不像您那样肯定地认为所有根据良心拒服兵役者之拒服兵役都是出于爱而不是出于恨。我从未听到坎南或者诺曼满怀爱心地谈过任何人。他们通常总是持一种对立的态度——反对任何事物的态度。狂热养成了他们的坏脾气。我认为《劳工向导》一伙人是极不诚实的，我是指拉姆齐·麦克唐纳、E.D.莫雷尔和《劳工向导》的主编。我也许是错的，但这并非我轻易得出的一个单纯的信念。

您的非常诚挚的

H.G.威尔斯

[1916 年]

伦敦西南区白金汉门

圣詹姆斯公寓街 52 号

　　我在 1916 年 9 月 5 日与科克里尔将军会见的记述：

---

　　①　H.G.威尔斯(1866—1946)，英国作家和历史学家，著有科幻小说《时间机器》《星际战争》和历史著作《世界史纲》。——译注

　　我与弗兰西斯·扬哈斯本约定(下午)3点15分到国防部去见科克里尔将军。他身边放着我在南威尔士的讲演,而特别注意我在卡尔迪夫讲演中说的一句话:这场战争没有任何理由还要继续下去。他说对矿工或军需工人讲这种话就是意在削弱他们的热情。他又说我是在鼓动人们拒绝为祖国而战。他说他会撤销禁止我进入禁区的命令,如果我愿放弃政治宣传而回去搞数学的话。我说根据良心我不能做出这样的许诺。

他说:

　　"您和我对良心大概有不同的看法。我认为它是一种内心的呼声,当它变成喧嚷和叫嚣时,恐怕就不复是一种良心了。"

我回答道:

73

　　"可是您并没有把这个原则用在那些为支持战争而撰文和演说的人们身上;您并不认为他们把自己的意见秘而不宣就是有良心的人,如果他们把意见公诸报端或讲坛就只是一些宣传鼓动者。您这样的区别对待似乎有点不公道。"他沉默良久,然后回答道:

　　"是的,不错。但是,"他说,"您已经说了您要说的话,难道说了这些您还不满足,还不能转而谈谈别的话题吗?"——于是他又乐于补充一句说:"您不能谈谈您已取得如此杰出成就的那些工作吗? 您不觉得继续重复同一话题有点缺乏幽默感吗?"

　　我没有回答他说我在《泰晤士报》、《晨邮报》和其他爱国报刊上确实看到了这种缺乏——如果那是一种缺乏的话——在我看来它们是有点喜爱重复的癖好,而且如果我反复地讲是徒劳无益的,那么他为什么如此急于阻拦我继续说下去呢。但是我确乎说了:

新的问题将不断出现,我绝不能出卖自己谈论这些问题的权利。我说:

"我向您、作为一个人的您发出呼吁,如果我同意您提出的这笔交易,您不会觉得对我减少了几分尊敬吗?"

他迟疑许久才回答道:

"不,我会更加尊敬您:如果您明白了反反复复地讲同一件事是无用的,我对您的幽默感就会有不同的看法了。"

我告诉他,我在考虑去格拉斯哥、爱丁堡和纽卡斯尔做关于一般政治学原理的讲演。他问我这些讲演是否包含他所反对的那种宣传。我说不包含,不直接包含那种宣传,但是会提出一些一般的原理,那些宣传就是从这些原理发挥出来的,而且具有足够敏锐的逻辑能力的人无疑都能做出推论。因此他认为不能允许这样的讲演,就是可以理解的了。在谈话结束时,他急切地要求我不要在士兵们正在进行生死攸关的斗争之际使他们的任务变得更加困难。

我对他说,他以为我的影响足以造成这样的结果,是过分看重我了,但是我不可能由于威胁而停止我的宣传,如果他希望他的要求具有分量,他就不该伴之以威胁。我说我不得不去做政府当局认为会引起麻烦的任何事情,我对此都真心实意地感到非常抱歉,但在这个问题上我是没有选择余地的。

我们互相尊重地道别了,至少就我来说,毫无敌对的情绪。然而极其明显的是,如果我不放弃政治宣传,他就打算进而采取极端的措施。

致奥托兰(莫雷尔)

我的宝贝：

　　看来有一个很好的机会使政府当局对我持宽容的态度——我有点遗憾！我同 T. S. 艾略特太太在一个更适当的基础上重新搞好关系一事即将结束，我认为一切顺利。待安排妥当，我就到加辛顿来。我渴望去那里。

　　这一段时间我懂得了许多事情。说也奇怪，一个人怎么会找到他实际需要的东西，而那个东西总是非常自私的。我经常需要的东西(不是自觉的，但是发自内心深处)是刺激，是使我的头脑保持活跃和才思横溢的那种东西。我想那就是使我变成一个无情掠夺者的东西。我大多是从本能的成功感中获得刺激的。失败使我颓丧。有各种各样的事情使我产生失败感——例如，除了少数几个人，出于良心拒服兵役者都从事于代替兵役的其他军事服务工作。维特根斯坦的批评使我有一种失败感。你我之间真正的苦恼就在于你使我有一种失败感——首先是因为你不愉快；然后也由于其他方面的原因。同你在一起要真正地而非短暂地感到快乐，我就必须丢掉那种失败感。我跟艾略特太太在一起有一种成功感，因为我获得了我想获得的东西(那并非如此之艰难)，然而现在我失掉了那种感觉，这一点儿也不是你的过错。成功感促进我的工作：当我失去它时，我的写作就变得呆滞而无生气。我时常觉得成功与幸福距离很远：这取决于你将自己的意志投入何物。正是为了得到刺激，我本能地转向在其中有可能取得成功的那些事物。

　　我一向是因为你本身而喜欢你，不是把你作为一种刺激，也不是为了任何自私自利的理由；但是当我感到虽然喜欢你却并不觉得成功时，我已丧失了活力，由此而产生了一种本能的愤懑之情。一切的事情，其源盖出于此——既然我已弄清事情的根源，那就不再是一种烦恼了。但是除非我同你在一起不再有一种失败感，我一定会不时地继续从别的地方寻求刺激。只有不再关心工作，我才不会再有失败感，——我相信这一切是千真万确的真理。

对于你，我会在一个不同的方向上倾注自己的心愿，如果我知道我能够在任何方向上取得成功的话。但是我认为按照那个办法这是办不到的。

在一些极其罕见的瞬间，我有过神秘的顿悟，那时我摆脱了追求成功的意志。但是它们又带来了一种新的成功，我马上注意到并且需要它，于是我的意志又逐渐回到老路上来。而且我不相信没有那种意志我会做出任何值得做的事来。那简直是纠缠不清的。

星期一夜

［1916 年 9 月］

致康斯坦斯·马勒森（科莉特）

你已经到了我一直力争要去的地方，而且是经过了长久的不倦的努力。过去我恨过许多人。我嘴上虽仍然很容易发出仇恨的语言，但是我现在实际上不恨任何人了。一个人之所以恨别人，是由于遭到挫败——而现在我在任何地方都没有失败感了。任何人都不必总是被挫败，——一个人要使自己成为不可战胜的，取决于

他自己。最近我有一种以前从未有过的自由感……我不喜欢社会 75
主义的精神——我认为自由是一切的基础。

＊　　　＊　　　＊

"达到无限和平的关键"——

　　我并不像那样的伟大，真的不是——我知道和平在哪里——
我时时看到它和感到它——但我仍能想象剥夺我和平的那种灾
难。但是有一个和平的世界，我们可以生活于其中，然而仍能积极
地超越世上一切恶的东西。你知道有时候人格的一切障碍垮掉，
一个人可以自由地进入他想进入的世界——群星、夜晚和风，人的
一切情感和希望，所有缓慢生长着的那些世纪——甚至寒冷的深
不可测的空间也顺利地生长着——"E il naufragar m'e dolce in
questo mare'"。① 从那一刻起极度安宁的某种性质进入了人们所
感到的一切事物——甚至在人们最慷慨激昂的时候。日前的一个
夜晚我在河边感觉到它——我曾想你会退缩——我觉得如果您真
的退缩了，我会失去我平生所逢最美妙的东西——然而一种极度
的根本的安宁一直存在——如果它不曾存在，我相信我就会失去
你了。我无法忍受在纯粹个人事情上的心胸褊狭和讳莫如
深。——我希望永远对世人坦诚无隐地活着，我希望个人的爱像
一道照亮黑暗的灯塔的闪光，而不是逃避寒冷的胆怯的避难所，如
我们常见到的那样。

　　群星照耀下的伦敦异常动人。各个孑然自立的生命之短暂似
乎是不可思议的。——

---

　　①　意大利语："沉入这大海，我是多么愉快。"——译注

在某些方面,我无法诉诸空间,我觉得我们的某些思想和情感只在当前是重要的,另一些思想和情感则如日月星辰那样是永恒世界的一部分——即使它们现实的存在是短暂的,有些东西——某种精神或本质——似乎持久长存,似乎是真正宇宙史的一部分,而不仅仅是各个人的一部分。不知怎的,那就是我想要如何活着,以使生命尽可能多地具有那种永恒的性质。我无法解释我说的是什么意思——你一定要知道——当然我并没有成功地那样生活——但那是"打开和平的闪光的钥匙"。

哦,我很快活,很快活,很快活——

B.

1916 年 9 月 29 日

戈登广场

我原打算告诉你许多有关我的生活的事情,但每一次正值此际却欲言又止。我是异常不幸的,因为我的生活模式是复杂的,因为我的天性无可救药地复杂;众多互相矛盾的冲动驱使着我;使我深感遗憾的是,由于这一切,一定会使你产生痛苦。我的核心经常是而且永远是一种可怕的痛苦——一种奇特的难以抑制的痛苦——那是对某种超乎世界万有的东西、某种崇高而无限的东西的追求——对至福直观的追求——对上帝的追求——我并没有找到它,我并不认为它要被找到——但是对它的爱乃是我的生命——那犹如对一个幽灵的狂热的爱。有时它使我暴怒,有时使我绝望,它是蔼然和婉的源泉,又是残酷和工作的源泉,它充满于我所拥有的一切感情——它是我内在生命的实际的原动力。

除了说它是一种愚蠢，我无法解释它或者使它看来像什么东 76
西——但不论是不是愚蠢，它都是我身上任何好的东西的源泉。
我知道别的人——尤其是康拉德——也有这种痛苦，但毕竟罕
见，——它使人异常孤独，产生一种极其孤立的感觉——它使得人
们的信条常常显得浅薄。现在，大部分时间里，我并不意识到它，
只有在我受到强烈的刺激（不论愉快还是不愉快）时才意识到它。
我力图摆脱它，虽然我并不认为应当这样做。与你同在河边的时
刻，我最强烈地感到它。

有一次我对你说："窗户永远对世界开放"，但是一个人通过他
的窗户不仅看到世界的欢乐和美，而且看到它的痛苦、残酷和丑
恶，而且前者和后者都值得一看，一个人有权谈论天堂之前应当先
窥视一下地狱。

B.

1916 年 10 月 23 日

戈登广场

格雷姆·韦斯特的来信

亲爱的罗素先生：

今晚在索姆河上我刚刚读完了你的《社会改造原理》，离开前
线时我发现它正在等着我。我看到过两篇评论文章，一在《国民
报》上，一在《土地和水》上，从前一篇的称赞和后一篇掩抑不住的

轻蔑,我预知这是一本好书。随着英国的舆论似乎愈来愈陷入丧
失尊严的仇恨的深渊,它更加激励我。只是因为有您所表达的这
样一些思想,只是因为有像您这样的一些男男女女,才值得从这场
战争中活下来——如果一个人碰巧幸存下来的话。在那闪烁着清
冷光辉的小圈子之外,我能看到的只是一片灼热的沙漠。

　　但不要担心我们精神的生命会死灭,也不要担心希望或活力
已然丧尽;对我们少数一些人来说,无论如何,支持我们去建立"上
帝之城"的希望使我们摆脱了当前的这些恐惧,超越了我们在报上
看到的对思想大不宽容的态度。我们不会变得颓丧无力,我们在
这里耗费在一件可恨的使命上的精力和耐力将会加倍地用之于和
平带给我们的创造性的工作。我们还很年轻,即使遭受这些苦难,
无论在身体上还是在精神上,都不会被永久地损害。

　　更确切地说,在您的书出来之前,我们担心的是在英国再也找
不到一个我们可以信赖的人了。请记住,可以相信以后我们会比
在战争中更加倍地工作,读了您的书之后,那种决心比以前更增强
了;正是为了您,我们才希望活下去。

　　前些时候我给您写过信,现在又给您写信,也许应该表示歉
意,但是我觉得那似乎有点不合情理:您不会介意知道您被别人理
解、赞佩,不会介意知道有那么一些人,他们乐于同您合作。

　　　　　　　　　　您的诚挚的

　　　　　　　　　　A. 格雷姆·韦斯特少尉

　　　　　　　　　　牛津郡和白金汉郡轻步兵第九营

　　　　　　　　　　英国远征军

　　　　　　　　　　1916 年 12 月 27 日　　星期三夜

报讯：

牛津郡和白金汉郡轻步兵少尉阿瑟·格雷姆·韦斯特，系阿瑟·伯特·韦斯特（家住海格特，霍利街 4 号）之长子，今日官方已正式宣布他的死亡。他死于 1917 年 4 月 3 日，年 25 岁。

致科莉特

在爆炸、坠落的齐伯林飞艇和围绕着我们的爱的整个环境中，爱怎么可能如鲜花盛开呢？在它能生存在这个世界之前，它只能是有缺陷的和痛苦的。我渴望它是另外的样子，——但是轻松愉悦的事物在这种恐惧中消失了，我们的爱为了获得它的生命力，不能不带有痛苦。

我恨这个世界，恨这个世界上几乎所有的人。我恨那让人们去送死的工党代表大会和新闻记者们，我恨那些在儿子被杀时竟有一种自鸣得意的骄傲感的父亲们，我甚至恨那些和平主义者，他们喋喋不休地大谈人性本善，尽管天天都有与之相反的证明。我恨这个星球和人类——我为属于这样一个物种而感到羞耻——在这种心情中我的善又是什么呢？

B.

1916 年 12 月 28 日

吉尔福德

多萝西·麦肯齐的来信

亲爱的罗素先生：

很高兴您将格雷姆·韦斯特的信寄给《剑桥杂志》，因为我确信他是代表很多人说话的，其中有些人将幸存下来。

我读过您的《社会改造原理》，作为一个青年妇女而非青年男子，我很高兴能够去听您在费边社托儿所的讲演。我敢说您太忧郁了，世界并不像您所想的那样糟糕。我之所以这样说，是因为我心里想着韦斯特。您对青年人的乐观主义界以善意的一笑，但是您的笑容里透着忧伤，却使我感到不安。

现在我知道您是对的而我错了。但是我向您保证，罗素先生，我们妇女也要有所作为，我们不乐意残存苟活下去。我可以用韦斯特信结尾的话结束我的信，非常真诚地说："就是为了您，我们才希望活下去。"

很难晓得要怎么办。我是一名小学教员，学校里除了我教的这个班，所有其他的班都用军事方法进行训练。我不得不偷偷地进行工作，尽可能把自己的思想掩饰起来。您知道，在我们的各个小学校里，孩子们得不到自由的发展。您的书中论教育的一章给我的鼓舞比我从事教学以来读过听过的任何东西都大。感谢您给我的这种鼓舞。在最近这些日子里，教书是我最感悲哀的事情；薪金过低，劳动过度，我所最爱的人为了一件他不再相信的事业而死去。出于对我的大多数亲友的同情，我通过您的书在您那里找到了力量和安慰。我的确觉得您能理解我。

多萝西·麦肯齐

[1917 年]6 月 5 日

伦敦西北 5 区，海格特

玛格丽特夫人路 77 号

A. N. 怀特海的来信　　　　　　　　　　　　78

亲爱的伯蒂：

　　我深感遗憾，但是你似乎并未领会我的要点。

　　我不想让我的思想在目前以我的名义或任何他人的名义传播出去——那就是说，就其目前尚在初创犹未完善而言，不要传播出去。目前传播出去的结果将是一种不完满的使人产生误解的解说，这不可避免地会破坏了我将来要发表的最终阐述。

　　我的思想和方法是以一种与你不同的方式形成的，其酝酿期很长，其结果在最后阶段才获得一个清晰的形式，——我不希望你把我那些在各章节中讲得明明白白的稿子弄成一串在我看来真假参半的东西。我整个一生都断断续续地在这些思想上下功夫，如果我把它们交给别的某个人去详做阐发，那么我的思辨生活的一个方面就所余无几了。既然我开始看见了日光，那么我觉得这样做（指将自己的思想交给别人去阐发。——译者）从科学的利益考虑是没有道理的，没有必要的。

　　我感到遗憾，除了借助于我的这些稿子，你竟不相信自己能着手工作——但是我相信在这一点上你一定弄错了，对你来说，必然有一整个余下的思想领域为你用武之地，——当然，利用某些现成的稿子去做,对你会更容易一些。但是我所提出的那些论证是断然无疑的。当我赋予我的著作一种能表达我的思想的形式时,我当然会送你一阅。

深爱你的

艾尔弗雷德·N.怀特海

1917 年 1 月 8 日

伦敦西南区切尔西

榆树园街 12 号

战争爆发前,怀特海写了若干有关我们对外在世界的知识的笔记,我也就这个题目写了一本书,在书中我利用了怀特海传示给我的那些思想,并正式向他表示谢意。上面这封信表明,他对此很恼火。事实上,这使我们的合作完结了。

致埃米莉·勒琴斯夫人

亲爱的埃米莉夫人:

我把我的文章缩写成 7 行看来必不可少的文字——接近文章结尾的 6 行和最后一栏中间的一行。

难道真有必要说我是"现在罗素伯爵的假定继承人"吗?我看不出我哥哥缺乏子嗣就使我的意见更值得尊重。

传记中有几点不确我改了一下。

"批判的超然态度"恐非我对这场战争的态度。我的态度是强

烈的愤怒的抗议——我认为这场战争是一种恐怖,一种恶行,一种
莫大的绝对的灾难,使整个的生活都变得极其可怕了。

您的非常诚挚的

伯特兰·罗素

1917 年 3 月 21 日

伦敦中西 1 区,

戈登广场 57 号

致科莉特　　　　　　　　　　　　　　　　　　　79

我无法表达我心中的情思于万一,——我们在乡间的日子太
美妙了。整个星期天这种情思有增无已,夜间它似乎飘然超越了
人间事物的疆域。我觉得自己在这个世界上不再是孤独的了。你
的爱把温暖注入我生命的深处。你常说在我们之间有一道隔离的
墙。那已不复存在了。冬天即将过去,我们将迎来阳光,鸟儿的歌
唱,野花野草,报春花,风铃草,然后是山楂花的芳香。我们将生气
勃勃欢欣喜悦。你坚强、勇敢、无拘无束,充满了激情和爱——我
的一切梦想的真正的实质已化为活生生的现实。

1917 年 3 月 27 日

戈登广场

你在我心中占据的整个地盘似乎已毁掉了。

对我们两人来说,只有彼此努力忘掉对方。

再见——

B.

1917 年 9 月 23 日

戈登广场

科莉特的来信

昨天晚上以前,我曾认为我们的爱会愈来愈深,直到它像孤寂感本身一样强烈。

我曾同你一起凝视永恒。我曾把永恒的至福握在手中　现在,虽然我还愿相信永恒事物的美,但它们已不属于我了。你将因自己的工作成就而戴上花冠。你将站在超乎个人的伟大的顶端。我崇拜你,但是我们的心灵是陌生的——我祈求上苍,让我快快耗尽此生,结束这种苦痛。

C.

1917 年 9 月 26 日

梅克伦伯格广场

致科莉特

我体验过同你在一起的真正的幸福,——如果我能根据我的信念生活,我还会尝到这种幸福。我感到被囚禁在自私自利之中——倦于做任何努力,疲惫不堪以致无力突破自私的囚禁而投入爱情。

我怎样才能弥合这道鸿沟呢?

B.

1917 年 10 月 25 日

戈登广场

德国的和平建议

伯特兰·罗素

(载于《特别法庭》1918 年 1 月 3 日,星期四)

关于布尔什维克我们听到得愈多,我们的爱国报刊上的传奇故事就愈被戳穿了。人们告诉我们,布尔什维克是无能、空想和腐败的,他们不久一定垮台,大部分俄国人都反对他们,他们不敢允许立宪会议开会。所有这些说法都已证明是完全错误的,任何人读了 12 月 31 日《每日新闻》上阿瑟·兰塞姆写的非常有趣的报道都会明白。

我们一直被诱导把列宁看作一个德国犹太人,而实际上他是一位俄国贵族,由于自己的见解而遭受过多年的迫害。被说成是布尔什维克的敌人的社会革命党人已同他们建立了联系。立宪会议一待其半数代表抵达彼得格勒就要开会,目前已有近半数的代表到达。关于布尔什维克被德国金钱收买的指控仍然没有一条证据可以证明。

　　布尔什维克最显著最惊人的胜利是他们与德国人的谈判。从军事上说,俄国是没有防御能力的,我们都以为这证明他们在谈判开始时坚持对德国人寸土不让乃是纯粹的梦想。据说德国人肯定会坚持吞并波罗的海诸省并确立对波兰的宗主权。情形远非如此,德国和奥国政府已正式声明,他们准备以俄国提出的不割地、不赔款为基础缔结和约,只要那是一种全面的和平,而且他们还要求西方列强都赞同这些条件。

　　这个举动使西方列强政府处于极难堪的进退两难境地。如果他们拒绝德国的建议,那么他们就在世界面前,在他们自己的工党和社会党面前,被撕下了假面具:他们使所有人都清楚地看到,他们继续进行这场战争是为了扩张领土。如果他们接受这个建议,那就是把胜利拱手送给可恨的布尔什维克,而且为各地的民主革命党人上了一堂如何对待资本家、帝国主义者和战争贩子的实例教学课。他们知道,从爱国的观点出发,他们不可能指望通过继续进行战争而赢得更加称心的和平,而从阻止自由和普遍和平的角度考虑,则可望从战争的继续有所得。大家知道,除非和平很快到来,饥馑将遍及全欧。母亲们目睹自己的儿女奄奄待毙的惨象都要发疯了。男人们为了拥有少得可怜的一点生活必需品而互相争斗。在这种状况下,一场成功的革命同样需要的建设性的努力是不可能的。那时美国警卫部队将占领英国和法国,不论他们是否表明有能力抗拒德国人,但无疑能够给罢工者以威胁,这是美国军队在国内干惯了的事情。我不是说这些就是政府心里的想法。一切证据趋于表明他们心中并无任何思想,他们只是得过且过,以无知和感伤的蠢话聊以自慰而已。我只是说,如果他们能够思想,那么他们就必然会沿着我上面所说的这条路线极力为其拒绝在德国建议的基础上缔结和约进行辩护,假若他们真的决心拒绝的话。

某些民主派和社会主义者也许并非不愿意战争继续打下去,因为如果继续打下去,显然一定导致全世界的革命。我认为的确一定会出现这个结果,但是我并不认为我们因此就应当默然同意拒绝和谈,如果那是我们政府做出的决定的话。在那种情况下,我们将受其威胁的那类革命会更严重、更可怕,而不会是一种善的源泉。那将是一场为饥饿、恐怖和怀疑所驱动而充满暴力、仇恨和流血的革命,——一场必然把西方文明中一切最好的东西统统毁掉的革命。这就是我们的统治者们应当面对的前景。他们为吞并非洲殖民地和美索不达米亚这样一些微不足道的目标的所作所为就是在冒这个危险。工党在 12 月 28 日几乎一致通过的关于战争的目的整个说来是很清醒的,也许不难成为立即着手和平谈判的基础。在此关键时刻,工党具有极大的影响力。希望它利用这种影响力迫使西方列强那些头脑发昏欲狂的统治者们恢复一点正常的理智,这是不是期待过高了呢?关键掌握在工党手上。如果它愿意这样做,它在一个月内就能得到一个公正而持久的和平,但是如果错过了这个机会,我们所珍视的一切就会在普遍的大毁灭中被吞噬以去。

上面就是我因之被判刑入狱的那篇文章。

致吉尔伯特·默里教授

我亲爱的吉尔伯特：

来信的深情厚谊使我非常感动。我们的观点如此分歧，你竟能这样做，真是太好心了。当然，如果我知道公众的目光将集中在《特别法庭》上的那一句话，我本来会把它写得更谨慎得多，以免使对被触怒的好斗的和平主义者的腔调感到不习惯的民众发生误解。要不是政府起诉，除了和平主义者之外不会有任何人留意这句话。几乎可以绝对肯定，没有一个美国人曾注意到它。有一年光景我每周为《特别法庭》写一篇文章，一般都是在其他工作中间匆匆草就的。在这个过程中，恐难免会写出一句轻率欠考虑的话，——轻率是指形式，至于内容我是坚持不渝的。

就我所能发现的而言，政府起诉的直接原因是我不再写这些文章，或者除了参加一个临时的委员会之外我已不再参与任何和平主义工作。我在去年秋天就已决定这样做了，但是马上这样做不可能不给同事们带来不便。因此，我通知反兵役联谊会，来年不再担任他们的代理主席。因此，我为《特别法庭》写的最后一篇文章是在 1 月 10 日发表的，即在我因之被起诉的那篇文章发表之后一周，当局似乎感觉到，如果要惩罚我，他们就必须立刻动手，因为我不会再犯别的罪了。我的一切计划都是为了完全返回写作和哲学教学而订的，但是当我从狱中出来时，能否重新采用这个计划，当然难以确定。只要允许我有大量的书读，对于坐牢我并不非常厌恶。我觉得摆脱了职责负担倒是可以得到充分的休息。我想不出可能有任何事情要为我做的，除非美国大使馆会认为这件事太微不足道了，不值得起诉，但是我不能说我非常希望看到他们撤诉。我想，我们那些有钱过奢侈生活（这是受到刑法保护的）的人应当对保证我们幸福的那种机制有所了解，正因此故，我倒很想知道监狱的内幕。

致最热烈的谢意。

永远深爱你的

伯特兰·罗素

1918 年 2 月 15 日

伦敦中西 1 区

戈登广场 57 号

亲爱的吉尔伯特：

你对我一直这样亲切关怀，我想我应该把我的案子的进展情况告诉你。假若这个判决被批准了，看来要做的事就是要求到轻罪犯狱室去。这得赶快准备起来，因为事情办起来是很慢的。赫斯特想去找莫利、洛尔伯恩、巴克马斯特和兰斯多恩，请他们给凯夫写信。我觉得阿斯奎斯和格雷大概会愿意写的；还有许多不涉足政治的学者也会的。如果你愿意的话，你比任何他人都更适于做这件事。如果这么些个人的上书陈情都不成（这是可能的），那就必须写信诉诸新闻界。这一切必须快快去做才会有成效。

我昨天看到 E. D. 莫雷尔，这是他出狱后我第一次看到他，使我深深感到判刑六个月给他造成的严重后果。他的头发全白了（以前他几乎没有一根银丝）——他最初出来时身心彻底垮了，多半是饮食不足的结果。他说一整天只有三刻钟的时间阅读书报，——其余的时间都是干狱中的活儿等等。看来很可能是：如果不减轻对我的判决的话,我就不会还像过去那样有着旺盛的心力了。对此我感到痛惜,因为我仍有很多哲学工作要做。

> 你的永远的朋友
> 伯特兰·罗素
> 1918 年 3 月 27 日
> 伦敦中西 1 区
> 戈登广场 57 号

E. M. 福斯特的来信

亲爱的罗素:

昨晚在俱乐部吃有六道菜的大餐,席间听说您身陷囹圄。特寄此信表示我对您的热爱。我想当您出来时他们会将此信给您的。

这里一切都舒适而宁静。如果战争还要再持续很久,人真的要变得非常古怪了。

> 您的兄弟般的
> E. M. 福斯特
> 1918 年 2 月 12 日
> 亚历山大里亚

83 兰斯洛特·霍格本的来信

亲爱的罗素先生：

　　写此短简只是要告诉您，我认为您的地位是多么伟大崇高。作为一个重犯，我能稍微理解您的真诚付出了什么代价。我们这些年轻人看到自己的许多朋友采取犬儒派的冷漠态度或一味专搞学术，现在知道欧洲知识分子中间至少有一个人不容许头脑的生命扼杀精神的生命，这对我们来说，真是一种鼓舞。……这诚然并无多大作用，然而是好的。

　　祝您好运。

您的非常诚挚的，

兰斯洛特·霍格本

1918 年 4 月 10 日

伦敦

洛斯·迪金森的来信

亲爱的伯蒂：

　　我原希望能见到你，但是我一直未能找出时间，而且我今天就要走了，去度过四月份剩下的日子。我希望 5 月 1 日到那里。很难有什么希望。我想现在对你来说可能出现的最好的情况是进甲级牢房。如果他们要处你罚款，我想你立刻就会被传唤，而且不能不作为拒服兵役者饱尝苦辛。唯一的机会是粗暴的德比（勋爵）已离开国防部，我听说米尔纳比较同情出于良心拒服兵役者。我们受着既卑鄙又无能之辈的支配，被恐惧和仇恨弄得发疯的我们国家仍然希望它是这个样子。有时我为自己是英国人而感到羞愧。不过人们知道,一个个的英国人是老好人,是心地善良的家伙。坏人只是一小撮人及其头头。但是说有什么用呢?你什么也改变不了;人的言语似乎失掉了一切意义。换个话题说吧,我现在正在读亚里士多德的《论灵魂》。当第一流的思想家们重新考察这些问题时回头再读此书使人觉得神清气爽。亚里士多德的研究方法也许就是你的方法。然而,我想,人们可以看到,"实体"概念已经把思想固定在某种不自觉的格式里了。到了老年,我想由于你和他人的影响,我觉得自己的思想比年轻时更解放更活跃了。但是那帮豺狼除非把一切自由的头脑和勇敢的灵魂都吞噬掉,是不会甘心的。这场战争秘不示人的目的就在于此。再见。

G. L. D.

(洛斯·迪金森)

[1918 年]4 月 19 日

伦敦西 8 区,爱德华兹广场 11 号

C.P.桑格的来信

亲爱的伯蒂:

　　近日未见,时在念中。一腔思绪难诉——对于我,你永远是非常非常重要的,想到你会去坐牢,我受不了,虽然我知道你不屈不挠和自我克制的精神能使你平安地熬过这场磨难。这是一个疯狂的世界——一场噩梦。有时我想我会醒来,发现那终究是一场梦。

我希望实在将证明比现象好——如果在这个充满流血和爆炸声的荒唐世界之外还有什么东西的话。

但是，如果事情能有好转的话，那也要靠你和同你一样的人去促进的，年轻人——如果他们还有人活下来的话——都会倾向你的。

你的兄弟般的

C. P. 桑格

1918 年 4 月 28 日

伦敦西南 3 区 切尔西

奥克利街 58 号

又及：达夫妮①要我转达她对你的敬慕。

萧伯纳致麦肯齐小姐

亲爱的麦肯齐小姐：

我自然很关心罗素；但是我无能为力。如果他要取得胜诉，他必须自助，奋力而为。在他的审判上，似乎没有提出充分的辩护。他或他的辩护律师本应谈它一个星期，大喊大叫地反对苛政、不义和对民众权利及别的什么（天晓得）的破坏，以尽可能使政府当局为造成这些问题而感到歉意，尽管他们照旧会对罗素做出同样的判决。罗素不是一个无力自卫的蠢汉。他不是一个付不起酒吧间

———————————

① 桑格的女儿。

花销的穷人。他实际上是一位出身高贵的人,他的家族在辉格党方面作为民众自由的世代传承的捍卫者载入辉煌的史册。然而留给公众的印象是,他像一个扒手似的在 10 分钟之内就给收拾掉了。在某种程度上这要归咎于他自己和他的朋友们。那似乎是重犯了 E. D. 莫雷尔那次申辩的大错误,那种申辩一定是照着愚蠢的劝告做的,给人一种印象,好像犯罪是一个事实问题,而不是关于该行为的伦理性质问题。

实际上唯一拿不准的是,罗素是否应当自己处理他自己的案子,还是要用律师。我若处于他的地位,会毫不犹豫地自己来做。一个律师会提出某种表面上巧妙的辩词,这使他有一个很好的机会在上诉法庭上卖弄自己,这种辩护不会使人怀疑他同情罗素的观点而有损于他的声誉,其败诉乃是预定而不可避免的结局。罗素不会固执得非请这种律师不可;作为一个外行,他可以随意改变法庭诉讼程序,而这是一个律师办不到的。他惯于做公开的演说,因此不必要仅仅由于紧张不安和缺乏法庭经验而找别人代他说话。

他的案子绝不是无能为力的。首先,他可以指出,他是因为在一篇文章的 6 行文字中提出的一种推测的预言而被起诉的,这篇文章包含若干明确的论断,从那时以来,这些论断已被证明是完全错误的,甚至也许起了危险的误导作用。关于布尔什维克,关于立85 宪会议,关于德国和奥地利政府,他的看法是错误的。对这些错误,他不予抗辩。

但是当他进而谈到兰斯多恩勋爵所坚持的军事家的理由并争论说战争继续打下去必然导致遍及全欧的饥馑时,人们找到了攻击他的一个可笑的借口。战争充满了有讽刺意味的事情:各交战国都宣称自己是自由的捍卫者，而他们全都在此时或彼时积极地干着镇压自由的勾当。德国人忘了他们对普鲁士波兰的压迫，而公然指责英国是爱尔兰、埃及和印度的压迫者。法国忘记了东京①、摩洛哥、阿尔及利亚和突尼斯以及拿破仑的政治体系，而辱骂德国人是征服者和吞并者。意大利忘记了阿比西尼亚和的黎波里塔尼亚，对达尔马提亚和奥地利蒂罗尔地区提出领土要求，却以民族主义的名义把奥地利从特伦蒂诺驱逐出去。最后，美国同其本国的工人发生冲突，在科罗拉多及其他一些州中工人们几近于要发动一场内战，而它却承担了要把德国无产者从奴隶制下解救出来的使命。所有这些具有讽刺意味的事情都曾被有哲学头脑的记者们反反复复地以最尖刻的语言指出来了，只有最后一桩是罗素最先在《特别法庭》上极其温和地暗示给人们的。某位愚蠢的审查官老爷，除了其审查部门的淫威之外对于讽刺或历史或任何其他事情毫无所知，立刻向罗素所做的这个暗讽猛扑过去，好像那是以前从未有过的，因而必须予以追查谴责。

但是主要的问题在于，如果不顾罗素的社会地位和学术地位，就因为他作为一个和平主义者和哲学家写了关于战争的文章而必欲加之以野蛮的惩罚，那么在英国对新闻界的威胁恫吓就将走到在德国或奥国都还不曾达到的地步；如果一个国家是自由的国家，这真是它的一种优越性的话，那么这种优越性将属于德国。我们在这场战争中之所以赢得世界的支持，只是因为我们代表着自由的制度，而我们的敌人则代表着专制政权。敌人反过来攻击我们

---

①　越南北部一地区的旧称。——译注

是地球上最可怕的、独裁专制的帝国;由于我们以前进行的征服,这个说法可以得到很多的支持,因而美国和俄国的舆论对我们感到非常困惑难解。罗素可以说:"如果你们因为我的自由主义的主张而要迫害我,那就迫害吧,你们会因此而遭到谴责的:在我的家族中我不是第一个为正义的事业而受苦受难的;但是如果你们对协约国的团结还有所关心的话,你们要注意向世界申明,英国仍然是人们可以说他们想说的话的地方,等等。(可随意讲话。)"

这是我作为罗素的朋友在这件事情上所能提出的最适当的忠告。

你的忠实的

G. 萧伯纳

1918 年 3 月 18 日

赫茨,韦尔温

圣劳伦斯,阿约特

萧伯纳的来信

亲爱的伯特兰·罗素:

得悉你在星期三将听取律师的意见而入狱 6 个月,我有一种不安的感觉。你入狱是因为允许你的律师提出某种巧妙的辩护给法官们造成一种良好的印象,很久以来这些法官们在处理无数扒手案上已经精疲力竭,不过(只要对法庭敬上一点小意思)他们就能一本正经地把这些案子草草了事。

我看对此只有给它大闹一场,愤怒地拒绝为任何人在一个自由国家中都完全有权做出的一个论断进行辩护,并声明像你这样并非无名之辈的案子会传遍从旧金山到东京的各国首都,并且会被当作衡量英国宣称其为之奋斗的自由概念的尺度,这样就将从这个声名狼藉、极端糟糕的政府的愚蠢行为中挽救我们国家荣誉的重任丢给了法官们的良知。或者讲一些类似这个意思的话。小心翼翼并不会使你有所得,一只猫也可以见见国王①,何况(a fortiori)一位哲学家去见法官呢,记住这一点,不会使你有所失。

永远的朋友

G. B. S.

1917[1918]年 4 月 29 日

伦敦中西 2 区

亚达菲特伦斯街 10 号

致我兄弗兰克

这里的生活,除了不能见到朋友,并没有什么不愉快的。但对我来说,见不到朋友这一点确实使生活极不愉快——如果我像许多中年人那样冷漠无情,我就不会对任何事情感到厌恶了。一个人没有任何责任在身,也就有了无穷的闲暇。我的日子过得很充实。平均每天我有 4 小时从事哲学的写作,4 小时阅读哲学著作,

---

① a cat may look at a king,谚语,意指小人物也有其权利。——译注

4小时浏览书报——因此你可以理解我需要很多的书。我正在读罗兰夫人①回忆录,而且得出了这个结论:她是一个被捧得过高的女人:自命不凡,爱慕虚荣,多愁善感,有嫉妒心——一个有点德国式的女人。被处死前的最后一些日子,她是在回顾记录许多年中遭到社会责骂或取得成功的琐细往事中度过的。她是一个民主派,主要是出于对贵族阶级(noblesse)的妒忌。她那个时代的监狱比现在更令人愉快些:她说她如果不写回忆录,就会画画鲜花或者弹琴奏曲。在布里克斯顿是不供给钢琴的。但从另一方面来说,你在离开的时候不会被送上断头台,这是某种意义上的一个优点。——在两个钟头的户外活动里,我反思了各种各样的事情。有一段空闲的时间进行反思是有益的,到这儿来真是天赐良机。不过我并不希望有太多的天赐之福!

　　我很快活,我的思想很活跃。我很愉快觉得时间过得很充实——过去几年里几乎没有读什么书,写东西很少,也没有机会涉足高雅的事物,对所有这一切都感到精疲力竭之后,又回到一种高雅的生活,是一种真正的快乐。但是当这种生活过完的时候,我也会是高兴的啊! 我曾想战争总有一天会过去,这个想法是一个坏习惯,我已经把它丢弃了。我们不能不把现时代比之于野蛮人入侵的时代。我觉得自己好似阿波利纳里斯·西都尼乌斯②——一个人能够成为的最好的人应当是像圣奥古斯丁那样的人。对于未来的一千年,人们将期望回到1914年以前的时期,正如人们在中

---

　　① 罗兰夫人(1754—1793),法国大革命时期吉伦特派核心人物罗兰之妻,雅各宾专政时期被处死。——译注

　　② 阿波利纳里斯·西都尼乌斯(约430—480),高卢诗人及主教。——译注

世纪黑暗时代期望回到高卢人洗劫罗马以前的时期。人哪,真是
奇怪的动物!

　　　　　　　　　　　　深爱你的弟弟

　　　　　　　　　　　　伯特兰·罗素

　　　　　　　　　　　　1918 年 6 月 3 日

　　　　　　　　　　　　布里克斯顿

致科莉特

　　心爱的,我渴念你——我一直在思念着我们将一起去做的一　87
切美妙的事情——我想到战后我们能够出国时将要做些什么——
我渴望同你一起去西班牙:去看看布尔戈斯大教堂,马德里委拉斯
开兹①的绘画——去看看灰黯的埃斯科里亚尔建筑群②,在疯狂尚
未普遍的时候,疯狂的人过去总是从这里开始使毁灭蔓及整个世
界——去看看阳光灿烂的塞维利亚,那儿所有橙黄色的丛林和喷
泉——去看看格拉纳达,摩尔人③待在那儿很久,直到费迪南德和
伊莎贝拉把他们赶出西班牙——然后我们可以像摩尔人那样穿过
海峡进入摩洛哥——再经由那不勒斯、罗马、锡耶纳、佛罗伦萨和

---

　　①　委拉斯开兹(1599—1660),西班牙画家。——译注
　　②　埃斯科里亚尔,马德里西南的一处大理石建筑群,包括宫殿、修道院、教堂、陵
墓、学院和图书馆,建于 1584 菲利普二世时代。——译注
　　③　摩尔人,非洲西北部信伊斯兰教的阿拉伯人,8 世纪后进入西班牙,统治达数
世纪之久。——译注

比萨返回英国——试想想那无法形容的快乐——色彩缤纷，美不胜收——自由——意大利铃的鸣响——那深沉而洪亮、带着久远岁月重负的忧郁的奇异的声响——那无数争奇斗妍的鲜花，真是不可想象的艳丽光华——那赋有野性动物的全部的美，挺然屹立，目光炯炯扫视一切的人们——我们走出去浸浴着清晨的阳光，与蔚蓝的海和青青的山相伴——有那么一天，这一切都为我们所享有。我渴望着与你共享这南国的疯狂。

我渴望与你共享的另一个东西（我们很快就能得到的东西）是大西洋的风光：康尼马拉海岸——浓雾——大雨——在岩石上呼啸起伏的波涛——一群群的海鸟，发出野性的鸣叫，那似乎是大海永无休止的悲哀的灵魂——太阳闪着微光，不真实得有如在另一个世界里所瞥见的东西——狂暴的、狂暴的风，顺畅的、强劲的、猛烈的风——在那儿，生命就在那儿——我觉得，在那儿我能够与你共处，让我们的爱与西面的暴风雨融汇在一起——因为在我们两人身上有着同样的精神。我的科莉特，我的灵魂，我感觉得到通过我们的爱而激励着我的那伟大的气息——我要将大西洋的精神形诸文字——在我死前，我必须，我必须找到某种方法把藏在心中而从未说过的非常重要的东西说出来——那不是爱，不是恨，不是怜悯，不是轻蔑，而是真正生命的气息，它是狂暴的，来自遥远的地方，将非人的事物的巨大而极其无情的力量带进人的生命。

1918 年 7 月 5 日

如果我处于格拉斯通①的地位，我是不会让戈登②去喀土穆的，但是既然让他去了，却不给他以支援，我认为是愚蠢的，因为这不能不把人们激怒。由此开始了帝国主义的趋向，这个趋向导致布尔战争，之后又导致了目前这场战争惨剧。在政治上使用一种不为人们所理解的政策是毫无用处的。记得有一次我们去森林游憩时曾谈到如果艾伦当了首相（结果他是当上了）他会做些什么。

我不知道你拒拍的那部电影原来是劳合·乔治视若生命的宝贝。你当然必须拒绝。人们大概也曾以为圣徒约翰会受雇于彭修斯·彼拉多③，为叛徒犹大官修传记。

《圣经》真是一本奇特的作品。亚伯拉罕（他是一切美德的典范）在去国离乡之前三番五次地对他的妻子说："撒拉，我亲爱的，你是一个很漂亮的人，国王很可能爱上你。如果他想到我是你的丈夫，他会把我处死，从而娶你为妻；所以你要作为我的姊妹前去。"果不其然，国王真的爱上了她，将她纳入宫闱，结果使她病了，因此又把她送回亚伯拉罕。这时亚伯拉罕已经跟一个女仆生了一个孩子，撒拉把那女仆和新生的婴儿放逐到荒无人烟的地方，亚伯拉罕并未反对。真是一个离奇的故事。

上帝不时地对亚伯拉罕谈话，给以精明处世的忠告。后来，当

---

①　W. E. 格拉斯通（1809—1898），英国自由党领袖，曾多次出任英国首相。——译注

②　戈登（1833—1885），英国军官，1860 年英法联军进攻北京，他是火烧圆明园的指挥者，后曾参加镇压太平天国起义。曾任英国在苏丹殖民地的总督，在喀土穆战役中被苏丹起义军击毙。——译注

③　Pontius Pilate，公元 26—36 年任罗马帝国朱迪亚（犹太）行省总督，主持对耶稣的审判，最后将耶稣钉在十字架上。——译注

摩西恳求去见上帝时，上帝允许他看到他的"背影"。那儿是可怕的争吵、雷鸣、旋风和一切附随之物，于是上帝所要说的只是他希望犹太人在逾越节时吃未发酵的面包——就像一个昏聩的耄耋老人，他把这话反反复复地说了又说。真是一本怪书。

《圣经》有些文句非常滑稽。《旧约全书·申命记》XXIV，5："当一个人娶了一个新妻子时，他就不出去打仗，也不承担任何事务了，而是有一年的闲暇在家，以博取新婚妻子的欢乐。"我决然想不到"博取欢乐"会是《圣经》上的一个用语。下面是另一段发人灵感的妙文："跟他岳母睡觉的那个人，让上帝降祸给他吧。所有的人们都要说，阿门。"圣徒保罗谈婚姻说："因此我对未婚者和寡妇们说，如果他（她）们甚至像我这样生活下去，那对他（她）们是很有好处的。但是如果他（她）们不能克制自己，那就让他们结婚吧。因为结婚要比被烧死好。"直至今日，这仍然是基督教会的教义。显然，"结婚要比被烧死好"这句话的神圣目的就是要使我们大家都感觉到地狱之苦一定是如何极其可怖的。

[1918 年]8 月 10 日

我亲爱的人儿，这剩下的 7 个星期，你能非常耐心地宽厚地同我在一起吗？如果我变得越发讨厌了，你能忍受吗？求得释放的希望是很难的。我感到非常疲倦，非常厌倦。我当然受着嫉妒的折磨；我知道我应当如此。对你做的事情我知道得如此之少，以致我所想象的也许超过其实。由于监禁和老是想着未来，我已变得如此神经过敏，以致有一种迷惘的感觉，有一种要把所期望的幸福毁掉的冲动。对我在以后的这几个星期凭着这种冲动所做的任何事情，请你镇静不必理会。直到今日，我才刚刚能够明白这是一种疯狂，但是很快似乎就唯有它是精神正常的了。我要着手工作去伤害你，使你与我断绝关系；我会说我刚出狱时不想见你；我将假装对你已失掉了一切情爱。这一切都是疯狂——嫉妒与焦躁混合的结果。极度渴望一个东西所感到的痛苦终于变得如此之大，以致使人不得不尽力不再去希求它——现在就是这样：我想要我们打算要的一切——先去阿什福德，然后去温切尔西，如果你可能的话。如果我后来又说我想要这样，请不必在意。

[1918 年 8 月]16 日，星期四

致林德尔小姐[①]

　　多谢您寄来《观察家》评论杂志。人们既能赞美《自由人的崇拜》[②]，同时又指责我对战争的看法，岂不怪哉，《自由人的崇拜》不过是对我那时尚感生疏的和平主义观点的表达。因此很多人很欣赏对这种高尚情感的工于辞藻的表达，但是不愿意看到人们采取必然随这种情感（如果那是真诚的）而来的行动。有什么人能够一方面赞许自由人的崇拜，一方面却又希望我加入对德国人进行浅薄伪善的道德谴责呢？一切道德谴责都是完全违背那时对我尚属

89

----

　　① 林德尔小姐在反兵役联谊会工作，主要关注有关被投入监狱的和平主义者的待遇的详细状况。

　　② 罗素的论文，发表于《独立评论》(1903 年 12 月)。——译注

陌生、而今已愈来愈成为我生命组成部分的整个人生观的。我是天生好争的,只有对人类生存悲剧的感受和对浪费片刻于争吵和怒骂之为荒谬的认识才能给我以约束(当我被约束时)。我,一个长着两条腿能用手势表达的有趣的小动物,竟会站在群星之下,慷慨激昂地谈我的权利——这似乎是很可笑的,似乎太过分了。最好像阿基米德那样因为专心探讨永恒的事物而被杀掉。人们一旦摆脱了自己的权利,不再在这个世界上争占超乎自己应得的地盘,就有这样伟大的能力。所有的孤独、痛苦和永恒可悲的希望——爱的力量和美的鉴赏——许多年代和地域凝聚在一个单独的心灵之镜中——这些都不是人们会为了政治家所颂扬的任何民族野心而希望恣意摧毁的东西。在人类心灵中可能有某种东西,神秘如晚风,深沉如大海,宁静如群星,坚固如死亡,那是一种神秘的沉思,"对上帝的理智的爱"。那些已有这种神秘体验的人是不可能再相信战争的,也不可能相信任何种类的激烈斗争。如果我能够将我由此悟得的东西给予他人,那么我就能使他们也感到斗争之无益。但是我不晓得如何将其传达于人:当我讲话时,他们凝神谛听,鼓掌叫好,或报以微笑,然而他们并不理解。

1918 年 7 月 30 日

致奥托兰·莫雷尔

　　您对 S.S.[西格弗里德·萨松①]所写的一切都很有意思而且

---

　　①　萨松(1886—1967),英国诗人,以反战作品著称。——译注

很尖刻。我很了解他所忍受的愤怒——我有几个月就生活在这种愤怒里,而且在几年间几乎都怀着这种愤怒。我想,克服它的一个办法就是要看到别人也可能同样对其自己做出不公平的判断,但是也有同样充分的理由。我们中间那些富有的人恰恰像那些靠士兵流血而增加其性吸引力的年轻女人。每个汽车轮胎都是用被鞭打的黑人的血制造的,虽然开汽车的人并非全是残酷无情的坏蛋。当我们买蜡火柴时,我们是为制造它们的那些人买来一种痛苦而缓慢的死亡。……战争是资本主义制度的最后的花朵,不过还加上一个异乎寻常的无产阶级。S.S.从无产阶级的观点看到的是战争,不是和平。但这只是政治。根本的错误在于抱着不适当的期望,而当期望不能实现时则走向犬儒主义。习俗的道德使我们期望正派的人们慷慨无私。这是一个错误。人是一种一心只顾觅食谋生、传宗接代的动物。达到这些目的的一个方法是使他人相信他是在谋求他们的福利——但实际上追求一个人自己及其儿女的福利之外的任何利益都是违反人性的。像性虐待狂和鸡奸一样,这种情况也有发生,但同样是反乎人性的。一个良好的社会制度不是靠使人们成为无私的来保证的,而是通过使他们自己的生命攸关的动机与他人的动机相一致。这是可能的。我们现有的制度使得人们只有在损害他人的情况下才能自我保存。这种制度有毛病;但是如果因为人们力求自我保存而厌恶他们,那也是一种软弱的表现。针对这种软弱性,我们必须有非常坚定的理想主义。忘记或否认人有动物性是不行的。一般地说,人的动物性一旦受阻,人的神性也就不见了。创造了斯多噶派哲学的那些人都是吃饱喝足了的。全部问题在于,我们的理想主义必须是坚定的而且必须符合自然本性的事实；现实世界中一切糟糕的事情主要来自坏的制度。我认为，在所有这些事情上，斯宾诺莎总是正确的。

1918 年 8 月 8 日

　　不错，你说出了你从未表达过的东西——但谁（有什么东西要表达者）又曾表达过呢？ 一个人说出来的东西都是要说某种别的东西而做的不成功的尝试——这某种东西也许就其本性而言是不可说的。我知道我毕生都在力求去说某种我永不知如何说的东西。你也是这样。所有那些把一生都耗费在探求某种不可捉摸而又无所不在、既微妙又无限的事物上面的人都是如此。我们在音乐中，在大海中，在落日余晖中寻找它；有时当我强烈地感受着群众之所感时，我似乎在人群中非常接近了它；人们尤其是在爱中寻求它。但是如果一个人想象自己已找到了它，那么残酷的嘲弄肯定要光临，并向他表明，实际上他并没有找到。（我在《社会改造原理》论教育一章中几乎都说过了。但是那与真正完满的自我表达还有很大的差距。是为胆怯所阻而不能表达自己。）

　　结果是一个人成了幽灵，浮游于天地之间而与他人了无关涉。即使当一个人觉得最接近他人时，在他身上也有某种东西似乎固属于神而拒绝进入任何尘世的交往——至少我应该这样来表达它，如果我认为有一个上帝的话。那不是很怪吗？ 我热切关心这个世界和世界上的许多人和事，然而……那都是什么呢？ 人们觉得必有某种更重要的东西，虽然我不信其有。我被鬼魂缠身——有个幽灵从尘世之外的某个地方似乎总是要告诉我某种我须再向世人传述的东西,但是我并不理解我所传述的信息。但是由于倾听幽灵的话语,一个人才会觉得自己也是一个幽灵。我觉得我将在临终时发现这个真理,而被那些愚蠢得无法理解它的人们包围着——他们热衷于问医求药,而无意寻求智慧。爱与想象交织在一起;迄今为止,那似乎是主要的事情。

你的 B.

1918 年 8 月 11 日

　　我一直在读马什①论鲁珀特·布鲁克②的作品。那使我非常悲哀也非常愤怒。读读所有现今被年轻人抛置不顾的作品,真令人痛心——鲁珀特和他的兄弟和基林以及其他许多人的作品——然而人们愚蠢地以为在他们那里有对世界的希望——他们充满了生气、活力和真理——鲁珀特本人热爱生活和世界——他的仇恨是很具体的,来自某种颇为特殊的虚荣或嫉妒,但主要是他发现这个世界是可爱和有趣的。在他身上没有任何矫饰。我觉得,战争贩子们在达达尼尔海峡杀害他的身体之后,又竭力用——的谎言杀害他的精神。……什么时候人们才能学到健全的真理呢?我不知道给我作传的可能是谁,但我愿他"以其禀性之所长"像下面这样来描述我:"我不是一个仅仅为了开导人们的精神而存在的一本正经地戴着有色眼镜的圣者;我从我自己的中心出发去生存,我做

91

---

　　①　即后来的爱德华爵士。他是我大学时代的密友,但是他成了一位文职官员,成了丘吉尔的一个崇拜者,而且后来成了一个地位很高的托利党人。

　　②　Rupert Brooke (1887—1915),英国诗人,费边社成员。——译注

过的许多事情令我懊悔,我并不尊重那些可敬的人们,如果我假装如此,那是骗人。我撒谎而且有伪善行为,因为若不是这样,我就不会被容许去做我的工作;但是我死后就无须继续矫饰作伪了。我憎恨伪善和谎言:我爱生活和真诚的人们,我希望摆脱那些虚伪的东西,它们使我们不能如其真实的那样去爱真诚的人们。我相信笑声和自然率真的行为,而且希望自然能将人们真正的善发挥出来,如果有一天真诚能够得到容许的话。"马什改写了可敬的圣徒故事,尽其所能地使青年在未来扮演的角色更加艰难——我竭力不去恨,但是我实在恨可敬的说谎者和对青年的压迫者和腐蚀者——我打心眼儿里恨他们,而战争又使他们重新获得了力量。年轻人本要把他们赶走,但是他们让年轻人去互相残杀,从而使他们自己平安无事。但是愤怒没有用处;需要做的是把某种欢乐的东西、有教养的观点和随着战争的到来而日益增长的令人振奋的博大的爱带进新的时期。在总的仇恨上再加上我们自己的一份仇恨是没有什么用处的——因此我要努力忘掉我一想起来就不能不恨的那些人。

1918 年 8 月 27 日

我最亲爱的 O[①]:

看到你很高兴——不过你看来身体不是很好——见面时不便谈话——写信确实更为合适——你的信对我是最最大的快乐——

---

①　即 Ottoline (奥托兰)。——译注

首先说说个人的事情：我确信我的朋友们会去做一切能做的事
情——没有人有过这类忠诚的朋友——你所做的一切使我深受感
动；我不信任的人是一些哲学家（包括怀特海）。他们谨小慎微而
且生来就胆小怕事；就私人来说，他们十个有九个恨我（那也不无
理由）；他们认为哲学研究是一种愚蠢的职业，只有能换来金钱才
有从事它的理由。战前我曾以为他们之中有好些人相信哲学是重
要的；现在我知道他们大多是如《重访埃瑞璜》①中那些专搞阴谋
诡计的教授一流的人物。

　　总的来说，在这件事上我是信赖 G.默里的。如果他给我弄到
一个职务的话，我希望不要离伦敦太远——例如不要比伯明翰还
远。除了作为一种躲避格迪斯②的方法，我决无意于求职，我所渴
望的是在哲学上做独创的工作，但是在政府圈内显然没有人认为
那是值得做的事情。当然有一个职务在某种程度上会干扰研究工
作，但未必有很大的干扰。当我刚刚出狱时，我一定要彻底地休假
一些日子。我不想住到远离伦敦的地方去：由于不能向默里解释
的理由，我几乎宁愿再被监禁。但是我非常感谢他对我大力相助。
我一点也不感到担忧。

　　想起拉尔沃思，你也是多么高兴啊。在我在鲁珀特·布鲁克
那儿偶然去拉尔沃思之前，那一直是我向往的地方。我只是在一
次徒步旅行（1912 年）经过那里时稍留片刻，而且总想再去。我坚 92

---

　　①　《埃瑞璜》(*Erewhon*)是英国作家塞缪尔·巴特勒(Samuel Butler, 1835—
1902)的乌托邦游记小说，出版于 1872 年。续集《重访埃瑞璜》发表于 1901 年。在这些
作品中作者对英国社会做了辛辣的嘲讽。——译注
　　②　指埃里克·坎贝尔·格迪斯爵士。——译注

持去的计划——在 10 月晚些时候去。以后我们可以确定一个确切日期。那将是极其愉快的。

我不知道你是否很了解布雷特。我相信,对于她你所以感到遗憾,主要是因为她的耳聋。前些天她在由你寄给我的一封信中(我不知道你是否读过)对耳聋给她造成的影响做了悽惨的描述。如果你没看过这封信,我要拿给你看。我对伯恩利非常难过。这是一个打击。和平主义恐无复兴之日矣;战争将继续下去,直到德国人承认战败,我估计这是明年年底的事。然后会建立促进和平联盟,这将需要到处征兵。——我对西格弗里德·萨松的诗和军需工厂都很感兴趣;一切经验都可能是有用的。我从不会想到把经验看作一种"态度"。

我很抱歉,有这么多的书我不肯看,又麻烦你把它们带走。我相信将来能够通过卡特·帕特森把它们送掉。我的单人牢房很小,必须压缩放书的数目。在书本和蟑螂之间几无转身的余地。

本廷克小姐送来鲜美可口的桃子,请代致深切的谢意。在她认为我这么坏的时候送桃子来,我想应该感激她的厚意。——我不知道你在柯比朗斯代尔要待多久——在我的心里,整个那个地方是与西奥多之死密切联系在一起的。

啊,能够漫步穿越田野,远望地平线,无拘无束地谈话,和朋友在一起,那不是快慰之极吗?——现在几乎完全可以相信这会到来的——我已习惯了这里的生活,而且心情很平静,不过这只是因为它就快结束了。各种各样高兴的事情浮上我的心头——首先是谈话,谈话,**谈话**。我从不知道一个人怎么会渴望谈话——在这里度过的日子对我有好处,我读了很多也想了很多,而且渐渐地处之泰然了。我感到精力充沛——但是我的确渴望文化和有教养的谈话——而且我向往**大海**和风的狂暴——我讨厌把一切都弄得像图书馆里无人阅读的书那样整洁——监狱就很像这个样子——试想象你知道你是一本极有趣的书，有一个犹太百万富翁把你买去，跟其他许多书一样地把你包扎起来，放在玻璃后面的书架上，在那儿你只是显示他的生活体系之完满无缺——他不允许任何无政府主义者去阅读你——那就是一个人似乎感到的一切——但现在一个人很快就会坚持要被人阅读了。——再见——多多的爱——无尽地感谢你无尽的亲切之情。一定去拉尔沃思——

你的 B.

1918 年 8 月 30 日，星期五

又及：另附给布雷特的信。请将札记本送回来——可在星期三给我。如不送回，我就快没有本子可用了。

致布雷特

我亲爱的布雷特：

谢谢你的来信。在我身处囹圄之际给我写信，厚意可感。这是我能够与他人进行的唯一不受限制的交往了。我想，坐牢如果长久拖下去，那会比你的命运更惨，不过因为我的刑期很短，所以不会像你必须忍受的痛苦遭遇那样不幸。我很理解那是多么可怕。但是我认为，有些事情你可以做，可以稍稍减轻你的痛苦，而那几乎都是些小事情。首先说一件大事情吧，那就是进行心理训练,不去想自己的遭遇是一个多么大的不幸;当你的心思开始在那个方向上驰骛时,你就给自己朗诵一首诗,或者背一背乘法表,或者想想诸如此类的图表,以强行制止那种思绪。至于小事情么,你可以做的,例如尽可能不要无所事事地同那些海阔天空闲聊的人们坐在一起;要到僻静的地方与人促膝谈心(tête-â-tête);首先要关心你正与之交谈的人,从而使自己引起人家的关注,直至事情变得轻松而自然。我想你练习过唇读法吧?要注意你对人的内心的态度:不要让它是嘲讽的或冷漠的,要努力透过他们的外表而感受到那激动他们的热情和对他们至关重要的事物之严重性。不要从道德观点去判断人,一个人的判断无论如何恰当,那总是一种贫乏无力的态度。人们大都有一把非常普通的钥匙;你若找到它,就能打开他们的心灵。你的耳聋不一定妨碍你这样做,如果你总是愿与他人面对面促膝谈心的话。我常常觉得,你在加辛顿花费那么多时间加入你无法理解的谈笑中间,这对你是很难承受的。除非必要,不要更多参与这种谈话。你能够"被纳入人类生活"。但是那需要你的努力,需要你提供某种人们会给以评价的东西。虽然耳聋可能使这更困难些,但不是不可能的。请不要认为我说的这一切都是文不对题之言。我之写了这些,只是因为想到你忍受着怎样的痛苦,我实在不忍心。

可怜的格林先生!请转告他,当他想要赢得爱情时,就来请教我吧;我会给他以明智的忠告,而那是他显然需要的。——你对三个女人的生动描绘听起来极其动人。我的确希望那是一部值得称道的作品。我希望,当你从你苏格兰同胞们被害的痛苦中恢复过来时,我会见到你——我赞成那个中国哲人的做法,他不用鱼饵钓鱼,因为他喜欢的是垂钓,而非得鱼。当皇帝发现他以此为业,就用他做了宰相①。但是我恐不会有这样的际遇。

你的

B.R.

1918 年 8 月 30 日

我写信给她的这个女子是伊舍勋爵的一个女儿,但她所有朋友熟悉的却是她的姓:布雷特。在我写上面这封信之际,她正在把大部分时间花费在加辛顿,跟莫雷尔一家在一起。后来她追随 D. H.劳伦斯去了新墨西哥州。

致奥托兰·莫雷尔
(致任何一位有关的人):

从来没有一个地方像监狱这样使人浮想联翩,一个接一个地涌上心头——一大早我就想象登上了阿尔卑斯山,那儿散发着松木芳香和葱茏丰茂、露珠晶莹闪烁的牧草的清馨——加尔达湖,有如你第一次看到它,从山间泄注而出,只向深底一瞥,群山就像一个嘻笑、疯狂的西班牙吉卜赛女郎的眼睛一样在阳光下跳跃和闪动——地中海的雷暴和那暗紫色的海洋,沐浴着阳光的遥远的科

---

① 　罗素这里讲的是吕望(姜太公)钓于渭滨,遇周文王而得重用的故事。但文王(死后追谥的庙号)不曾做皇帝,吕望在西周初年官至太师,也不是宰相。——译注

西嘉群山——落日残照下的西西里诸岛,有一种迷人的魔力而似非实有之域,因而你觉得在你能够抵达那里以前它们就必已消逝了,就像极乐岛一样,可望而不可即,在人的有生之年是达不到的——斯凯岛上泥塘番樱桃的香味——回忆很久以前的落日余晖,完全回到童年时代——我现在似乎还能听到差不多恰好24年前在巴黎街头一个人卖"新鲜美丽的朝鲜蓟"的叫卖声,一切恍如昨日。童年很早的时候,我记得有一排落叶松,经雨之后,每一节嫩枝的枝头都挂着一滴雨点——而且我能听见夏日午夜丛林中掠过树梢的风声——一切自由或美丽的事物都或早或晚进入我的思想中来。既然心灵始终是自由的,把肉体禁锢起来又有何用呢?当我被监禁在这里的时候,我一直在我自己的生命之外生活着,我生活在巴西、中国和西藏,我生活在法国革命中,我生活在动物乃至最低等动物的灵魂中。在这样的奇想神游中,我忘却了世界此刻也正把自身封闭于其内的这个监狱:我是自由的,世界也将是自由的。

1918 年 8 月 31 日

最亲爱的 O:

　　把那些本会创造一个更美好未来的人们杀害了,真是令人感到恐怖。至于我,我确信那是一个"确定无疑的发展的结果"。这里有两件不同的事情:一是某些很好的技术性的观念,它们之出现只是因为它们有如四月里的布谷鸟到适当的时候就要出来的;另一是对人生和世界的一种看法,我一直在探求这种看法,尤其在战

争开始以后,但也是在布劳顿附近一个教堂墓地碰到的一个机会
之后,当时你对我说要在我的道德观中给野性一个地位,我问你是
什么意思,你做了解释。那一直是很困难的:我的本能的道德观十
足是一种自我压抑的道德观。我过去总是担心我自己和我的本能
的阴暗面;现在我不怕了。我的这个变化,由你开其端,而战争促
其成。

1918 年 9 月 4 日

第二章　俄　国

　　战争的结束使我得以避免否则本会落在我头上的一些事情。1918 年服兵役的年龄提高了,我头一回成了适龄服役的人,这我当然会拒绝的。他们要我去进行体检,但是政府费尽心机也未能找到我在何处,因为他们竟已忘记早把我投入监狱了。如果战争继续打下去的话,我本来会很快就发现自己作为一名出于良心而拒服兵役者再度身陷囹圄。从经济收入的角度看,战争的结束对我也是非常有利的。过去写《数学原理》时,我觉得靠遗产过活是有正当理由的,虽然我并不觉得有理由持有从我祖母继承来的资产的一笔附加款。我全部放弃了这笔款项,一部分赠给剑桥大学,一部分赠给纽纳姆学院,其余部分给了好几个教育机构。在卖掉了我给 T.S. 艾略特的那些债券以后,我就剩下每年仅 100 英镑左右的非工薪收入了,这是我无法处理掉的,因为它写在我的婚姻财产协议上。这似乎是无所谓的,因为我已能靠出书挣钱了。不过,在狱中时我虽被允许写关于数学的书,却不许写我可以挣钱的那类书。因此,我出狱时,如果不是桑格和其他一些朋友在伦敦给我弄到一份哲学讲师的工作,我几乎身无分文。随着战争的结束,我又可以靠写作挣钱了,从此以后,我在经济上没有遇到过严重的困难,只有在美国时间或感到拮据。

战争的结束使我和科莉特的关系发生了变化。战争期间，我们有很多事情要一起去做，我们共同具有所有与战争有关的极强烈的感情。战后我们的关系变得愈来愈难以相处，愈来愈紧张。我们不时地像是要永远分手，但是这一次次的分开到头来都出乎意料地短暂。1919 年 3 个月的暑期，数学家利特尔伍德和我在距离拉尔沃思一英里左右的小山上租了一家农舍。这家农舍有好多房间，整个夏天我们接待了接连不断的客人。这个地方异常之美，可以远眺沿海一带广阔辽夐的胜景。这里的游泳条件很好，而且有一些地方可使利特尔伍德大显其登山的高超本领，他在这项运动技巧上的是身手不凡的行家。在此期间，我开始对我的第二个妻子动心了。我最早是在 1916 年通过她的朋友多萝西·林奇的介绍与她相识的。她们俩都在格顿学院，而多萝西是我的一个学生。1916 年夏，她组织了一次两天的徒步旅行，有她自己、多拉·布莱克、让·尼科和我。让·尼科是一位年轻的法国哲学家，也是我的一个学生，他因为患肺病而逃脱了战争。（他在 1924 年死于肺结核。）他是我所认识的最讨人喜欢的人之一，同时他非常温文尔雅而且绝顶聪明。有一次我对他说，学哲学的人应当尽力去理解世界，而不能像在大学里那样仅仅懂得以往哲学家的那些体系。他回答说："是的，但是哲学家的体系要比世界有趣得多。"我以前没有见过多拉·布莱克，但是她立刻对我发生了兴趣。我们在希尔度过黄昏，为了饭后的消遣，我先问大家在生活中最向往的东西是什么。我记不起多萝西和尼科是怎么说的了；我说我希望像阿诺德·贝内特[①]的《隐

[①] 阿诺德·贝内特(1867—1931)，英国小说家，著有《五镇的安娜》、《老妇人的故事》、《克莱辛格》、《隐居》等作品。——译注

居》中的那个人那样隐身匿迹,只要我确信能像他那样在普特尼发现一个寡妇。出乎我的意料,多拉说她想要结婚,生儿育女。在此之前,我从未想到有任何一个聪明的年轻女子会坦白说出这么简单的一种愿望,我由此推断,她一定是极其纯真的。与我们另外三个人不同,她那时不是一个彻底的反战者。

　　1919 年 6 月,在多萝西·林奇的提议下,我邀请她到我和克利福德·艾伦在巴特西合住的公寓来共进茶点。她来了,我们开始进行了一场有关父权的争论。她说,至于她,如果她有了孩子,她会认为他(她)们完全属于她自己,而不打算认可孩子父亲的权利。我激动地说:“啊,我无论跟谁有孩子都行,但绝不会和你!”这场争论的结果是,第二天我和她共进晚餐,这个夜晚最后我们商定,她要到拉尔沃思做一次长时间的逗留。这一天我比往常更加决绝地与科莉特分离了,而且我并不想还会再见到她。然而,就在利特尔伍德和我到拉尔沃思的次日,我接到科莉特的电话,说她正坐一辆出租车在往下来的路上,因为几个钟头没有火车了。幸而多拉应该有几天不来的,但是整整一夏天,为了使她们来的时间不致发生冲突,我很是为难和尴尬。

　　上面这段话是 1931 年写的,我在 1949 年曾将它给科莉特看97 过。科莉特写信给我,附上两封我在 1919 年写给她的信,这些信说明我已忘记了好多事情。读了它们之后,我回忆起在拉尔沃思的整个那段时间我的感情经历着剧烈的波动,那是由科莉特态度的动摇不定所引起的。她有三种不同的心态:一种是热烈的献身精神,一种是一任其永远分手的决心,一种是温和的无可无不可的态度。她的每一种心态都在我这里引起它的反响,但是她寄还我的两封信表明，我的反响比我记得的还要强烈。她和我的信都说明记忆受感情影响是不可靠的。各人都知道对方，但是这就产生了社交手腕的问题，而这也绝非易事。多拉来拉尔沃思之后我们成了情人，暑期中有她在的那些时候，过得特别愉快。我同科莉特发生龃龉主要是她不愿意有孩子，而我觉得如果我想要孩子，就不能再拖延了。多拉一心想要孩子，无论是婚生还是未婚生都可以，所以从开始我们就没有采取任何避孕措施。她略感失望的是发现我们的关系几乎立即带有结婚生活的性质，当我对她说我会很高兴离婚而同她结婚时，她竟突然哭起来，我想她是觉得那将意味着独立和无忧无虑的生活的终结。但是我们相互的感情似乎具有那样一种稳固性，使得任何不够严肃的关系都不可能有。仅仅了解她的社交能力的人很难相信在没有责任感的重压时她所具有的小精灵般迷人的神情。在月光下游泳，或者在沾满露珠的草地上赤足奔跑，正如她严肃地诉诸我想当父亲的愿望和我的社会责任感时一样，她完全唤起了我的绮思遐想。

我们在拉尔沃思的日子，愉快的户外活动（特别是游泳）与日常谈话互相协调地进行，同我体验过的任何和谐一样美好。广义相对论那时还是很新颖的学说，利特尔伍德和我时常没完没了地讨论它。我们时常争论从我们住处到邮局的距离与从邮局到我们住处的距离是否相等，虽然我们对这个问题从未得出一个结论。这段时间对日蚀的考察证实了爱因斯坦关于屈光的预见，利特尔伍德接到爱丁顿①打来的电报说这个结果是爱因斯坦认为应当如

---

① Eddington，Arther Stanley（1882—1944）英国著名天文学家、物理学家。——译注

此的。

正如一群彼此熟悉的人在乡间聚会时常常会做的那样,我们大家也一起开玩笑逗乐,不过临时的来客是概不许参加的。有时候礼貌上的要求弄得这些玩笑颇为难受。有一位叫菲斯克·沃伦的太太,我住在巴格利·伍德时就认识的,她很富有,漂亮而且聪明,确实非常聪明。牛津大学的近代古典人文学科课程最初就是由于她的非官方的捐助而设置的。精心选择的一些教师教她希腊哲学而不要求她具有希腊文的知识。她是一个具有深沉的神秘直觉的女人,是布莱克①的崇拜者。1914 年我曾在她在美国马萨诸塞州的乡间别墅小住,尽我所能地适应她那有点奥妙的氛围。我没有见过她的丈夫,他是单一税制的狂热信徒,有收买诸如安道尔这样的小小共和国的习惯,目的是将亨利·乔治②的原理付诸实践。我们在拉尔沃思时,她寄给我她的一本诗集和她丈夫讲其业余爱好的一本书。同时我接到当时正在伦敦的她丈夫的一封信,说他想见见我。我回答他说那是不可能的,因为我不在伦敦。他回电说他可以来同我共进午餐,星期一,星期二,星期三,星期四或星期五,无论哪天对我适宜都行,尽管这样做他非得早 6 点就从伦敦动身不可。我选择了星期五,开始匆匆地把他夫人诗集的书页裁开③。我发现有一首诗题为"给睡在我身边的人",诗中有这样

---

① 威廉·布莱克(1757—1827),英国浪漫派诗人,具有神秘主义的倾向。——译注

② 亨利·乔治(1839—1897),美国经济学家,主张征收单一地价税,取消土地捐税。——译注

③ 毛边书要读者自己裁开书页。——译注

一行："你浑身满是尘世的酒香肉臭"。我把这首诗念给大伙听,并且把女管家唤来,命她准备丰盛的饭菜,切不可少了酒。哪知他原来是一个瘦巴巴的苦行僧似的愁眉苦脸的角色,他是那么过分的严肃认真,以致不肯将生命的一瞬间浪费在开玩笑或无聊的活动上。当我们大家都聚在一起共进午餐时,我给他奉上酒菜,他用一种愁苦的调子说:"不,谢谢你。我是一个素食主义者而且是绝对不沾烟酒的人。"利特尔伍德急忙开了一个并不逗趣的玩笑,却惹得我们大笑,而对这样的小玩笑本不值得报以如此大笑的。

夏日,大海,美丽的乡村,愉快的友朋,加上爱情和战争结束,造成了一种几乎是理想的完美的环境。暑期末我又回到克利福德·艾伦在巴特西的那个公寓,多拉则到巴黎去进行她作为格顿学院研究员正在做的关于17、18世纪法国自由思想哲学开端的研究。我偶尔还见到她,有时在伦敦,有时在巴黎。我仍然与科莉特相见,犹豫不决。

圣诞节时我和多拉在海牙相遇,我是到那里去看我的朋友维特根斯坦的。战前我在剑桥认识维特根斯坦。他是奥地利人,他的父亲是奥国巨富。维特根斯坦原想做一个工程师,因此到曼彻斯特去。因为读数学他对数学原理发生了兴趣,他就在曼彻斯特打听谁是研究这方面问题的。有人提到我的名字,于是他在三一学院住了下来。他也许是我所知道的如传统所说的天才的一个最完满的实例,易动感情,思想深沉,性情激烈,卓尔不群。他有一种纯真,就我所知,除了G.E.穆尔,是无人堪与伦比的。我记得有一次带他去参加亚里士多德学会的一个会议,在场的具有不同癖好的人,我都礼貌相待。当我们离开时,他竟暴跳如雷,斥责我没有对这些人说他们是一些什么蠢货,是道德的堕落。他的生活是混乱不安的,但是他有一种异乎寻常的个人影响力。他以牛奶和蔬菜为主食,我时常像帕特里克·坎贝尔夫人①谈论萧伯纳那样想,"天可怜见,哪怕他吃一块牛排呢!"他常常每晚夜半时分来找我,像一头野兽在我的房间踱来踱去,踱上三个钟头,烦躁不安,一言不发。有一回我问他:"你是在思考逻辑呢,还是在思考你的罪呢?"他回答说:"兼而有之",并继续来回踱步。我不想暗示他已经是就寝的时候了,因为无论在他还是在我看来,他在离开我的时候很可能会去自杀。在剑桥的第一个学期末,他来我这里说:"你认为我是一个十足的白痴吗?"我说:"你为什么要知道这个?"他回答说:"因为如果我是白痴,我会成为一个飞机驾驶员,如果我不是,我会成为一个哲学家。"我对他说:"我亲爱的朋友,我不知道你是不是一个十足的白痴,但是如果你在假期里给我写一篇有关你感兴趣的任何一个哲学论题的论文,我会读的,然后回答你那个问题。"他照我说的做了,在下学期开学之初把他写的东西带给了我。我一读头一句话,就相信他是一个天才人物,并让他确信他绝不应该做一个飞行员。1914 年年初,他到我这儿来,非常激动,对我说:"我要离开剑桥,我要马上离开剑桥。"我问他:"为什么?"他说:"因为我的姐夫到伦敦来住了,跟他离得这么近,我受不了。"于是他到挪威尽北边的地方去度过这个冬季的其余时间。此前我有一次问 G.E.穆尔对维特根斯坦的看法,他说:"我认为他很好。"我

---

① 帕特里克·坎贝尔夫人(1865—1940),英国女演员,曾扮演莎士比亚、易卜生、萧伯纳戏剧中的主要角色。——译注

问为什么,他说:"因为他对我讲的课似乎感到困惑不解,而从来没有另一个人是这样的。"

战争发生以后,维特根斯坦是非常爱国的,就在奥地利军队中成了一名军官。开头的几个月,我还可能给他写信,也能得到他的回音,但不久之后通信已不可能了,我对他的情况就毫无所知了,直到停战后一个月左右我才收到他从蒙特卡西诺写来的一封信,说在停战后的几天他被意大利人俘虏了,幸而随身带着他的手稿。看来他在战壕里写了一本书,希望我读一下。他是这样一种人,他在思考逻辑问题的时候,绝不会注意到吃鸡蛋要剥开蛋壳这样的琐屑小事的。他把他的书的手稿寄给我,我在拉尔沃思同尼科和多萝西·林奇做了讨论。这就是后来以 *Tractatus Logico-Philosophicus*(《逻辑哲学论》)为书名发表的那本书。显然,重要的是见到他,同他亲口讨论这本书,而最好似乎是在一个中立国同他相见。因此我们决定在海牙见面。然而,就在这个节骨眼上,却出现一个出乎意料的麻烦。他的父亲恰好在战争爆发前将全部财产都转移到荷兰了,因此始终还是那么富有。正当停战之际,他的父亲去世了,维特根斯坦继承了他的绝大部分遗产。但是,他得出的结论是:财富对于哲学家是一种累赘,因此他一分不留地把这笔遗产都给了他的一个哥哥和几个姐姐。结果,他竟没钱买从维也纳到海牙的车票,而他的自尊心又太过强烈,不肯接受我的资助。最后我们找到了一个解决困难的办法。他在剑桥住处的家具和书籍还存在那儿,他表示愿将它们卖给我。我向为他保管这些家具的剑桥家具商咨询了它们的价钱,按他的估价把它们买下了。实际上它们的价值远远超过他的估价,这是我有生以来所做的最占便宜的一次交易。这笔交易使得维特根斯坦有可能到海牙来,我们在那里待了一个星期,逐行地讨论了他的书,而这时多拉正好去公共图书馆查阅萨尔玛修斯抨击弥尔顿的言论。

维特根斯坦虽然是一个逻辑学家,但同时又是一个爱国者与和平主义者。他对曾在前线有过友好交往的俄国人评价很高。他告诉我,有一次在加里西亚的一个村庄,他正闲来无事,找到了一个书店,心想里面也许有本什么书可看。果然有一本,是托尔斯泰讲福音书的。有一段时间,他变得非常虔诚信教,虔诚到开始认为我太坏了不能与之交往。为了维持生计,他到一个叫作特拉顿巴哈的奥地利乡村去做一名小学教师。他曾给我写信说:"特拉顿巴哈人很坏。"我曾回答说:"是的,所有的人都是很坏的。"他也曾回答说:"不错,但是特拉顿巴哈人比别处的人更坏。"我回答说,我的逻辑感反对这样一种说法。但是他的这个意见是有某种理由的。农民拒绝供给他牛奶,因为他教他们的孩子做的算术题不是计算钱数的。这段时间他一定很受了些饥寒穷困之苦,但是由于极端的高傲,他对此绝少提及。最后他姐姐决定建一所住宅,雇他做设计师。这才使得他过了几年足以果腹的日子,到这段时间的末尾他回剑桥做研究员去了,在那里克莱夫·贝尔①的儿子用夸张的对句写了一些反对他的诗。在社交往来上他常常不很随和易与相处。怀特海曾向我讲过维特根斯坦第一次去见他的情形。那是午后吃茶点的时候,他被请进客厅。他好像就没有发觉怀特海夫人在场,而是沉默不语,在房间里来来回回地走了一会儿,最后突然

① 克莱夫·贝尔(1881—1964),英国文艺批评家。——译注

迸出一句话来："一个命题有两极。它是 apb。"怀特海给我讲述时
说："我当然问他 a 和 b 是什么，但是我发现我的话说得很不得当。
'a 和 b 是不可定义的'，维特根斯坦回答道，其声大如雷鸣。"

　　像所有了不起的人物一样，他也有他的弱点。1922 年他的神
秘主义热情正处于高潮，他很认真地要我相信做一个善良的人比
做一个聪明人更好。我发现他被黄蜂吓怕了，我们在因斯布鲁
克①找到的一个住处就因为有虮子臭虫，他不肯再住第二夜。我
出行俄国和中国之后，已受惯了这类小小的麻烦，但是他认为人世
的一切都无足道也的那全部信念都未能使他耐心地忍受一下那些
小小虫豸。尽管有这么一些轻微的弱点，他还是一个给人以深刻
印象的人。

　　1920 年整整一年我差不多都是在旅行中度过的。复活节时
我被邀去巴塞罗那的卡塔兰大学讲学。从巴塞罗那我去了马略卡
岛②，我在那里暂住于索勒。当地唯一一家小旅店的店主人告诉
我，因为他是鳏夫，所以不能供给我饭菜，但是我可以随便在他的
花园里散步，可随时任意摘他的橘子吃。他说这个话时极其谦恭
有礼，我觉得不能不对他表示深深的谢意。在马略卡岛上我开始
了一场闹了很久、波及范围甚广的大争吵。

　　我打算去俄国，多拉想跟我同行。我坚持，她既然对政治从无
多大兴趣，就没有充分的理由去俄国，而且斑疹伤寒正在肆虐，我
觉得没有理由让她去冒险。我们俩都很固执，这是一场无法妥协

---

① 奥地利西部的一个城市。——译注
② Majorca，亦作 Mallorca，西班牙东部巴利阿群岛中最大的岛。——译注

的争论。我至今还认为我是正确的,她至今也还认为她是正确的。

从马略卡岛回来后不久,机会就来了。有一个工人代表团要去俄国,而且要我随行。政府考虑了我的申请,令我与 H. A. L. 费希尔面谈之后,决定让我去。要把苏俄政府说通则更难些,在我们前往途中已到达斯德哥尔摩时,李维诺夫仍拒绝给我入境签证,尽管我们在布里克斯顿狱中曾是难友。不过苏俄政府的反对终于被驳倒了。我们的代表团是稀奇古怪的一伙儿人。斯诺登夫人,克利福德·艾伦,罗伯特·威廉斯,汤姆·肖,一个叫本·特纳的大胖子老工联主义者,没有他老婆陪伴自己什么也做不了,还时常要克利福德·艾伦给他脱靴子,此外还有随行医生里登·格斯特及工会官员数人。在彼得格勒,他们把原来皇室御用的汽车交我们自由使用,斯诺登夫人常常开着它以享受它的豪华并表示对"可怜的沙皇"的怜悯之情。黑登·格斯特是一个神智论者,性情暴躁,精力旺盛。他和斯诺登夫人是完全的反布尔什维克派。我发现,罗伯特·威廉斯在俄国很快活,而且是我们这伙人中唯一的一个发表演说使苏俄政府高兴的人。他总是对他们说,革命在英国已迫在眉睫,而他们对他则倍加恭维。我告诉列宁,不要信任他,而就在翌年的黑色星期五[①]他叛变出卖了罢工。还有查利·巴克斯顿,他的和平主义使他成为一个教友派信徒。当我与他同居一室时,他会在我话刚讲到一半就恳求我停下来,以便他能进行默祷。令我惊讶的是,他的和平主义并没有使他对布尔什维克抱有

---

① 指 1921 年 4 月 15 日(星期五)英国铁路工会和运输工会取消了原定与矿工联合举行的罢工,破坏了英国工联中这三大工会的"三家同盟",在英国工人运动史上被称为"黑色星期五"。——译注

5. 伯特兰·罗素同约翰和凯特在一起

凯特·罗素

约翰·罗素

6. 伯特兰·罗素[照片由巴萨诺股份有限公司提供]

恶感。

　　至于我,在俄国度过的这段时间是一场愈来愈甚的噩梦。我在报刊上已经把经过反思在我看来是真实的东西讲了,但是我没有把我在那里时压在心头的那种极端的恐怖感表达出来。残酷、贫困、猜疑、迫害,构成了我们生活于其间的气氛。我们的谈话不断受到暗中监视。深夜你会听见枪响,而且知道是唯心主义者们在狱中被杀害了。这里有一种伪善的虚假的平等,人人都称"多瓦瑞什"①,但是当这个词被用来称呼列宁或称呼一个慵懒的公务员时,其发出的腔调差别之大,却令人吃惊。在彼得格勒(这是旧名)有一次有4个衣衫褴褛的人来见我,他们穿着破破烂烂的衣裳,下巴上的胡子足有两周没刮过了,满手污垢,蓬头乱发。他们是俄国最著名的4位诗人。其中一位被政府允许教授韵律学以糊口,但他抱怨说,他们坚持要他按马克思主义观点讲这门课,他说要他的命他也看不出马克思主义跟这个有什么关系。

　　彼得格勒的数学学会同样乱糟糟的。我去参加了它的一个会,在会上有一个人宣读了一篇关于非欧几何的论文。除了他写在黑板上的公式以外,对这篇论文我什么也看不懂,但是这些公式倒真的像公式的样子,所以人们可能以为这是一篇合格的论文。在英国连流浪乞丐我都从未见过像彼得格勒的数学家们这样猥琐落魄的样子。我没有获准见克鲁泡特金②,他过后不久就去世了,苏俄的统治阶级有一种很大的自信,堪与英国伊顿公学和牛津大

———————————

　　①　俄语"同志"一词。——译注
　　②　克鲁泡特金(1842—1921),俄国无政府主义者,著有《互助论》等。——译注

学造成的那种自信相伯仲。他们相信他们的公式能解决一切难
题。较有才智的人中只有少数几个知道事实并非如此,但是不敢
这样说。有一次,我同一位叫扎尔金德的医术精湛的医生面谈
(tête-à-tête),他开头说气候对人的性格有很大的影响,但马上停
住,改口说:"当然,实际情况不是这样;只有经济状况影响人的性
格。"我感到人类生活中所有我认为有价值的东西都在为了迎合一
种肤浅而狭隘的哲学而遭到破坏,在这个过程中,有说不尽的苦难
被加诸千百万人民的身上。我的恐惧随着我在俄国度过的每一天
而加剧,以致我完全失掉了沉着判断的能力。

　　我们从彼得格勒又去了莫斯科,那是一座非常美的城市,其
建筑风格有东方的影响,因而较之彼得格勒更使人感兴趣。布尔
什维克用以显示其热爱群众生产的各种小手段使我感到好笑。每
日的主餐在下午四点左右,除了其他的东西还有鱼头。我从未看
到鱼身是怎么处理的,不过我猜想它们是给那些人民委员们吃掉
了。莫斯科河里满是鱼,但是不许人民捕捉,因为还未找到任何新
式的机械方法来代替钓竿和钓线。这座城市几乎到了挨饿的地
步,可是拖网渔船捕来的鱼头还被认为比用原始方法捉来的鱼身
更好。

　　我们坐一艘轮船沿伏尔加河顺流而下,克利福德·艾伦得了
肺炎,病得很厉害,这又引起他以前患过的肺结核复发。我们都要
在萨拉托夫下船,但是艾伦病重不能动,因此黑登·格斯特、斯诺
登夫人和我仍留在船上照看他,而船是开往阿斯特拉罕的。他有
一间很小的小屋,热得无法想象。因为有疟蚊,所以窗子必须紧
闭,艾伦却又患了猛烈的腹泻。我们只得轮流看护他,因为船上虽

然有一个俄国护士，但是她害怕晚上陪着他，因为担心他会死掉，他的鬼魂会把她抓去。

阿斯特拉罕在我看来比我想象过的任何地方都更像阴曹地府。城市供水来自船只排泄废物的一处河段。大街小巷到处污水淤积，孳生蚊蝇无数；每年都有三分之一的居民染上疟疾。这里没有任何处理垃圾的排污系统，在市中心的一个显眼的地方粪便堆积如山。瘟疫是这儿的地方病。近来内战一直在与邓尼金打仗。苍蝇太多了，吃饭的时候不得不用一块桌布盖在饭菜上面，把手伸进去赶快抓一点塞在嘴里。盖上桌布的那一会儿工夫，就覆满黑压压的一层苍蝇，于是这块布就全然被掩盖不见了。这个地方大大低于海平面，在阴凉处温度也高达 120 度。陪同我们的苏俄官员令此间一流的医生们都来听黑登·格斯特关于防治疟疾的报告，他曾在巴勒斯坦为英军做过这种防疫工作。他就这个题目给他们上了一堂极好的课，讲完了，他们却说："是的，这些我们全都知道，但是这儿天太热。"我猜想下一次苏俄官员再来时也许会把他们处死的，但是我对此并无所闻。这些医生中最著名的一位给克利福德·艾伦做了检查，告诉我他活不过两天了。大约两个星期之后，我们把他带到了塔林①，那位给他检查病的医生又说他活不过两天了，但是在此之前我对艾伦要活下去的决心已有所了解，所以对这位医生的话也不那么感到惊恐了。他又活了很多年，而且成为一位为上院增添光彩的人物。

回到英国以后，我力图把我在出发前和在俄国期间心情的变

① Reval 即塔林(Tallinn)，爱沙尼亚的首都。——译注

化以倒填日期写信给科莉特的形式表达出来,最后一封后来曾发表于我讲中国的那本书中。这些信比我现在写的任何东西都更能表达我那时的心情,所以我把它们插入此处:

1

　　我们出发的日子临近了。我有成百上千的事要做,然而我却无所事事地坐在这儿,思考一些没用的想法,规规矩矩的人绝不会想到的一些了不相干、桀骜不驯的想法,你本来想通过工作把它们赶跑、却被它们把工作给荒废了的一些想法。我真羡慕那些永远信其所信、不为生死忧心而对所有构成其生活基准的东西都漠然视之的人们。我有过这样的抱负,要成为于世人有用的人,要取得某种显著的成就,给人类以新的希望。既然机会来了,这一切却似乎灰飞烟灭了。当我凝视未来时,我那已然醒悟的眼中看到的只有争斗和更多的争斗,不堪忍受的残酷、暴政、恐怖和卑躬屈膝的顺从。我所理想的那种挺立不拔、无所畏惧、豁达大度的人物,地球上会有吗? 或者,人类将永久继续打下去,杀下去,折磨下去,直至地球渐渐冷却,濒于毁灭的太阳不再燃起它那徒然无益的狂热? 我不知道。但是我知道我心中的失望。我知道这极端的孤独,因为我在这世界上游荡,像一个幽灵,用听不见的音调说话;我被遗弃了,似乎我是从另一个星球上掉下来的。

　　古老的斗争在继续进行着,小小的欢乐和巨大的痛苦之间的斗争。我知道小小的欢乐就是死亡,然而——我是如此疲倦,疲倦得如此之甚。理性和情感在我心中进行着殊死的斗争,使我无力外骛。我知道没有任何好的东西不是通过斗争、通过残酷无情、组织和纪律得到的。我知道为了集体的行动个人必须变成一架机器。虽然我的理性可能迫使我相信这些东西,但是它们并不使我感到鼓舞。我爱的是个人的人的灵魂,它的孤独,它的希望和恐惧,它的倏而激奋和顷刻献身的精神。由此而走向军队和国家和官吏,有一条如此漫长的路程,而只有走过这条路程,才能避免无谓的感伤主义。

整个战争的峥嵘岁月,我都在梦想着战争结束后有那么幸福的一天,那时我同你安坐在地中海边一座阳光照耀的花园里,四处弥漫着向阳花的芳香,周围环绕着松柏和常青树丛,——在那儿,我最后将能向你吐露我的爱,并感触像痛苦一样真实的欢乐。是时候了,但是我还有其他的任务,你也有其他的欲望;而当我静坐沉思之际,对于我来说,一切任务似乎皆属妄然,一切欲望似乎都是无聊的。

不过我不会按照这些想法去做。

1920 年 4 月 24 日　伦敦

2

我终于到了这里,到了这座以其悠久历史而闻名于世界的古城,它曾激起人们不共戴天的仇恨,也曾激起人们最强烈的希望。它会向我泄露它的秘密吗?我会渐渐了解它最深藏的秘密吗?还是我只能得到一些统计资料和官方认可的事实?我会理解我所看到的东西吗?或者它们始终是一堆令人眼花缭乱的表面现象?在夜的死寂中我们到达这个空荡荡的车站,我们的几辆噪声大作的汽车在已沉入睡乡的城市街头呼啸而过。抵达住处后,我凭窗远眺，越过涅瓦河看到彼得和保罗要塞。涅瓦河在北国拂晓的晨曦中闪光耀金；景色之美，非言语所能形容，那是一种具有魔力的、永恒的、令人追思古老智慧的美。"真是妙极了，"我对站在我身边的一个布尔什维克说。"是啊，"他回答道，"彼得和保罗要塞现在已不是监牢，而是军队司令部。"

　　我为之一惊。我心想："得了，我的朋友，你不是作为一个旅游者到这里来迎朝霞送夕晖，为旅游指南上特别标示的宫殿园囿、亭台楼阁而感物伤怀的；你是作为一个社会调查人员来研究政治经济事实的。从你的梦幻中走出来吧，忘却那些永恒的事物吧。你已置身其中的那些人会告诉你，它们不过是一个闲极无聊的资产者的奇思异想，你能确信它们还是别的什么东西吗？"于是我又回到谈话上来，想了解一下在苏维埃商店里买一把伞的途径，结果表明这与探测最高的机密同样困难。

　　我在俄国土地上迄已度过的 12 个小时主要为小小的讥讽提供了材料。我开始准备忍受体力之苦、病痛不适、肮脏和饥饿，这一切已被成为人类光辉希望的一种氛围弄成可以忍受的了。我们的共产党同志无疑正确地判定我们是不该受到这样待遇的。自从昨天下午进入苏俄国境以后，我曾两赴宴会，吃了一顿很好的早餐，吸了几支上等雪茄，在一座宫殿的豪华卧室里过了一夜，在那里旧制度（ancien régime）的一切奢侈享受悉数保留无遗。沿途各个车站，月台上布满了士兵，平民百姓被拒之于门外看不见的地方，严禁入内。我似乎要生活在围绕着一个军事大帝国政府的盛大行列之中。因此我必须调整一下自己的情绪。犬儒主义是需要的，但是我被强烈地感动了，觉得很难采取犬儒主义的态度。我总是又回到这同一个问题:这个热情的国家的秘密是什么? 布尔什维克知道它的秘密吗? 他们是否甚至怀疑它有一种秘密呢? 我不知道。

1920 年 5 月 12 日　彼得格勒

3

这是我已然进入的一个奇异的世界,一个有着即将凋谢的美和严酷的生命的世界。我时刻被一些根本性的问题所烦恼,那是聪明人从来不问的一些可怕的问题。空荡荡的皇宫,宾客满座的餐厅,被毁坏或者如木乃伊般放在博物馆里的古代辉煌遗物,同时那些重返故国的美国化了的流亡者们放浪不羁的自信弥漫全城。什么东西都必须是有系统的:必须有组织和分配的公正。人人受同样的教育,人人穿同样的衣服,人人住同样的房屋,人人读同样的书籍,人人信同样的信条——这是非常公正的,没有嫉妒的余地,只有在其他国家中还存在着由于不公正而成为他人幸运的牺牲者的嫉妒。

于是我开始考虑反面的论点。我回忆起陀思妥耶夫斯基的《罪与罚》、高尔基的《在人间》、托尔斯泰的《复活》。我思索古代的辉煌立于其上的那种破坏和残酷:把健康和生命无谓地浪费掉了的贫困、酗酒、卖淫;我想到所有在彼得和保罗要塞中被监禁折磨的爱自由的人们;我回想起沙俄时代鞭打犯人的皮鞭,对犹太人的集体迫害和大屠杀。由于对旧事物的恨,我对新事物变得宽容,但是我并不因为它是新事物的缘故就喜欢它。

不过我还是因为不喜欢它而自责。它具有肇造伊始的生气勃

107 勃的新事物的一切特征。它是丑恶而残暴的,但是它充满了建设的活力,相信它正在创造的东西的价值。在创造一种新的社会生活结构时,它无暇计及其他。当新的社会体已被构筑起来时,将会有足够的时间考虑给它一个灵魂——至少我确信如此。"我们没有时间搞一种新的艺术或一种新的宗教,"他们有些不耐烦地对我说。我不知道能否先造一个躯体,然后再给它注入必需的适量的灵魂。也许可能——但我不能肯定。

对这些问题我找不到任何理论的解答,但是我的感觉却极坚决地做了回答。在这个环境里我是极端的不愉快,——它的功利主义,它对爱与美的冷淡,对激情生活的漠视,把我给闷死了。对于人的纯动物性的需要,我不能赋予它们以这里的当权者所给它们的那种重要意义。毫无疑问这是因为我不像他们中许多人那样半辈子都是在饥饿和贫困中熬过来的。但是饥饿和贫困一定会给人带来智慧吗?它们是否多少能使人构想一种应当是一切改革者之灵感的理想社会呢?我不能不认为它们限制了而非扩大了人的眼界。但是一种不安的怀疑仍然留在心头,而且我被撕裂为二……

1920 年 5 月 13 日　彼得格勒

4

我们的船在一个未知的神秘的国度里一天天继续航行着。我们同船的旅伴很嘈杂,很快活,动辄吵架,他们装满了各种便易的理论,对什么事情都能不假思索地做出解释,相信没有他们不能理解的东西,任何人的命运都逃不出他们理论体系的视界。我们中的一个人①正奄奄待毙,在虚弱、恐怖和健康人的漠然不顾中拼命挣扎着,白天黑夜被人们大声的调情说笑困扰着。我们周围的一切陷入一种极度的沉寂中,如死一般凝重、如穹苍之深不可测的沉寂。似乎任何人都无暇谛听这沉寂,然而这沉寂如此持续不已地向我发出呼喊,以至于对宣传鼓动者们的高谈阔论和消息灵通人士的报导我已渐渐地充耳不闻了。

　　昨天晚上,已经夜深了,我们的船停泊在一个荒凉的地方,这里没有房舍,只是一片沙滩,沙滩那边是一排杨树,被初升的月笼罩着。我默默地走上岸去,在沙滩上看到一堆古怪的半流浪的人群,来自一个很远的闹饥荒的地区,每一家人都挤在一起,用他们的全部行李财物围起来,有的在睡觉,另外一些人则不声不响地点燃着一小堆一小堆的篝火。明灭不定的火焰照亮了这些粗野男人疙疙瘩瘩长满胡须的脸,勤苦耐劳的纯朴妇女,像他们的父母一样平静而迟钝的孩子们。他们无疑是人,但是对我来说,跟一只狗、一只猫或一匹马变得亲密起来,远比同他们中的一个建立亲密关系容易得多。我知道他们会日复一日等下去,也许要等上几个星期,直到等来一只船,他们可以乘船到他们听说过的什么地方去,据说(也许是虚妄不实之言)那儿的土地比他们已经离开的地方要更肥沃丰饶。有的人会死在路上,而他们所有的人都会挨饥受饿,被烈日曝晒,但是他们无声无息地忍受着苦难。在我看来他们象征着俄罗斯的真正的灵魂,它是不可言传的,由于绝望而失去活力,被一小撮组成了各种进步或反动党派的西化论者们所置之不

_____

① 指克利福德·艾伦。

顾。俄罗斯是如此浩瀚无涯,少数特立独行的人物被淹没于其中,正如人及其所在的星球消失在无垠的星际空间中一样。我认为,理论家们可能试图迫使群众违背其原始本能去行动,从而加重他们的苦难,但是我不相信,鼓吹工业化和强迫劳动的一种教义会给他们带来幸福。

不过,一到了早晨,我就又重新开始关于唯物史观和真正人民政府之功过的没完没了的讨论了。与我进行讨论的那些人即使看到了这些正在睡觉的流浪者,本来也不会发生兴趣,因为他们不是可供其宣传之用的材料。但是流浪者们那种忍受一切苦难的沉默却有某种东西与我息息相通,在同人们进行轻松亲切的、理智的谈话时也总是萦绕心头拂之不去、孤零零地说不出来的某种东西。最后我开始觉得,一切政治都是受一个张牙舞爪的恶魔驱使的,它教那些精力旺盛、慧黠多智的人为了谋取金钱、权力或理论的利益而使唯命是从的广大人民受苦受难。我们继续向前旅行,吃着从农民那里索取来的食物,受到从他们的子弟征募来的一支军队的保护,我真不知道我们能给他们什么回报。我找不到答案。我不时地听见他们在唱悲伤的歌和用三弦琴弹奏动人的乐曲;但是那歌声与俄罗斯大草原极度的沉寂交融在一起,留给我一种可怕的质疑问难的苦痛,在这种苦痛中西方人那种满怀希望的乐观精神就黯然失色了。

1920 年 6 月 2 日　伏尔加河上

运输部长(我们应当这样称呼他)斯维尔德洛夫同我们一道在伏尔加河的轮船上,人极和蔼可亲,对艾伦的病颇多关照。我们乘船一直回到萨拉托夫,从那儿到塔林我们一路上都是坐着原为沙皇女儿们所有的马车走的,因此在任何驿站都不必使艾伦挪动换车了。如果你从这驾马车来看,这些公主们的某些习惯一定是很奇特的。车上有一张豪华舒适的沙发,它的座位是隆起的,一排有三个洞,是供解手用的。在莫斯科我们即将回国的时候,黑登·格斯特和我跟齐切林大吵了一顿,因为除非有两名苏俄医生给艾伦病情做了检查,他不想让艾伦离开莫斯科,而且他一开始就说两天之内他不可能找来医生给艾伦看病。在争吵最激烈之际,我站在楼梯上肆无忌惮地大喊大叫,因为齐切林曾是我叔父罗洛·罗素的朋友,我对他曾抱有希望。我大声喊叫着说我要告发他是一个杀人犯。在我们看来,尽快使艾伦离开俄国,对于他是生死攸关的一步,我们觉得,要等苏俄医生来给他检查的这道命令会危及他的生命。最后达成了一种妥协,即立刻召医生来给他看病。其中一个医生叫波波夫;另一个的名字我忘记了。苏俄政府认为艾伦对他们是友好的,认为格斯特、斯诺登夫人和我担心他会死掉,因而隐瞒了艾伦受到他们特殊照顾的证据。

在塔林,我偶然遇到了斯坦·哈丁夫人,我以前并不认识她。她正满怀着对布尔什维克的热情要前往俄国。我尽我所能地提醒她不要抱有幻想,但是没有成功。她一到俄国,就被投入监狱,在那里关了8个月。由于英国政府的强硬要求,她最后才得以获释。不过,在这件事情上苏俄政府要负的罪责并不如哈里森夫人那么大。哈里森夫人出身美国名门,在伏尔加河上与我们同船。她显然很恐惧,急切要逃出俄国,但是布尔什维克严密地监视着她。有一个名叫阿克相涅夫的特务,是从沙俄旧制度留用下来的,他监视着她的一举一动,留心地听她的一言一语。他留着长胡子,神情忧郁,能娴熟地写出法国颓废派的诗句。在夜车上他和哈里森夫人坐在同一隔间;在船上凡有人跟她谈话时他都会不知不觉悄悄地出现在她身后。他具有惊人的蹑手蹑脚走路的技巧。我为这位夫人感到难过,但是我把怜悯用错了地方。她是一个美国特务,又被英国雇用。俄国人发现她是一个特务,只有她给他们做间谍,才饶她一命。但是她在为他们做的工作上蓄意进行破坏,告发他们的朋友,却放走了他们的敌人。哈丁夫人知道她是特务,因而必须赶快把哈丁夫人关起来。这就是她向苏俄当局密告哈丁夫人的原因。不过她确是一个迷人的女人,在艾伦生病期间,她对他的护理比他的老朋友还要熟练和热心。后来当她的真相已经暴露时,艾伦都还固执地不肯听别人说她一句坏话。

110　　我同列宁有过一小时的谈话,使我有点儿失望。我想我本来就没有把他想象为一位伟人,但是在我们谈话过程中我却首先发觉他的才智有限,他的正统马克思主义很狭隘,他有一种非同寻常的恶作剧般残忍的气质。我在《布尔什维主义的实践和理论》一书中曾讲到这次会晤以及我在俄国的冒险经历。

　　由于封锁之故,那时外界和俄国无法通过信件或电报联系。但是一到塔林,我就给多拉发了电报。出乎意料的是竟杳无回音。最后在我到了斯德哥尔摩时,给她在巴黎的一些朋友发了电报,问她在哪里,她们回电说最近听说她在斯德哥尔摩。我猜想她是来接我的,但是等了一天一夜希望见到她,结果却偶然碰见一位叫芬恩的人告诉我她已取道挪威的北角到俄国去了。我明白这是她在我们对俄国问题的长时间争论中做的一个动作,但是我极其忧虑,怕俄国人因为不知道她来的目的而将她关进监狱。对此我毫无办法，所以我返回英国，尽力让精神恢复一下，俄国给我的震动太大了，我几乎受不了了。过了些时候，我开始收到多拉的信了，是由朋友从俄国带来的，而且使我大为惊讶的是她很喜欢俄国，正如我之极憎恨它一样。我不知道我们究竟能否消除这个分歧。当我回到英国时我发现待我拆阅的信中有一封来自中国，以中国讲学会的名义邀请我去讲学一年，该会是中国一个纯粹的学术团体，旨在每年请进一位外国的名流学者来讲学，前一年已请过杜威。我决定如果多拉与我同去，我就接受邀请，否则我不去。由于俄国封锁通信，困难在于如何把这件事情告诉她。我知道在塔林有一位名叫阿瑟·瓦茨的教友派信徒，为了教友派的救济事宜，他经常去俄国，于是我花了几英镑给他拍了一个电报，向他说明了情况，如果可能的话请他找到多拉，把事情告诉她。很幸运，这一切都做得很成功。如果我们要去中国，她得马上回来，而布尔什维克开头还以为我实际上是在开玩笑呢。不过，她终究设法回来了。

一个星期天，我们在芬彻奇大街相遇，最初我们几乎成了互相敌视的陌生人。她认为我对布尔什维克的反感是资产阶级的，是老糊涂了，是感情用事。在她看来，她在俄国见到的一些人的风度无论在哪个方面都比我高尚。我一直在寻求像过去在战争期间常能从科莉特找到的那种安慰。尽管如此，我们已在不知不觉地为同去中国待一年做一切必要的准备了。一种比语言，甚至比自觉的想法更强的力量把我们连在一起，因此我们在行动上谁都没有片刻的犹疑不定。我们不得不简直是日以继夜地工作。从她的到达到我们出发去中国，只有 5 天的时间。除了出远门照例要有的奔忙之外,我们还必须去购置衣物,把护照办妥,向亲朋好友道别;因为我想到中国后才把婚离了,所以这时还必须以非法同居关系与多拉一起过夜。那些侦探们是如此之蠢,以致我不得不一而再、再而三地这样干。不过,最后一切都办得妥妥当当。多拉以她惯有的巧妙手腕赢得她父母的赞同,因此他们到维多利亚车站来给我们送行,好像我们已经结了婚。尽管他们这样做完完全全是出于常礼。当火车开始驶离维多利亚车站时,近几个月来萦绕心头的那些梦魇、纷扰和烦恼一扫而光,我的生活开始了崭新的一章。

书　信

J.E.利特尔伍德的来信

亲爱的罗素:

　　爱因斯坦的理论被完全证实了。预计的位移为 $1''\cdot 72$,而观测到的位移为 $1''\cdot 75\pm\cdot 06$。

> 您的
> J. E. L.
> [1919]
> 剑桥,三一学院

哈罗德·J. 拉斯基的来信

亲爱的罗素:

接到您的信,不胜感激。当我写竣那本书时,我觉得,我对您和法官霍姆斯先生关于此书的看法,比对当今任何两个人的看法都更为在意;能让您不仅认为它是值得写的,而且赞同它的观点,这对我来说是一件非常重要的事情。因此,如果我贸然向您表示感谢,您会理解,这并非出于友情的任何需要。

我冒昧地把我的第一本书寄给您,它可能具有一个人在23岁时写的著作的一切缺点;但是您对第一章和附录也许会感兴趣。如果可以的话,我想寄给您几篇我的更专门的论文。但我希望您不会为此费心而有碍您的工作。

我对自由天主教教义发生兴趣实际上始于1913年我在牛津 112 读了菲吉斯著《近代国家中的教会》一书;我在写我的第一本书时终于明白了,在历史上,自宗教改革以来,教会和国家改变了地位,统一的教会控制造成的一切罪恶都渐渐地正在变为近代国家的技能——即使它们还未变成这样。因此我觉得,这种统治权的罪恶很容易在宗教领域与国家的联系上显现出来,而在经济领域中人们也许还不肯承认有这种罪恶。我的第二本书试图弥补不足之处;我现正拟撰写的这本书实际上是要说明社会组织方面自由的一般问题的一种尝试。如果有幸能得到您拨冗赐复的话,我很想把此书的大略计划寄给您,听取您的意见。

还有一件尤属个人的私事,我也想告诉您,如果您觉得可予援手的话。从尊著《数理哲学导论》我得知您对谢弗有好评,他目前正在此间哲学系。不知您是否与他有任何个人交往。他是一个犹太人,而且跟一位不为学校所称许的人结了婚;而且他缺乏哈佛极其重视的一些社会品德。结果,他所在的系的大多数人都参与了力图终止其在这里的工作的活动。现任系主任霍恩雷①确信,如果有人能说明谢弗是一位值得看重的人,对他的非议就会停息;谢弗已完成一篇关于数理逻辑某个方面问题的论文,他认为如果能发表,会给他带来很大的名声。我自己认为,这整件事乃是反犹主义和在此间起着巨大作用的学校对社会声望的奇异崇拜的一种结合。您是否熟识哈佛的什么人可以为谢弗讲句话(如果您这样认为的话),说明他应当有聘用的机会? 当然,我这样写完全是自作主张的,但是我确信,如果洛厄尔能得知您对谢弗的看法,那么谢弗的未来命运就会大不相同了。如果他离开这儿,我想他是很难谋得另一个工作的。请原谅我用这些琐事来打扰您。

　　我极其热切地期待着《国民报》。我从马辛汉受惠良多;但使我受益之大无如此报者。

请相信我,您的非常诚挚的

哈罗德·J. 拉斯基

1919 年 8 月 29 日

坎布里奇

哈佛大学

　　从此时起,我常给洛厄尔校长发定期越洋电报,说明谢弗是一位具有卓越才能的人,无论因为他是一个犹太人,还是因为他的妻

---

　　① R. F. A. 霍恩雷(1880—),英国新黑格尔主义哲学家,著有《现代形而上学研究》《物质、生命、心灵和上帝》等。——译注

子不遭人喜欢，而辞掉他，都会永远是哈佛的一件耻辱。很幸运，
这些电报达到了目的。

亲爱的罗素先生：

　　衷心感谢您的来信。寄上几篇半是法律方面的论文和一篇概
论行政管理的文章。书前些时已冒昧寄上。承您索阅拙作，感激　113
之至。

　　对您为谢弗说话，我还要更加表示感谢。我已将尊函转交霍
恩雷，他会给哲学系同仁看的，而且必要的话，也会给洛厄尔看。
我将尊函的复写件送给了校务委员会的两位委员，必要时他们会
为之力争的。我认为此刻没有更多的事要做了。给佩里写信是没
有用处的。近几年来，尤其是在美国国防部工作的 12 个月，已经
使他变得非常保守，成为热衷于"官样文章"之徒。他是敌对势力
的头子与核心，企图直接打动他我看是没有用的。在哲学系里他
需要的是名声好的新教徒，他们将阐明教会法规的必要性；否则，
如果他们不是宗教徒，则至少必须是有相当大成就的人。我并不
认为大学永远注定是自由主义的家园；美国制度掌握在大实业手
中，而且被其粗鄙的理想所支配着。您是否读过凡勃伦的《美国的
高等教育》一书？

　　您也许有兴趣知道，我这个学期在耶鲁大学教一个毕业班读
《自由之路》。我以前与耶鲁人从未谋面；但是，当你看到他们很惊
异在此书中能够讲马克思、巴枯宁和其他一些人而不是漫骂时，那
是非常有趣的。这使我想到，此书再版时我希望您为蒲鲁东说句
好话！我认为，他的《论联邦制原则》和《革命的正义》是两部杰作。

您可否赐寄一张亲笔签名的玉照,以便敬置于舍下书斋之内。那将是您的一桩美举。

您的非常诚挚的

哈罗德・J. 拉斯基

1919 年 9 月 29 日

坎布里奇,哈佛大学

亲爱的罗素先生:

照片收到了,多多感谢。纵然照片拍得不甚好,但它毕竟可慰我劳思,使我得以想象我心仪之人,而这也就是我所希望的。

佩里关切的事就是战争。他已转而拥护征兵,在华盛顿为国防部教育(!)处工作,变成了官僚。结果,除了"正经事"以外,他对什么都侧目而视,简直就像从白厅和陆海军俱乐部的观点看生活的一位幕僚。他的用意还是好的——所有新英格兰人都是如此;但是他没有把握住柏拉图关于对正当事物的欲望和知道何为正当的欲望的区别。如果谢弗能得到您、怀特海和刘易斯的称赞而使其论文发表出来,我想佩里会转而支持谢弗;但是谢弗是一个不易讨人喜欢的小人物,由于他三心二意,使得著作的出版暂时受阻。我并不放弃希望,但是我不敢抱太大的希望。

耶鲁的确很有趣,或许可以说,所有的青年,正值 26 岁时,都是很有趣的。我发现当一个人表现出具有工团主义或社会主义的学生思想倾向而姑隐其名时,耶鲁人认为这是正当的,无足为奇的;他们把名字加上,悄悄地对父母说,他们犯下了说不出口的恶行。前些天我在这里发言支持了举行罢工的警察，这是使人对罢工者的耐久力和官方的愚蠢同样感到惊奇的那些罢工之一。一周之内有两篇文章和二百名学生要求把我解职，说我教授苏维埃主义就是极力主张工作 73 小时而只拿 1100 美元的人们在经过 13 年的鼓动聚合之后举行罢工是有正当理由的。所幸洛厄尔确是赞成言论自由的，所以我就留下来了；不过您由此可对美国的思想状况有所领教。

您的非常诚挚的

哈罗德·J. 拉斯基

1919 年 11 月 2 日

坎布里奇，哈佛大学

亲爱的罗素先生：

霍恩雷告诉我，谢弗的论文已寄给你。目前情况是这样的：霍金和霍恩雷力争谢弗留职再任。佩里举棋不定，因为亨廷顿大力称赞谢弗的工作，佩里说他的决定最主要地取决于您和芝加哥的穆尔①的看法。因此，如果您对他的工作的确表示嘉许，您的电文写得愈有力，则愈有助益。此时此刻真正有一个要努力争取的机会。

此间事事皆在一团混乱之中。破坏政府特别承诺的禁令；矿工领袖由于拒绝复工而被捕；敦促建立反"赤色分子"的严峻立法；西部地区人们仅仅因为持有一张世界产业工人组织的会员证而被

---

①　指爱迪生·W. 穆尔。——译注

捕;甚至如艾略特①这样的温和派都认为这是工会和宪政之间直接的斗争;所有这一切都在事态的惯常进程之内。无论罗斯科·庞德还是我,都认为局势的动荡尚未达到高潮。有些文章实际上是要求耶鲁大学出版社停止发行我的著作,因为它们鼓吹"无政府主义"。相反地,霍姆斯和布兰代斯则在一个间谍事件中写了(由霍姆斯执笔)一篇表示异议的宏文伟论,捍卫言论自由。我将这双方的主张都寄给马辛汉了,并提醒他送您一阅。

这种状况使人觉得前途暗淡;但是自从美国使阿斯特夫人远走英国以后,这里就完全没有政治喜剧了。

您的非常诚挚的

哈罗德·J. 拉斯基

1919 年 12 月 4 日

坎布里奇,哈佛大学

[从下信可见,事态又有变化。]

亲爱的罗素先生:

收到您评谢弗论文的电报,真是太好了。我担心我们是在进行一场徒劳无益的斗争,因为霍恩雷看来要到耶鲁去了,这意味着撤掉了我们主要的支柱。哈佛决定不惜一切代价成为有社会声望的大学。最近监察委员会找我访谈,要了解(1)我是否相信流血革

---

① 指查尔斯·W.艾略特。——译注

命,(2)我是否相信苏维埃的政府形式,(3)我是否不相信美国政府形式优于任何其他政府形式,(4)我是否相信革命的权利。

最近三天他们逮捕了5千名社会主义者,要把他们驱逐出境。我很高兴,格雷厄姆·沃拉斯将审理我的案子并接受我的申诉!

您的非常诚挚的

哈罗德·J. 拉斯基

1919[1920]年1月5日

坎布里奇,哈佛大学

亲爱的罗素先生:

首先,热烈祝贺您重返剑桥。这使人觉得真正恢复了通常的明智。我希望您讲课不要限于数理逻辑……

前些天我寄给您一本杜吉特的《吾妻》,这是我去年翻译的;希望您有暇一阅。正如您推测的,我急欲离开这个国家,但感到为难的是如何离开。去牛津是没有希望的,而在剑桥我又不认识任何人。沃拉斯想在伦敦为我做点什么,但是我不知道会有什么结果。我极其厌恶美国,想到一个不禁止人自由讲话的地方去。

您的非常诚挚的

哈罗德·J. 拉斯基

1920年2月18日

坎布里奇,哈佛大学

亲爱的罗素：

附上正式函件。里弗斯所云大略是说：我们邀请他作为伦敦工会的候选人。这是他的部分答复。"我认为，我做出抉择的一个显著的因素是我目前一直在仔细阅读的《心的分析》一书。这是一部鸿篇巨制，他的才智使我叹服。它把我想探讨的各种问题都提出来了，如果我投身政治生涯，是肯定不可能做这种研究的。如此等等。"

里弗斯、乔德、德莱尔·伯恩斯、克利福德·艾伦作为我们新功利派的核心如何？

您的

H.J.拉斯基

1922 年 1 月 2 日

伦敦西 14 区　瓦尔维克广场 16 号

116 维特根斯坦的来信

亲爱的罗素：

我不知道你的确切地址，但希望这封短信总会送到你手上。我自去年 11 月在意大利成了战俘，希望在中断音信三年后能再与你通信联系。我做了很多逻辑的工作，渴望在发表以前让你了解它们。

永远是你的

路德维希·维特根斯坦

1919 年 2 月 9 日

意大利卡塞尔塔省

卡西诺

［明信片］

收到你的明信片，你无法想象我是多么高兴！虽然我担心我们没有希望不久之后就会见面。除非你到这里来看我，但那对我来说可就是大喜过望了。我不可能写逻辑的问题，因为不允许我一周内写的东西超过两张明信片（一张明信片可写 15 行字）。我已写成一本书，一旦我回到家里就将出版它。我认为我已最终解决了我们的问题。请常来信。那会使我感到囚徒的生活过得快些。上帝保佑你。

永远是你的

维特根斯坦

1919 年 3 月 10 日

卡西诺

［明信片］

亲爱的罗素：

多谢你 3 月 2 日和 3 日的明信片。我有过一段很不愉快的日子，不知道你是死是活！我不可能写逻辑的问题，因为不允许我一周写的东西超过两张明信片（每张明信片可写 15 行字）。这封信是一个例外，是由一个将于明日返家的学医的奥地利学生代邮的。

我已写了一本书,名曰《逻辑哲学论》,它包含了我过去 6 年的全部工作。我相信我已最终解决了我们的问题。这听起来有点狂妄自大,但是我不能不相信这一点。我于 1918 年 8 月写成此书,两个月之后成了 Prigioniere①。我在这里随身带着此书的手稿。我想要复写一份给你;但是篇幅很长,而且我未必有可靠的途径把它寄给你。实际上如果不预先加以解释,你是不会理解它的,因为它是以许多很简短的论断写成的。(这当然意味着没有任何人会懂得它;尽管我相信它像水晶一样清澈明晰。但是它推翻了关于真、类、数以及所有其他问题的一切理论。)我一返回家就将发表它。我现在担心的是这不会"很快"到来。这样就还要等很长时间我们才能见面。我简直不能想象会再见到你! 若能见到你,那可实在是太好了! 我推想,你不大可能到这里来看我? 你或许认为我即使有这种想法也是异常无礼的。但是,如果你在天涯海角而我能够去看你,那么我会这样做的。

　　请写信赐告近况,代向怀特海博士致意。老约翰逊还活着吗? 望常常念我!

　　　　　　　　　　　　　　　　　　永远是你的

　　　　　　　　　　　　　　　　　　路德维希·维特根斯坦

　　　　　　　　　　　　　　　　　　1919 年 3 月 13 日

---

①　意大利语,即俘虏。——译注

亲爱的罗素：

　　几天前我托凯恩斯把我的手稿寄给你了。当时我只匆草数言附上。之后你的书完好无损地寄到,现在我觉得急需把许多东西写给你。——我不相信,6年前我在挪威向穆尔口述的东西会被你全然漠视。简言之,我担心的是很难使你理解我。原想我的手稿会向你说明一些东西,这点仅余的小小的希望也完全破灭了。你可以想象,我是不可能给自己的书写一本注释的。我只能当面亲口给你解释。如果你认为理解此书有任何意义,而且你能设法同我会面,那就请你着手此事。——如果这不可能,则请阅后即将手稿通过可靠的途径寄回维也纳。这是我所有的唯一的一份校订稿,是我的生命的作品!我现在比任何时候都更渴望看到它的出版。不得不在俘虏营里随身带着这本完成了的作品,眼看着人们在外面玩弄无意义的游戏,是很痛苦的。正如想到即使它出版了也无人理解时一样痛苦!——寄给我两张明信片以后,你有否再给我写信?我没有收到任何东西。

　　衷心问候你,不要认为所有你不理解的东西都出于你的愚蠢。

你的诚挚的

路德维希·维特根斯坦

1919年6月12日

卡西诺

亲爱的罗素：

　　多谢你8月13日的来信。关于你提出的问题,我现在不可能回答。首先我不总能记得这些数码指的是哪段话,因为我手头没有一份手稿的复写件。其次你提出的某些问题需要做很长的回答,而你知道写有关逻辑的问题对我来说是多么困难。我的书之所以如此之简短,因而如此之晦涩,原因也在这里。但是不得不如此。——现在我担心你并没有真正把握我的主要论点,逻辑命题的全部工作不过是它的演绎。这个主要的论点是关于可用命题即语言表达(言说)的东西(同样是可被思想的东西)和不可用命题表达而只能显示的东西的理论;我认为,这是哲学的主要问题。——

　　我也将我的手稿寄给了弗雷格。一周前他写信给我,我推想他连一个字都没读懂。所以我唯一的希望是尽快见到你,把一切都给你解释,因为不被哪怕只有一个人所理解,那是很难忍受的!

　　后天我们可能离开集中营回家。谢天谢地!——但是我们如何能尽快地见面呢。我想去英国,但是你可以想象一个德国人现在到英国去旅行岂不是颇为尴尬么(这比起一个英国人现在到德国去旅行尴尬尤甚)。不过我实际上并非想请你现在到维也纳来,在我看来最好是在荷兰或瑞士见面。当然,如果你不能出国,我将尽力争取到英国去。关于此事请尽快赐复,告诉我你何时能获得出国许可。来信请寄维也纳第 4 林荫大街 16 号。我的手稿亦请寄同一地址;但是仅当有一条绝对可靠的邮寄途径时才可寄来。否则请仍保存在你那里。虽然尽快拿到它会使我非常高兴,因为它是我仅有的一份校订稿。——我母亲写信给我了,她很遗憾没有收到你的信,但是她很高兴你毕竟打算给她写信。

　　请速复。祝好。

永远是你的

路德维希·维特根斯坦

1919 年 8 月 19 日

卡西诺

又及：写完此信，我总想回答一下你的几个比较简单的 119
问题。……①

亲爱的罗素：

惠函收到，谢谢。我现在找到了一个职业，到一个小村庄去做
小学教师；这个村叫特拉顿巴哈，位于离维也纳约 4 小时路程的南
部山区。特拉顿巴哈的小学教师竟与时在北京的一位大学教授通
信，这大概是破天荒第一次。你近况可好！在讲一些什么课？是
哲学吗？如果是，我倒很希望我能去听课，然后与你争论。不久前
我的心情极其抑郁，悲观厌世，不过现在对生活已略抱希望了，现
在我又在希望我们将再见面。

上帝保佑你！衷心问候你。

你的诚挚的

路德维希·维特根斯坦

1920 年 9 月 20 日

---

① 此信附言所谈具有专门性质，故此处从略。其内容可见于维特根斯坦《1914—
1916 笔记》（牛津 Basil Blackwell 1961 年出版）第 129—130 页。

亲爱的罗素！

120　　　你自中国写来的信，我迟至今日才作复，请原谅。因为耽搁了很长时间我才收到它。信抵达时我不在特拉顿巴哈，几经转折才送到我的手上。——得知你生病而且病得很厉害的消息，我很难过！你现在情况怎样呢？我一切如恒，没有任何变化。我还在特拉顿巴哈，像往常一样，陷身于飞短流长、卑鄙攻击之中。诚然，任何地方一般人类都是不大值得尊敬的，但是这里的人比任何其他地方的人都更加无用和不负责任。年内我也许还要待在特拉顿巴哈，但是不会待更长的时间，因为我在这里同其他教师也相处得不好。（也许在别的地方也不见得会好一些。）当然，如果你有一天会来此访问，那就太好了！我很高兴得知我的手稿安然未失。如果它得以付印，那也正合吾意。——

　　　请速复我几行字，告我你的近况，等等，等等，书不尽意。

　　　致衷心的问候

你的诚挚的

路德维希·维特根斯坦

1921 年 10 月 23 日

特拉顿巴哈

　　　请向布莱克小姐问好。

121 亲爱的罗素！

　　　惠函收到，多谢！坦白地说，我的那个东西将付印发表，我很高兴。即使奥斯特瓦尔德①是一个大江湖骗子！只要他不任意窜改！你是否看校样？如果看的话，请费心留意他是否按拙搞原样付印的。我相信这个奥斯特瓦尔德很可能按照他的口味，例如按照他的愚蠢的缀字法，改动我的著作。最令我高兴的是此书将在英国出版。愿它不辜负你和其他人为之付出的许多辛劳！——

　　你说得对：比其他人类更坏的不独是特拉顿巴哈人；但是特拉顿巴哈确是奥地利一处特别低劣的所在，而奥地利人从战争以来已经沦落到非常卑下的地步，谈论他们太令人难过了！事实如此，夫复何言。——当你接到这封信的时候，你的孩子也许已经来到这个奇特的世界。因此，谨向你和你的夫人致以最热烈的祝贺。久未写信，尚希鉴谅；贱体亦抱微恙，而且非常之忙。有暇请赐复。我没有收到奥斯特瓦尔德的任何来信。如果一切进行顺利，我将万分高兴去拜访你！

　　致以衷心的问候

　　　　　　　　　　　　　　　你的
　　　　　　　　　　　　　　　路德维希·维特根斯坦
　　　　　　　　　　　　　　　1921 年 11 月 28 日
　　　　　　　　　　　　　　　特拉顿巴哈

C. K. 奥格登的来信

---

　　① 威廉·奥斯特瓦尔德（Wilhelm Ostward），《自然哲学年鉴》主编，1921 年《逻辑哲学论》由我撰写导言最初发表于该刊。

亲爱的罗素：

　　基根·保罗出版公司要求我为他们有关维特根斯坦版权的文件提供一份正式的文稿。

　　为方便计,随信附上我草拟的这个东西。因为他们不可能把稿费压低到少于50英镑,我想能使他们接受这个文稿就很令人满意了——当然即使他们很快就出第2版而印价突然降低的话,他们也会收回成本的。我对于书名仍然有点不甚惬意,而且并不觉得我们提出《哲学逻辑》这个书名是仓促从事的。如果再经思考,您还是喜欢这个书名的话,我们可以继续提议采用它。但是您也可以想出另外一个我会乐于接受的书名。

　　穆尔认为他提出的斯宾诺莎式的书名①是明显而合乎理想的,但是如果您觉得维特根斯坦不会喜欢它,那就毫无用处。我推测,他在此书最后诸句中用了"在永恒的观点下"(sub specie aeterni)一语和若干拉丁文的引语遂使穆尔有相反的想法,以为维特根斯坦会喜欢这个书名。但是如果《哲学逻辑》能表达正确的想法,那么它是一个能获得好的销路的书名。

122　　昨天晚上在火车上匆匆浏览一下选印本,我很惊讶尼科和林奇小姐都没有把它弄明白。主要线索似乎是很合理的、容易理解的——除了有关类型的难题。我知道您眼下正忙得不可开交,但是我很想知道为什么不可能与一种彻底的因果理论相联系来恰当地理解对指号和符号的全部解释。我指的是随信所附文稿中的那类东西:——关于"指号情景"(＝先前所附梗概的第二章)。出版

---

　　①　即《逻辑哲学论》的拉丁文书名:Tractatus Logico-Philosophicus。——译注

社想名之为《意义的意义》的那一整本书现已付印；我们想在不算太晚的时候同曾认真思考过华生[1]学说的人讨论一下这本书。这里人们仍不认为有所谓意义的问题，您的《心的分析》虽然已经把他们搞得心烦意乱，但是一切都还停留在占星术的水平。

祝全家好。

您的诚挚的

C. K. 奥格登

1921 年 11 月 5 日

《国际心理学丛书》编辑部

又及：再经考虑，我认为，既然您愿意将维特根斯坦的德文原文与英译文一起出版，那么附上已被我收在书中的您写的跋[2]，会是有用的，如果可能，我再将其付印。

致奥托兰·莫雷尔

最亲爱的 O：

我已返至此间，但是船位都已爆满，我返英恐尚需一周的时间。我把艾伦留在塔林的一座私人疗养院，不会再有什么危险了，虽然有两次医生们对他都不抱希望了。在俄国的这段时间对我来说是极其痛苦的，这部分地是因为艾伦的病，但更多的是因为我非

---

[1] 华生(1879—1958)，美国心理学家，行为主义心理学创始人。——译注

[2] 此文现印于《逻辑哲学论》的开头。（按即罗素所写的引言——译注）

常厌恶布尔什维克,尽管对俄国的访问是我有生以来所做的最有意思的事情之一。布尔什维主义是一个严密的专制独裁的官僚政治体系,有一个比沙皇时代更周密更可怕的特务系统,和一个由美国化的犹太人组成的蛮横冷酷的贵族阶层。没有丝毫的思想、言论和行动的自由。这架沉重的官僚机器像一块重重的铅板压迫着我,使我闷得喘不过气来。不过我认为这正是此时此刻俄国所需要的政府。如果你问问自己,陀思妥耶夫斯基笔下的人物应该受到怎样的统治,你就明白为什么俄国会有布尔什维克政府了。但它毕竟是可怕的。他们是一个艺术家的民族,下至最单纯的农民都是如此;布尔什维克的目的是要把他们造成一个工业的民族,尽可能像美国佬那样工业化的民族。想象你自己在一切细枝末节上都受着西德尼·韦布和鲁弗斯·艾萨克斯相互交织的统治,你对现在的俄国就会有一个形象的认识了。我到那儿去原是希望找到那个上天期许的乐土的。

给你所有的爱——希望很快会见到你。

你的 B.

1920 年 6 月 25 日

斯德哥尔摩大陆旅社

123 艾玛·戈德曼的来信

我亲爱的罗素先生:

6 月 17 日惠函已由舍侄女转我。本该早日作复,但因等她到来，与她详谈此事，故迟至今日才写回信。

对您乐于助我的盛意，至为感激。我恐怕您会碰到很大的困难。我理解英国外交部拒绝为像《解放者报》的马克斯·伊思特曼和新闻记者林肯·斯蒂芬斯这样一些人办理签证。政府不大可能更厚待我。

您说"她不会从事更激烈形式的无政府主义活动"，我觉得挺好笑。诚然，我知道，我一直负有肆意进行这种形式活动的名声，但是这从来没有事实的证明。然而，我不会发誓不再表达自己的观点或者放弃反抗不义的权利，来取得在英国或任何国家避难的权利。奥地利政府曾为我提供避难所，如果我肯签署这样一个保证。我当然拒绝了。我们今日所过的生活是没有多大价值的。如果我必须断然放弃我所信仰和为之奋斗的东西，我不会觉得这有任何价值。

在这些条件下，对于为使我获得去英国的权利而做的任何努力，我都是感激的，如果那不是一个太大的负担的话。目前我在德国的签证大概会获得延长，因为纽约的哈珀兄弟出版公司邀我写一本关于俄国的书。

不，布尔什维克们并没有强迫我离开俄国。大出我的意料，他们竟发给我护照。不过他们使我很难从其他国家取得签证。我在离开俄国以后于4月间为《纽约世界报》撰写的10篇文章中包含的那些批评，他们自然是不能忍受的。

您的非常诚挚的

艾玛·戈德曼

[1922 年]7 月 8 日
柏林魏尔迈尔斯多夫
鲁代斯海默大街 3 号
E. G. 凯尔施奈尔夫人家

艾玛·戈德曼最后获准来英。我曾出席一个祝贺她的宴会。当她起立讲话时,受到热烈的欢迎;但是当她讲毕落座时,人们却报以冷场,寂然无声。这是因为她的讲话几乎全部是反对布尔什维克的。

第三章　中　国

　　我们乘一艘名为波尔托（portos）的法国船从马赛前往中国。我们刚刚离开伦敦之前获悉，由于船上发现有传染病，要推迟3个礼拜才能开船。不过，我们觉得不能再重复一遍向亲友告别的种种麻烦事，所以我们到巴黎去，在那里消磨这3个礼拜的时间。在这期间我写完了关于俄国的著作，几经犹豫之后，我决定把它发表。当然，说布尔什维克的任何坏话都是使反动派大感快意的事，而且我的朋友大都认为，除非你所想的东西对布尔什维克有利，你就不应当把你对俄国的想法说出来。然而，我对一次大战期间爱国派们类似的议论就置之不理，而且在我看来，保持缄默归根到底并没有什么好处。由于我和多拉的关系，这个问题对于我自然要复杂得多。一个炎夏的夜晚，在她睡下以后，我起来坐在阳台上，凝视着群星，沉思默想。我力图不带偏颇的党派感情来看这个问题，并且想象自己是在同仙后星座晤谈。我觉得，把我对布尔什维主义的看法发表出来比秘而不宣似乎与群星更为和谐融洽。于是我继续工作，在去马赛的前夕写完了这本书。

　　不过，我们在巴黎的大部分时间是消耗在更琐碎的事情上的，购买适合过红海时穿的水手羊毛套衫以及未正式结婚所需要的其他妆奁之类的东西。在巴黎待了几天之后，我们之间曾经存在的一切隔阂都烟消云散了，我们变得很快乐，无忧无虑。不过，在船上也有过不融洽的时刻。由于我不喜欢俄国而甚为多拉所轻蔑，这使我的感情很容易波动。我向她表示说，我们一道出来是犯了一个错误，最好的出路是跳海。不过，这种心情大半是天气炎热所致，很快就过去了。

125　这次航行持续了五六个礼拜，因而你不能不熟悉自己的旅伴们。法国旅客大多是官员。他们比英国旅客高贵得多，后者是一些橡胶种植园主和商人。有几排座位隔在英国人和法国人之间，我们只得充当他们的中间人。有一次英国人要我谈一谈苏俄。考虑到他们是怎样一类人，我只讲有利于苏俄政府的事情，因而几乎发生一场骚动，当我们抵达上海时，我们的英国旅伴给北京英国驻华总领事馆发了一张电报，强烈要求禁止我们登岸。我们想到在西贡我们对头中的头头触了什么霉头，就感到一种自我安慰。在西贡有一只大象，它的饲养人向游客卖香蕉，游客把香蕉喂给大象。我们每人都喂它一只香蕉，它向我们做一个非常优美的鞠躬，但是我们的那个对头拒绝喂它香蕉，因此大象把脏水全部喷到他洁白的衣服上，这也是它的饲养人教它做的。也许我们对此事幸灾乐祸使他不大喜欢我们了。

当我们抵达上海时，最初无人来迎接我们。我从一开始就隐约有点怀疑，这个邀请也许实际上是开一个玩笑，为了证明这个邀请是真诚的，我曾要中国人在我出发前预先付我旅费。我想大概不会有人花 125 英镑开一个玩笑，但是到了上海无人来接却又使我们担心起来。我开始想也许不得不夹起尾巴悄悄地溜回家去。然而，后来弄清楚了，原来是我们的朋友把船到达的时间搞错了。

他们很快就到船上来，带我们去一家中国旅馆，在那里我度过了三天我有生以来所经历的最尴尬难堪的日子。首先是难以解释多拉的身份。他们有一种印象，好像她是我的妻子，当我们说并非如此时，他们怕我因为他们先前的误会而感到烦恼。我对他们说，我希望他们把她作为我的妻子对待，他们在中国的报纸上发表了一个声明。整个在华期间，我们接触过的每个中国人对她都极其谦恭有礼，盛情相待，实际上就把她当作我的妻子。尽管我们总是坚持要称她为"布莱克小姐"，他们还是对她优礼有加。

在上海时，我们是在同不计其数的人的会见中度过的，会见的除了中国人，还有欧洲人、美国人、日本人、朝鲜人。一般地说，来访问我们的各色人等彼此间并无密切联系；例如，日本的基督徒和由于搞爆炸而流亡国外的朝鲜基督徒之间就不可能有任何社会联系。（在朝鲜，那时的一个基督徒实际上就是一个扔炸弹者的同义词。）因此我们在旅馆大厅中必须把我们的客人安排在不同的桌上，整天价从这张桌子到那张桌子来回奔跑应酬。我们还得出席一个盛大的宴会，好几位中国人以极漂亮的英国的方式在餐后致词，不乏这种场合应有的诙谐。这是我们第一次对中国人有亲身的感受，他们的英语之流畅娴熟、妙趣横生，使我们有点吃惊。此前我一直不晓得，一个有教养的中国人是世界上最有教养的人。孙中山曾邀我去晚餐，但是令我永远感到遗憾的是，他邀约的日期恰在我离沪之后，因而我不得不婉拒了。之后不久，他去广东发动了后来征服了整个中国的国民运动，由于我未能去广东，所以我始终未得见他。

我们的中国朋友带我们去杭州两天，游览了西湖。头一天我

126

们乘船环湖而游,第二天则是坐在靠背椅上被抬着游览的。西湖美不胜收,那是一种富有古老文明的美,甚至超过意大利的美。从杭州我们去了南京,又从南京乘船去汉口。如果说在伏尔加河上的那些日子是可怕的,那么在长江上的这些天则是极其愉快的。从汉口我们去了长沙,在那里正在举行一个教育会议。他们希望我们在那里待一周并且每天做一次讲演,但是我们俩都已精疲力竭了,渴望有个休息的机会,因此我们急欲到达北京。于是我们拒绝在当地停留超过 24 小时,尽管湖南省长本人也极尽其婉然相劝之能事,包括可以为我们开一列专车直抵武昌。

不过,为了尽可能博得湖南人的谅解,在 24 小时之内我讲了四次课,做了两次晚饭后讲话,和一次午饭后讲话。长沙这个地方没有现代化的旅馆,承当地传教士们的好意,伸出援手留我们住宿,但是他们说明,多拉必须和一群女传教士住在一起,我则和另一群男传教士同住。因此我们觉得最好谢绝他们的邀请,住到一家中国旅馆去。这番经历并不全是令人愉快的。臭虫大军整晚上在床上爬来爬去。

湖南督军①举行了一次豪华盛大的宴会,在这个宴会上我第一次遇见了杜威,他待人亲切宽厚,后来当我生病时,他对我和多拉格外关切相助。人们告诉我,当他来医院探望我时,听见我说“我们必须制订一个争取和平的计划”,深受感动,当时我正在昏迷中除此语外都是热昏的胡话。在那次督军的宴会上有宾客百人左右。我们先在一个大厅里聚会,然后移至另一大厅入席宴饮,其美

----

① 该省的军事长官。

味珍馐,豪奢无比,令人难以想象。席间督军表示歉意说,便筵俭约,不成敬意,说他想我们乐于看到的正是他们的日常生活,而不是受到如何盛大的接待。令人极为懊恼的是,我竟想不出什么词来回敬他,不过我希望翻译把我的缺乏机智给弥补了。我们离开长沙时正值月蚀,我们看见人们按照中国传统的习惯燃起篝火,敲着铜锣,以便把天狗吓跑。从长沙我们乘车直往北京,在那里我十天来才第一次洗了一个澡。 127

我们在北京的头几个月是一段完完全全快乐的时光。我和多拉有过的一切争论和分歧都被彻底忘却了。我们的中国朋友们都很讨人喜欢。工作饶有兴味,北京本身又难以相信地那样美。

我们雇用了一个男仆、一个男厨师和一个黄包车夫。这个男仆会说一点英语,就是通过他才使别人能了解我们。这个办法比在英国更有效。我们是在住进我们的住所之前一些时候雇来这个厨师的,我们告诉他,我们需要他做的第一顿饭是几天之后的晚餐。果然,到时候晚餐已经准备好了。那个男仆什么都知道。有一天我们需要一些零钱,我们在一张旧桌子里藏了我们以为有一元的零钱,我们向男仆说明其放在哪儿,要他去取来。他冷静地回答说:"不,太太,他说错了。"我们有时也雇用一个做针线活的女工。我们在冬天雇她来,夏天就不需要她来做活了。我们看到她冬天时很胖,随着天气渐渐变暖,她也渐渐变得很瘦,渐渐地以轻盈漂亮的夏装换掉了厚实笨重的冬衣,这使我们觉得非常有趣。我们的住房要配备家具,那是从极好的旧家具店里购置的,在北京有很多这样的家具店。我们的中国朋友不能理解我们何以偏爱中国的老古董而不喜欢从伯明翰进口的现代家具。我们有一位正式的翻译,他被派来照顾我们。他的英语非常好,他特别以能够用英语讲双关俏皮话而感到骄傲。他的名字是赵先生①(Mr. Chao),我曾给他看过我写的一篇题为《现在混乱的原因》(Causes of the Present Chaos)的文章,他说:"啊,我想,现在赵氏的来源就是先前的赵氏。"(the causes of present Chaos are the previous Chaos)②在我们旅行的过程中我成了他的一个亲密朋友。他和一个中国姑娘订了婚,而我还曾帮助他排除了妨碍其婚姻的某些阻难。我现在还不时地有他的消息,他们夫妇有一两次曾到英国来看我。

　　我讲课很忙,而且还有一个高年级大学生的讨论班。除了一人(他是满清皇帝的侄子)例外,他们全都是布尔什维克派。他们常一个一个地悄悄溜到莫斯科去。他们是可爱的青年,很机敏又很有才智,渴望了解世界,摆脱中国传统的束缚。他们大都在幼时就与旧式女子订了婚,可否破除这个婚约而去娶一个受过现代教育的女子这个伦理问题使他们感到烦恼。在中国新旧之间有着巨大的鸿沟,家庭的羁绊是具有现代精神的年轻人所不能忍受的。多拉常去女子师范学校,那是培养未来教师的地方。她们会向她提出有关婚姻、自由恋爱、避孕等各种问题,她极其坦率地回答了她们的问题。在欧洲类似的学校里是不可能提出这类问题来讨论的。尽管中国青年的思想是自由的,传统的行为习惯对他们仍有很大的支配力。我们时不常地举行宴会,邀请我的讨论班的男青

----

① 即赵元任,当时是北京清华学堂(后来的清华大学)的数学、物理教师,被讲学会邀请给罗素当翻译。——译注

② 赵元任的"赵"英文为 Chao,与英文的"混乱"(chaos)一词形似(并非谐音),罗素意在以此与赵元任逗趣。——译注

年和女子师范的姑娘们来参加。起初这些姑娘们会躲在一间她们认为不会有男人闯进来的屋子里，我们不得不把她们拉出来，鼓励她们与男子交往。必须说明的是，一旦开了头，就无须再加推动了。

我在那里讲课的国立北京大学是一所非常出色的学府。校长和副校长都是热心致力于中国现代化的人物。副校长是我所认识的最真诚的唯心主义者之一。本来用以付教师薪水的钱经常被督军们挪用，因此，他们教书主要是出于兴趣爱好而不是为了挣钱。这里的学生应该得到他们的教授要教给他们的东西。他们有强烈的求知欲，准备为祖国做出无限的牺牲。周围的气氛缊缊着大觉醒的希望。在经过了几个世纪的沉睡后，中国正开始发觉现代的世界，在这时，与政府的职责相随而来的贪婪和妥协的弊病还没有降临改革者们身上。英国人讥讽这些改革者，说中国总是中国。他们要我相信，听那些浅薄轻浮的年轻人高谈阔论是无聊的；然而，不过几年的工夫，那些浅薄轻浮的年轻人却征服了中国，把英国人最心爱的许多特权给剥夺了。

自从共产党人在中国掌握权力以来，英国的对华政策比美国更开明一点，但是在此之前情形则恰好相反。1926 年，在 3 个不同的场合，英国军队曾向手无寸铁的一群中国学生开枪，打死打伤多人。我曾撰文强烈谴责这些暴行，先在英国发表，随后在中国各地广泛刊载。一位在华布道的美国传教士和我有通信联系，此后不久曾来英国，告诉我，在中国人们是如此愤怒，以致所有在华的英国人都有生命的危险。他甚至说——虽然我觉得这不大可信——亏了我，在华的英国人才保住性命，因为我曾使怒不可遏的中国人得出一个结论：并非所有的英国人都是坏蛋。无论如何，我不仅招致了在华英国人的敌视，而且被英国政府视若仇雠。

在中国的白人对很多事情是无知的，这些事情对中国人来说乃是一种常识。有一次花旗银行给我一些由法兰西银行开的支票，我发现中国商人不肯接受它们。花旗银行颇感惊异，给了另外一些支票。3 个月之后，出乎所有在华其他白人银行的意料，法兰西银行倒闭了。

就我可能加以判断而言，英国人在东方与周围环境是完全隔阂的。他打马球，去俱乐部。他对当地文化的了解得自 18 世纪传教士们的作品，他以对其本国智慧的同样的轻蔑看待东方的智慧。很遗憾，虽然有我们政治上的洞察力，他却忽视了下面这个事实，即在东方，智慧是受到尊敬的，因此东方有文明教养的激进派对被英国的激进派所置之不顾的事情也有一种影响。麦克唐纳穿着短裤到温莎去，而中国的改革派对他们的皇帝则没有表示过如此的敬意，尽管我们的君主制与中国的君主制相比还很短暂。

至于在中国人们应当怎样做，我的看法已写在《中国问题》一书中了，这里不再重复。

中国虽然处于动乱之中，但是同欧洲相比，在我们看来，它还是一个充满了哲学的宁静的国家。我们可每周一次收到从欧洲寄来的邮件，从那里来的信和报纸似乎向我们喷出一股疯狂的热气，就像炉门突然打开喷出一股灼热的气流一样。由于我们不能不在星期天工作，我们就经常把星期一作为休假日，并时常到天坛去做竟日之游，它是我有幸看到的最美的建筑了。我们会无言默坐，沐浴着冬日的阳光，沉湎在和平静谧之中，然后离开那儿回来准备以镇定和平静的心情面对我们自己那个混乱的欧洲大陆的疯狂和苦痛。另外一些时候,我们常到北京的城墙上去散步。我很清楚地记得,一天傍晚,在落日余晖中开始散步,一直走到一轮满月冉冉东升。

中国人有(或者说曾有)一种幽默感,我觉得很投合我的脾性。也许共产主义已经扼杀了它,但是当我在中国时,他们常常使我想起了中国古书里的人物。有一天,天气很热,有两个胖胖的中年商人邀我乘汽车下乡去看一座非常有名而已半就圮毁的塔。到那儿以后,我沿着阶梯盘旋而上,原以为他们会跟着上来,但是到了塔顶我才发现他们还在下面地上。我问他们为何不上来,他们异常严肃地回答说:

"我们曾考虑上去,而且讨论了是否应当这样做。双方都提出了许多重要的理由,但是最后有一点使我们做出了决定。这座塔随时可能倒塌,我们觉得,万一它真的倒了,最好有当时在场的目击者能够证明哲学家是怎样死的。"

他们真正的意思是说天气太热,他们又胖,所以爬不上去。

许多中国人的幽默搞得很微妙,愈是别人弄不明白,愈是逗趣。我要离开北京时,一位中国朋友赠我一段很长的古典作品中的文字,是手刻在一块极小的板面上的,字迹细微难辨;他又将这段文字用优美的书法写出送给我。我问他这段话说的是什么,他回答说:"等您到了家的时候去问翟理斯教授吧。"我听从他的意见这样做了,才知道那是一段"巫师的卜辞",在这段卜辞中,巫师只是劝向他求卜的人去做自己想做的事情。那位中国朋友是拿我打趣,因为我总是拒绝对中国人当前的政治难题给他们提出建议。

北京冬天的气候很冷。几乎老是刮着凛冽的北风,挟来一股发自蒙古山脉的寒流。我得了支气管炎,但是没有注意它。病情似乎已经好转了,有一天,应几位中国朋友之邀,我们从北京乘汽车走了大约两个小时到一个有温泉的地方。旅馆供应上好的茶,有人说吃茶太多不明智,那会使你在筵席上失掉胃口的。我反对这样明智的考虑,理由是上帝最后审判那一天会做出判决的。我说的不错,因为这是我又能吃一顿饱饭之前三个月说的。饮茶之后我突然开始打颤,大约打颤一小时的光景,我们决定最好马上返回北京。在回来的路上,我们的汽车轮胎被扎破了,而在修补轮胎的当儿,发动机冷却了。这时我已近乎神智昏迷了,几位中国仆役和多拉把汽车推到一个山坡上,在下行时发动机才渐渐开始启动了。就因为这一耽搁,北京的城门在我们到达时已经关闭了,打了一个钟头的电话,城门才给我们开了。当我们终于回到家时,我实在病得很厉害了。还未来得及意识到发生了什么事情,我已经陷入昏迷。我被送进一家德国医院,多拉白天护理我,在北京的唯一一位英国职业护士晚间护理我。有两周时间,医生们每天晚上都以为等不到天亮我就会死了。这段时间的事情我什么都不记得了,除了一些梦。当我从昏迷中醒过来时,我不知道自己身在何处,也不认识那位护士。多拉告诉我,我病得很厉害,差一点死了,我却回答说:“那多有趣呀”,但是我的身体太虚弱了,不到 5 分钟就把这忘记了,她不得不向我再说一遍。我甚至连自己的名字都不记得了。尽管在我脱离昏迷之后一个月左右,他们不断地对我说我本来随时可能死去,但是我决不相信。他们找来的那位护士工作相当出色,第一次大战期间她是塞尔维亚一家医院的护士长。

整个医院被德国人占领了，护士们都被移往保加利亚。她总是不厌其烦地给我讲她和保加利亚王后变得如何亲密。她是一个有很深宗教信仰的人，当我病情开始好转时，她告诉我她曾认真考虑过让我死掉是不是她的职责。幸而她的职业训练比她的道德感要强得多。

整个康复期间，我都是极端快乐的，尽管我还很弱而且身体很不舒服。多拉全心全意地照料我，她的真心诚意使我忘记了一切不愉快的事情。在我康复的初期，多拉发现她怀孕了，这对我们两人都是莫大幸福的一个来源。自从我和艾丽丝在里士满草地一起散步以来，想要孩子的愿望在我心中愈来愈强烈，以至它最后变成了一种令我意醉神迷的热望。当我发现我不仅要自己活下去而且要有一个孩子时，我对自己身体恢复的情况变得完全不在意了，尽管在康复期间陆陆续续小病未断。我的病主要是双肺炎，另外还有心脏病、肾脏病、痢疾和静脉炎。然而，无论什么病都没有妨碍我感到异常的快活，而且虽然医生对我病的预后不抱乐观，但是在我复原以后却没有留下任何后遗症。

躺在床上想到自己不会死了，那真是出人意表的乐事。直到此前，我总以为自己根本上是悲观主义的，活着没有多大的价值。我发现在这一点上我是完全错误的，人生对于我是无限之甜蜜可爱的。北京雨少，但是在我休养康复期间，却下了几场大雨，从窗子透进来湿润的泥土的芳香，我过去常想如果再也闻不到这种香味，那该多不开心啊。对于阳光和风声我也有同样的感觉。就在我的窗外有几株刺槐，在我刚刚恢复到有力气来赏玩它们时，它们正好鲜花盛开。从那以后我才知道了，在心底里，我是乐意活着

132

的。大多数人无疑总都知道这一点,但是我过去却不知道。

人们告诉我,中国人说他们要把我葬在西子湖畔,并且修一座祠堂来纪念我。这并没有成为事实,我感到有点遗憾,因为那样我本会变成一个神,对一个无神论者来说,那倒颇为风雅。

在北京,那时有一个苏俄的外交使团,使团人员对我非常友好。他们有北京最好的香槟,慷慨地供给我饮用,因为对肺炎患者来说,香槟显然是最适宜的饮料。他们先是常常带着多拉,后来则带着多拉和我,驱车到北京邻近地区游览。这是一件令人快意的事情,但也有点令人担惊受怕,因为他们开车也像搞革命一样胆大包天。

我能活下来也许应该感谢在北京的洛克菲勒机构,它提供了一种能杀肺炎球菌的血清。在这一点上我尤其要感谢他们,因为我在此前后,在政治上都是强烈反对他们的,而他们也是以与我的护士所感到的同样的恐惧来看待我的。

日本记者不断地打扰多拉,在她要护理我的时候来访问她。最后她草草敷衍了他们一下,于是他们就叫日本报纸说我死了。这个消息从日本传到美国,又从美国传到英国,和我离婚的消息登在同一天的英国报纸上。幸而,法院并不相信这个消息,否则离婚一事又会被延搁了。不过这个消息却使我得到阅读我的讣告的乐趣,这是我一直想望但并不期待它会实现的事情。我记得有一份传道会的报纸登了仅只一句的讣告:"对罗素先生之死请原谅传教士们闻讯之下松了一口气。"当他们发现我竟未作古时,恐怕一定会发出另一种叹息吧。我死了的消息曾使我在英国的一些朋友感到悲痛。直到我哥哥拍电报来问我是否还活着之前,我们在北京对此事毫无所知。我哥哥在电报中同时也说他觉得我不大会死在北京。

康复期间，我最苦闷难耐的一段日子是患静脉炎而必得一动不动地仰卧在床上的 6 个星期。为了多拉分娩，我们急于要回国，但是随着时间的推移我们能否做得到却似乎成了问题。在这种情况下，很难不感到焦急不安，当医生们说别无他法只有等待时，我们就更是焦躁了。但是，困难总算及时解决了，7 月 10 日我们终于离开了北京，虽然我当时还很虚弱，只能拄着手杖蹒跚而行。

我从中国回国不久，英国政府决定处理庚子赔款的问题。义和团被打败以后订立的和约规定，中国政府应向所有受其伤害的欧洲列强付一笔年金。美国人非常聪明，决定放弃这笔赔款。中国在英国的朋友们敦促英国也照此办理，但徒劳无功。最后决定，中国人不是支付罚款，而是付出一笔对中英双方都有利的款项。究竟应以什么形式支付这笔款项则留给一个委员会去解决，这个委员会须有两名中方成员。当时麦克唐纳是首相，他邀请洛斯·迪金森和我为委员会的英方成员，并且同意我们推荐的丁文江和胡适为中方成员。之后不久麦克唐纳政府倒台了，随后上台的保守党政府通知迪金森和我不再聘请我们担任这个委员会的职务，而且他们也不接受丁文江和胡适为中方成员，理由是我们不了解中国。中国政府答复说它要求我推荐的这两位中国人为中方成员，而不愿以任何他人代之。为取得同中国人的友好关系所做的这次非常微弱的努力就此结束了。在工党执政与中国友好的时期所取得的唯一一件成果是山东将为英国海军提供高尔夫球场，而且不再向中国商界开放。

133

在我患病之前，我曾答应离华后去日本旅行讲学。我不得不把这个计划缩短为讲演一次并减少对各类人士的访问。我们在日本过了忙乱的 12 天，那些天远不是愉快的，虽然很有趣。与中国人不同，日本人原来缺乏高尚礼貌教养，要避免他们的无端打扰是不可能的。由于我仍然很虚弱，我们急欲避免一切不必要的劳累，但结果应付记者却成了一件难事。我们的船抵达第一个港口时，尽管我们的行踪尽力保密，还是有大约 30 名记者已经候在那里，不过他们只能通过警察获悉我们的行动。由于日本报纸曾拒绝更正报道我死的消息，多拉给每家报纸一张用打字机打的字条，说因我已死，恕不接受采访。他们拉着嗓子从牙缝里说一声："嘿！信雨奇（很有趣）！"①

我们先到神户拜访《日本纪事》主编罗伯特·扬。船逼近码头时，我们看见有大队人群打着旗沿道而来，船上有识得日文的人大为惊讶，发现一些旗上表明是来欢迎我的。随后才知道这原来是在码头上举行一次大罢工，因为除了对外国贵宾表示敬意，警方是不容许人们成群列队的，所以这就成了他们举行示威游行的唯一办法。示威者们由一位叫香川的基督教和平主义者领导，他领我去参加几个示威集会，我在一个集会上讲了话。罗伯特·扬是一位讨人喜欢的人，他是上世纪 80 年代离开英国的，因此没有染上后来的思想堕落。在他的书房里有一幅很大的布拉德洛（Brad-laugh）的画，他对布拉德洛由衷地崇拜。我认为，他办的报纸是我所知道的最好的报纸，最初是他从做排字工人的工资节省下来 10

---

①　这些日本人的英语发音极糟，把 very funny 说成 veree funnee。——译注

英镑做资本办起来的。他带我去奈良,那是一个十分优美的地方,古老日本的流风余韵至今犹存。之后我们落到了一份名曰《改造》(Kaizo)的新式杂志的编辑们手中,他们领我们游览了京都和东京,他们总是有意地把我们来游的时间透露给记者,因此我们被他们的闪光灯无休止地跟踪追击,甚至我们已经睡下了,他们还要来拍照。在这两个地方他们都邀请了一大批教授来拜访我们。在这两个地方对我们的款待极尽阿谀奉承之能事,同时有警察特务紧紧尾随在我们后面。在旅馆里,紧邻我们住室的那个房间总会有一帮子警察带一台打字机占住。侍者们对我们敬若皇亲贵戚,总是鞠躬如仪地倒退出房间。我们想说:"这个侍者真讨厌",而马上就听到警察的打字机在咔嗒咔嗒地打字了。在教授们为我举行的欢迎宴会上,每当我与任何一位教授畅谈之际,就会有人打开闪光灯来拍照,结果谈话自然被打断了。

日本人对待妇女的态度有点粗鲁。在京都我和多拉两人的蚊帐上都有洞,所以我们半个晚上都被蚊子咬得不能入睡。到了早上我向他们诉苦。第二天晚上我的蚊帐给修补了,但是多拉的蚊帐却依然如故。第二天我又向他们抱怨时,他们竟说:"但是我们不晓得那对妇女有什么要紧的。"一次,我们与当时也在日本旅游的历史学家艾琳·鲍尔同乘一列郊区车,车上已座无虚席,但是有一位日本人很友好,站起来让座位给我。我让多拉坐了。另一位日本人于是又把他的座位让给我。我又让艾琳·鲍尔坐了。这时那个日本人对我这种缺乏男子汉气概的行为非常厌恶,几乎要使浑要蛮了。

我们见过的日本人中,只有一个人我们的确是喜欢的,她就是伊藤小姐。她年轻而且美丽,与一位有名的无政府主义者生活在一起,而且同他有了一个儿子。多拉对她说:"你不害怕政府当局会做出什么不利于你的事来吗?"她把手在咽喉处横切一下说:"我知道他们早晚会这样干的。"后来在发生地震时,警察到她和那个无政府主义者住的房子找到了他们两人和他们的一个小侄子(警察以为是他们的儿子),说他们是警察局通缉的人物。到了警察局,他们分别关在不同的房间,被警察勒死了。这些警察炫耀说他们并没有很为难那个小孩,因为在去警察局的路上他们已设法和他交了朋友。这些警察成了民族英雄,在校儿童都要作文赞美他们。

我们冒着酷暑经过 10 小时的旅程从京都到横滨。到那里时已夜幕降临,我们受到一连串镁光灯爆响的欢迎,每一响都把多拉吓一大跳,更让我担心我们走岔了地方。我心中不由得升起一团无名怒火,自从我想勒死菲茨杰拉德①以后,这是我唯一一次发这么大火。我追那些拿着闪光灯的小了们,但是走路还一瘸一拐地,我怎么也捉不住他们,这倒万幸,因为否则我一定会犯杀人罪的。一位很有胆量的摄影师成功地拍下了一张我两眼闪着怒火的照片。若是没有这张照片,我想不到自己看上去会是如此这般完全发疯了的样子。这张照片是把我介绍给东京的引言。此时此刻我所感到的愤怒之情,与举行反英暴动的英属印度人②或被一群叛乱的有色人种包围的白人所必然感到的那种怒气正自相同。于是

---

① 见本书第 1 卷第 44 页。
② 指 1857—1858 年印度本地士兵反对英国殖民者的暴动。——译注

我体会到,要保护自己家人不受异族的伤害,也许是人可能具有的最野性最激烈的感情。我在日本经历的最后一件事,是一份日本爱国派杂志发表了一篇假冒我的对日本民族的告别辞,鼓动他们具有更强烈的沙文主义精神。我从未向这家杂志或任何其他报刊寄过这个告别辞或任何其他告别辞。

　　我们从横滨出发取道加拿大太平洋航线回国,无政府主义者小杉和伊藤小姐来送行。在亚细亚皇后号轮船上我们感到周围气氛骤变。多拉怀有身孕的情况尚非一般人能看得出来的,但是我们注意到船上的医生以其职业的目光瞧着多拉,而且我们得知他已把他的观察转告其他乘客了。因此,几乎无人要同我们谈话,虽然人人都亟欲给我们拍照。唯一愿同我们谈话的人是小提琴家米沙·埃尔曼及其随行人员。因为船上其他那些人都想跟他谈谈,所以对他总是跟我们在一起颇为着恼。经过一场多事的旅行之后,我们在8月底抵达利物浦。那天正下大雨,而人们此前都在抱怨天旱不雨,因此我们觉得我们确实到家了。多拉的母亲站在码头上,一边是来欢迎我们,一边是对多拉羞于启齿的事情给她以明智的忠告。9月27日,我们结婚了,成功地匆匆通过了王室讼监的监督,虽然这需要我在查林克罗斯广场①讲台上以万能上帝的名义宣誓,多拉是我已与之正式交合的女人。11月16日,我的儿子约翰出生,从此刻起,在许多年中,我的儿女是我生活的主要兴趣所在。

---

　　①　查林克罗斯是伦敦中心河滨大街西面的繁华广场。——译注

书　信

袁琼生[①]的来信

亲爱的先生：

　　我们非常高兴，您这位世界上最伟大的社会哲学家来华抵达本埠，来救治中国学生的历史性的思想病。自从 1919 年以来，学生界似乎是中国未来的最大希望；因为他们已经准备迎接中国社会的一个革命的时代。在那一年，约翰·杜威博士极其成功地影响了中国的知识阶层。

　　但是我胆敢代表大多数中国学生向您说几句话：

　　杜威博士在这里虽然是成功的，但是我们大多数学生并不满意他的保守的学说。因为我们大多希望得到关于无政府主义、工团主义、社会主义等等的知识；一句话，我们亟欲求得关于社会革命哲学的知识。我们是克鲁泡特金的信徒，我们的目的是在中国建立一个无政府的社会。我们希望您，先生，能提供我们基于无政府主义的彻底社会哲学的基本原理。再者，我们希望您来纠正杜威博士这位美国哲学家的学说。我们希望您在中国具有与在英国不同的绝对自由。因此我们希望您在这里能取得比杜威博士更大的成功。

　　我本人是国立北京大学旧日的学生，在上海曾多次见到您，头一回是在东方大旅店首次开会欢迎您的那个晚上。

------

　　①　此袁琼生名为音译。——译注

您常常引用的老子那句箴言的开头一语应当改一下，"Creation without Possession"①较先前的翻译更好些；这个翻译更符合您所说的："the creative impulse and the possessive impulse"（创造的冲动和占有的冲动）。尊意以为然否？

您的兄弟般的同志

袁琼生

（中国无政府主义者－共产

主义者联盟书记）

1920 年(11?)10 月 6 日

中国 上海

霞飞路渔阳里 6 号

湖南教育总会的来信

先生尊鉴：

敬启者，敝省教育制度方值初创，近年内战频仍，迭经纷扰，亟待贤智学者，有以教我、助我。

先生道德文章，名高望重，为我国人所最景仰推重。我湘人尤切望亲聆先生之教言，为我指南。

日前本会尝命在沪代表李石曾先生邀请先生莅湘来访，蒙先生慨允，不胜感激。本会拟于 10 月 25 日举行盛会，敬待先生赐教。兹派昆朝书先生代表我全体同仁专诚迎接先生，请早日光临。

① 老子《道德经》原文为："生而不有"。——译注

　　　　　　　　　　湖南教育总会　敬上
　　　　　　　　　　（印章）
　　　　　　　　　　1920 年 10 月 11 日　长沙

致《国民报》[①]

　　以下记述写于扬子江上。

　　自从我们乘船抵达中国以来，我们已经经历了一段最奇妙而有趣的时光，迄今我们完全是在多少有些欧化的中国学生和记者中间度过的。我讲演已不计其数，——讲爱因斯坦，讲教育和社会问题。学生们有惊人的求知欲。你一讲开了头，他们的眼中就流露出饿虎扑食般的神情。他们对我处处敬重有加，使我深感不安。我到上海的第二天，他们盛宴招待我们，把我当作孔子第二来欢迎。那天上海的所有中国报纸都登了我的照片。布莱克小姐和我都不能不到数不清的学校、教师会、各类大会上去演说。这是一个有着鲜明对照的国家。上海大部分是颇为欧化的，更几乎是美式的；街道的名字、布告和广告都是英文的（和中文的）。高楼大厦都是大公司、官厅、银行之所在；一切都显得十分富丽堂皇。但是那些僻街小巷则仍然完全是中国式的。上海是一座面积与格拉斯哥相当的大城市。欧洲人看上去几乎都是凶恶而讨厌的。中国一家主要报纸请我们到一座现代化的建筑去吃午餐，这幢楼房建于1917 年，拥有最新式的设备（除了整行铸排机外，这种机器还不能

---

　　①　此信发表于 1921 年 1 月 8 日《国民报》上。

用于中国的方块字）。报纸编辑部在楼房顶层招待我们一顿中国
饭菜，有米酿美酒，菜肴多得不可胜计，我们也得用筷子吃。酒足
饭饱之后，他们说他们的同仁中有一位酷爱中国古乐，愿为我们弹
奏一曲。于是他用一把七弦琴给我们弹了乐曲，这把琴是他按照
古代的样式用从一座古庙里取来的上 2000 年的黑檀木自制的。
这种乐器像吉他一样是用指弹奏的，但不是抱在手上，而是平放在
桌子上。他们要我相信他弹奏的乐曲是 4000 年前的古乐，不过我
想那是夸大其词。但无论如何，那是极优美、极高雅的音乐，对一
个欧洲人来说，比新近时兴的音乐（我听过很多）更舒适悦耳。曲
终席散，他们又开始纷纷为报纸奔忙了。

　　我们的中国朋友把我们从上海带到杭州，在西湖畔住了三个
晚上。西湖据说是中国风景最美的地方。这里真是度假的好地
方。西湖并不大，约有格拉斯米尔湖①那样大小，四周为树木丛茂
的群山所环绕，山间有数不尽的塔和庙宇。千百年来多少诗人和
帝王都来修饰她，把西湖装点得愈加美丽。（在中国古代，诗人之
多有如现代欧洲之金融家。）我们在山上玩了一天，那是坐在轿子
上进行的一次 12 小时的远征。次日我们去参观湖中岛上的乡间
别墅、庙宇，等等。

　　中国的宗教很奇妙地充满了欢乐。当你进了一座庙宇，他们
就给你送上一支烟和一杯清香可口的茶。然后带你去参观。人们
以为是禁欲苦行的佛教在这里却是挺逍遥快活的。这些潜心修行
的圣徒们都大腹便便的，人们把他们描绘成享尽人生乐趣的人。

---

　　① 格拉斯米尔在英国坎布里亚郡。——译注

似乎没有人真正相信宗教，连这些僧人自己也不相信。但我们还是看到有许多新建的富丽华美的庙宇。

乡间别墅主人同样好客，带你参观，茶水招待。这些别墅正如中国绘画中那样，有许多亭榭阁轩，游人可在此驻足小憩，别墅中除了一些最宽敞的房间里有一件难看的欧式小家具外，其他摆设都是为了美观而非舒适实用而制作的。

我们在西湖看到的最幽雅宜人的所在是一处昔日士人隐居的庐舍，约 800 年前筑于湖上。在旧日的中国，士人的生活确乎是愉快的。

中国给人一种印象，如果没有欧洲人的影响，它会达到欧洲未经工业革命或法国革命而从 18 世纪发展至今的地步。中国人似乎是理性的快乐主义者，很懂得如何获取幸福，通过极力培养其艺术感而臻于美妙的幸福，而其有别于欧洲人之处就在于，他们宁愿享受欢乐，而不去追逐权力。各个阶层的人都笑颜常开，即使地位最低下的人们也是如此。

中国人无法念我的名字，也无法用汉字把它写出来。他们叫我"Luo-Su"（罗素），这是他们能找到的最接近我的名字的翻译了。这个译名他们既可以发音念出来，也可以用汉字印出来。

我们从杭州回到上海，然后乘火车去南京，那是一座近乎荒芜的城市。环城城墙有 23 英里长，但是围在墙内的大部分地盘却是乡村。这座城是在太平军起义时被毁坏的，1911 年的革命又有损坏。但是这里是一个活跃的教育中心，极想知道关于爱因斯坦和布尔什维克的消息。

我们从南京沿长江溯流而上，经过 3 天的旅程到了汉口，一路上饱览了长江两岸的旖旎风光。——之后又乘火车由汉口去长沙。长沙是湖南省会,一个大型的教育会议正在那里举行。在长沙大约有 300 名欧洲人,但是此地欧化的程度并不高。长沙城很像一座中世纪的市镇,街道很狭窄,每所房子都像一家商店,屋外挂着欢快的标志,除了轿子和少数黄包车,没有其他可用的交通工具。欧洲人在这里开设了几座工厂,几家银行,几处传道会和一所医院——这是用西方的方法伤害而又修复人的灵与肉的全套装备。湖南省长是中国各省省长中德高望重的一位,昨天晚上设盛宴招待我们。杜威教授和夫人也出席了这次宴会,这是我第一次见到他。省长不会讲任何欧洲语言,所以我虽然就坐在他身边,却只能通过一位翻译互相致意。但是我对他有一个很好的印象;他的确热切希望促进教育,这似乎是中国最迫切的需要。不发展教育,很难了解如何才能建立更好的政府。应当说,一个坏的政府在中国造成的祸害似乎不像在一个欧洲国家中那样大,不过这也许是我的一个肤浅的印象,须待时间的校正。

现在我正前往北京,可望于 10 月 31 日到达。

伯特兰·罗素

1920 年 10 月 28 日

山本的来信

亲爱的先生:

近日多承先生厚爱,衷心感激,惠赐《布尔什维克俄国之展望》

一稿顷已寄达,并此致谢。

尊作论"爱国主义"一文译载于我们《改造》杂志的新年号,现已售书。日本青年满怀激情地阅读此文,为之热血沸腾。此文到处成为绅士、学生和工人相聚而谈的中心,您的思想对他们的吸引力真是太大了。

唯一令人遗憾的是,政府要求我们尽可能删掉文中涉及日本的文字,我们不得不舍弃了您的某些宝贵意见。我们相信,您对我们的处境会给以宽厚的同情,对我们之遵从政府的要求予以谅解。

不过,今后无论以原文还是以译文发表您的文章,我们都将依我们的原则行事,决不听命于人。我们这里广大青年对您的仰慕是异乎寻常的。

您的主义与我们是一致的,因此只要我们活着,我们就愿同您在一起。但是,我们的国家仍然束缚于 3000 年来顽固不变的因袭的罗网中,所以不可能实行改革,这使我们深感痛惜。我们只能一步一步地前进。您发表的作品已经成了激励有作为的日本青年稳步前进的最重要的因素之一。

在过去的 30 余年中,日本在物理学和医学上都有长足进步,但是在独创的发明方面我们究竟有多大的进展,却是一个问题。不过我们相信,在纯科学方面,我们的进展绝不落后于美国。只是我们大多数国人仍然受制于等级观念和其他落后思想,这是我们深以为耻的。日本的军阀和阁阀们一直渴望把日本引上向外侵略的道路,因而只能招致民族的反感。目前日本思想界受一股好斗的潜流的支配。如果我们的国家因此而被视为一个侵略成性的民族,我们将感到非常痛心。

我国政府中有一半的官员和近百分之八十的军人都陷入了侵略的迷梦,这是实情。但是,近来人们已颇有所醒悟。

我们对我国的青年抱有信心,他们已开始觉醒,因此他们会沿着文明的道路前进而不使世界失望。我们希望您撰文以鼓励我国青年努力进步。

请转致我们对布莱克小姐的问候。

山本实彦 敬上

1920 年 12 月 25 日

日本 东京

〔撒谎骗人是国际性的恶行,此处亦然。〕①

致奥托兰·莫雷尔

前几天我和多拉去参加中国学生在这里举行的一次中餐宴会。他们以 18 世纪法国的风格发表了一些充满灵敏机智的演说,他们的英语之熟练使我非常惊讶。英国驻华代办说,人们曾要他谈谈中国政治——他说迫切的问题是大选、经济和限制军备——他谈了很长时间,只讲在有关英国的政治演说中都会讲到然而对于中国却无关紧要的东西——当他讲完坐下来时,对任何问题都没有表态,只是暗示(而不曾说出)中国的问题比我们英国的问题

---

① 这是罗素对这个日本佬的信的批语。——译注

还糟。中国人常常让我想起奥斯卡·王尔德，他在第一次受审时认为才智能使人渡过任何难关，但发现自己落在一架绝不关心人的价值的巨大机器的掌握之中。日前我读到关于一位中国将军的消息，他的军队勇敢地抵抗了一次日本人的袭击，因此日本人硬要他向日本领事道歉。他回答道，因为没有适于在如此庄严的场合穿着的华贵制服，因此不克趋前拜谒他至为尊敬的这位人物，对此深感遗憾。然而日本人坚持他们的要求，这位中国将军就在同一天拜访了其他各国的领事，因而他之拜访日本领事就似乎只是一次礼节性的访问。于是全日本掀起了一阵狂嚎怒吼，认为他侮辱了整个大和民族。

141

　　我想在世界上做些什么事情来帮助中国人，但是并不容易。他们有如一个由艺术家组成的民族，有他们的一切优点和缺点。你想象一下如果格特勒①和［奥古斯图斯］约翰②和利顿③着手治理大英帝国，那么你对两千年来中国是怎样治理的就会有所了解了。利顿很像一个旧式的中国人，而完全不像一个现代西方型的人物。

　　就此住笔。致以全部的爱。

你的 B.

［1921 年］

---

① 马克·格特勒。——译注
② 约翰·奥古斯图斯(1878—1961)，英国油画家、版画家。——译注
③ 利顿·斯特雷奇(1880—1932)，英国传记作家。——译注

我兄弗兰克的来信

亲爱的伯蒂：

　　我急忙向其做出保证的那家银行正威胁要把我的财产拍卖掉，因此你回来时我可能会变成流落街头的贫民了。对于我这上了年纪的人来说，这不是一个诱人的前景，但是我敢说这会使伊丽莎白感到莫大的快乐。

　　我一直没有再见到行止无定的小林奇，尽管她待在伦敦的时间像在格顿学院一样多。我不明白一个大学教师在学期中间会有这么多自由活动的时间。

　　你知道我们那位讨人嫌的格特鲁德婶婶在欣德海德开了一家潘奇钵旅店吗？我很想到那儿去过一个周末，但是她也许会把我拒之门外。我上次看见阿加莎姑姑时，她对格特鲁德婶婶开旅店一事极反感，她说这个可恶的女人跑遍了欣德海德，讲一些最耸人听闻的事情（我们可以猜到是些什么事）使人们对她产生恶感。我想，当我们回顾一下彭布罗克邸园的气氛时，想到阿加莎姑姑在她的老年竟成为出乖露丑的对象①，真堪发一笑。她当然觉得，会有这样的事，一定是这个世界出了大毛病。她对格特鲁德恶言相讥，很开心，很舒服，下次我再见到她时，引逗她一下，让她开心见肠地说。

　　我恐怕没有更多的消息告诉你了。我一门心思在考虑破产是

────────────────

　　①　她和她的汽车司机疑有亲密关系。贝德福德公爵给了她一辆轿车，她总是提心吊胆，从不敢开，但是她把司机留下来了。

个什么样子,如何和在何处过上一年一无所有的日子。这是一个新问题,一切解决办法我都不喜欢。

深爱你的

[弗兰克]罗素

1921 年 1 月 27 日

奇切斯特

泰利格拉弗宅

142 罗伯特·扬的来信

亲爱的罗素先生:

您的著作对我常有很大的助益,因此当我得知您将在此间出面时,我冒昧给您寄上一份《纪事》,希望您时时能从中发现一点有趣的东西。请勿寄来订费;如果这份报纸对您有些用处,我就非常高兴了。

一年前我在英国时曾希望有机会与您晤谈,弗朗西斯·赫斯特试图安排这次会见,但是发现您其时已离开伦敦了。您是否想在返英前来日本访问? 如有来意,我希望有机会同您会面,对您的来访如有我可尽力之处,请不吝赐告。

我将欣然拜读您论布尔什维主义的新著。您既著此书,大概会注意到对《布尔什维主义的实践和理论》的一个评论。您也许有兴趣知道,我能够记得令尊的愿望在宫廷遭挫的情况,因此我一直饶有兴趣地追踪着您的事业成就。

您的真诚的

罗伯特·扬

1921 年 1 月 18 日

日本　神户

三之宫　第 91 号信箱

《日本纪事》

亲爱的罗素先生：

去年 8 月接到您从亚细亚皇后号轮船上写给我的信，已经很长时间了，本应早日敬覆，但因编辑部人手很少，我老是忙无暇时，而信件往来又累积成堆。

我刚刚获悉罗素夫人生一子嗣，我并非拘于虚礼向您致贺，而是因为它带给我们很大的快乐，并且得知罗素夫人并未因在日本的经历而受到伤害，更令人极感欣慰。我已将您寄给我的信发表了，我想这种抗议是有好处的。很少有人有勇气抗议这种性质的恶行，人们都担心批评会使更坏的遭遇落到自己头上。

华盛顿会议①真是一出滑稽戏。会议伊始，我就怀疑那些发动了战争的人的和平热情是真诚的。也许毛病出在他们头脑上，而不是出在他们的心灵中。政治家们似乎不明白，只要继续实行老的政策，我们就会得到同样的结果，把军备限制到他们在战争期间已然达到的水平，就会在承受沉重负担和面临战争爆发危险方

---

①　一次大战后于 1921 年 11 月 12 日—1922 年 2 月 6 日在华盛顿举行的会议，亦称太平洋会议，有美、英、法、意、日、葡、比、荷、中九国参加，实际上是帝国主义列强重新瓜分亚太地区的殖民地和势力范围的一次会议。——译注

面把我们置于比 1914 年时更坏的境地。日本愠怒地接受了美国提出的裁军比例，但是支持法国拥有更多潜艇的要求。法国正暴露出是比过去的德国对欧洲更大的危险。正如我们所预料的，中国在华盛顿会议上被出卖了。英日同盟被废除了，代替它的是一个四国协议①，对于中国来说危险还要更大。对中国的拯救竟赖乎各列强之争权夺利、勾心斗角，这是很不幸的。几个列强联合起来，对中国的压力将会增加。但是我不知道，一旦这个条约的全部含义被弄明白了，它会不会得到议会的赞同。

我注意到，您非常之忙，但我希望您能使人们动脑子思考问题。不过，他们恐怕是走上邪路的扭曲了的一代人。有些时候我感到绝望。我的生活由之开始的一切理想似乎都毁灭了。但是，我想人一过花甲之年，青春的活力也就消逝了。

顺便说一下，我曾建议康韦纪念委员会（Conway Memorial Committee）邀请您发表年度讲演。如果他们请您，望您慨然接受。蒙丘尔·康韦是一位杰出的人物，总是准备去维护被压迫者和捍卫自由言论。当布拉德洛和贝赞特夫人因为出版《哲学的果实》而被起诉时，他支持了他们，正如当富特因为发表《自由思想家》而被控告时，他站在他一边一样，虽然就个人来说他是反对他们那种宣传方式的。

我在刚刚写给罗素夫人的一封信中讲了一些日本的消息，故此处不再重复。我希望您能定期收到《日本每周纪事》，以使您能

---

①　指华盛顿会议期间（1921 年 12 月 13 日）美英法日四国签订的条约，规定各缔约国在太平洋岛屿属地与领地的权利。——译注

关注此间世界的消息。我们一直是寄到乔治·艾伦和昂温出版公司转交给您的。现在我已有了您在切尔西的地址,以后将直接寄到这里。若干年来,我们的周报行销世界各地,发行量一直在稳步增加。但是从今年元旦开始,日本邮局已将境外邮资提高一倍,这样订一份周报仅邮资一项一年就要花 6 日元,我担心报纸的销路会因此受到影响。

得悉您已完全康复,非常高兴。罗素夫人说,仅在日本见过您一面的人大概会认不出您来了。您的访问对我是一个极大的快乐。多年来我一直很赞赏您的著作,您在即使最顽强的人似乎都摇摆不定的时候对公众事务采取的坚定立场使我深受鼓舞。因此与您结识对我极为重要,我期待着您的友谊。

编辑部同仁同致问候

您的真诚的,

罗伯特·扬

1922 年 1 月 2 日

日本　神户

三之宫　第 91 号信箱

C. P. 桑格的来信

我亲爱的伯蒂:

非常感谢你写信来而且讲了这么些令人愉快的事情。直到有谣传说你死了我才真正知道我是多么深深地爱你。我不相信这个谣言,我连想都没想过我会再也见不到你了;但当中国大使馆已经查明这个谣言非真时,才使人感到如释重负。现在你可要注意自己的健康了,是不是?

144   政治局势像往常一样可恶:几百万人失业,士兵扎营公园,但是昨天德尔比跑马大赛这个盛大节日才是任何人表面上唯一关注的事情。

爱因斯坦在王家学院讲学 10 天,但是我没弄到一张入场券。我读过爱因斯坦的几篇论文,其思想之清晰给我以极深刻的印象。

我们在希福尔兹度过了愉快的圣灵降临周。托维①也在那儿,没完没了地唠叨。他弹奏了贝多芬的奏鸣曲和巴赫的曲子,所以我还是很快活的。

附上给布莱克小姐的信一封——我怕写得或有不当,但是给一位从未见过的人写信真是不易。我希望你同她一起的这番阅历和她对你的衷心热诚的护理将成为你们二人共同生活的永恒的基础。

多拉②附笔问候

兄弟般深爱你的

C. P. 桑格

1921 年 6 月 2 日

伦敦中西 2 区　林肯律师学院

新广场 5 号

---

① Tovey,音乐评论家。
② 多拉·桑格,C. P. 桑格的妻子。——译注

约瑟夫·康拉德的来信

我亲爱的罗素：

欣悉尊夫人虽经乔迁①的辛劳纷扰而仍安然无恙。请转致我们对她的问候，她时时在我们念中。

至于您本人，我在阅读您这本书②的几天中间在心灵上一直与您在一起，这本书就是一处极具魅力、美轮美奂、令人目眩神迷的寓所。人会觉得，一切门窗户闼（我尽力用比喻来写）全都豁然大开。很难想象有比这更令人心旷神怡的精神宅第了！我为您在《心的分析》第 212 页末尾谈到的那些哲学家感到遗憾，他们（像我们其他人一样）不能兼得语言和事实二者。③ 无论在对事实的识见还是在语词方面都缺乏精确性。我有一个看法，觉得我们在一切事情上都只能达到差不多的地步（à - peu - près），科学上要进行称量、测度的任何欲望都永远去不掉这个差不多。

很可能我并没有理解您的这本书，但是我力图理解它的这份努力就是一次愉快的经验。我想，您作为一个哲学家已经是功德圆满了，无须从我这个普通人这里期待更多的东西。

我不相信查理一世是被处死的（见《心的分析》第 245—246 页及下页），但是我这里没有留下足够的文件来说明何以如此。也许

---

① 我们从中国回来以后搬了在伦敦的住处。

② 指《心的分析》一书。

③ 罗素在《心的分析》第 10 讲的结尾谈到很多哲学家"对事实具有相对直接的识见却常常不能将他们的识见述诸语词，而另一些哲学家则"拥有语词却往往失掉对事实的识见"。——译注

下一次我会提供给您。因为我的确想在适当的最早的时候到您那饶有中国装饰风格的居处去拜见您。

永远爱慕您的

J. 康拉德

1921 年 11 月 2 日

肯特郡毕晓普斯伯恩

奥斯瓦尔兹

145　我亲爱的罗素：

杰西必已转达我们对这位已经开始同您待在一起（而且您很快就会发现他将接管家族）的"稍稍陌生的人物"的祝贺和欢迎。是啊！为人父是一桩重大的人生经验，对此我们至少可以说，那是非常值得拥有的一种经验，——即使仅仅为了它给予你的那种与所有人同生共处的深沉的感觉。它也许是唯一的这样一种经验，其普遍性并不使其成为一种平平无奇的东西，恰恰因此而使其带有一种庄严性。我对你们父子二人都怀有深挚的爱，对那个还不会说话、不会思维的初生儿，也对您这位深有影响和权威向人们论说心之本性的人物。因为你们相互的关系会含有发自把你们连结在一起的真正的爱和忠诚的深沉的契机。

在一切难以置信的事物中，这一点，即有一天会有一个以我的姓名命名的罗素家的人①，一定是最妙不可言的。即使根据我的

---

① 罗素的儿子名康拉德，是以约瑟夫·康拉德的姓为名。——译注

星象算命,也不可能泄此天机,因为我的确相信,在我出生时一切可见的命星都不会以那种特异的方式结合在一起。不过,曾经发生过这种情况(那是宇宙的奇迹),我只能说我深深地被感动了(这是无法表达的),我本来会在这样一个时候以那样一种方式显现在您的心中的。

请代我吻尊夫人的手,告诉她我以男子汉默默而不知所措的方式(然而并非完全不可解的)分享她的喜悦。自从您们来这里作令人愉快的访问以后,她深为我们所喜爱,而且我要承认我们有一种非常乐观的感觉。她已证明我们这种感觉是对的,想到她如今在家中是同两个男子①在一起,真是莫大的快乐。她不久就会忙得不可开交了。我只有希望,约翰·康拉德②生而具有宽容仁爱的禀性,将始终如一宽厚地爱敬父母。我想我不可能表示比这更好的祝愿了。

谨向你们三人致以亲切的问候

永远是您的
约瑟夫·康拉德
1921 年 11 月 18 日
肯特郡毕晓普斯伯恩
奥斯瓦尔兹

---

① 指罗素和他刚出生的儿子。——译注
② 即罗素的长子。——译注

又及：您把我跟您所讨厌的某个朋友①连在一起,我感到非常生气,那个人显然本来就不该让他进入大英博物馆的阅览室。我希望您能理解,我对于查理一世之死的问题所持的态度不是幻想的而是哲学的,等以后您更能仔细听取我的推理时,我将尽力把它讲清楚。根据我个人的经验,我料想此时此刻跟您认真地谈是毫无用处的。

146　艾琳·鲍尔的来信

亲爱的伯蒂：

寄上张伯伦教授著《创造一种新宗教》一书,供查阅,但望用后还我为盼。

非常高兴,您和多拉星期三能来午餐并会见怀斯博士,请告多拉,最好在下午 1 点半钟光临。我也请了 B. K. 马丁,一位极有才智的青年,目前在马格达林学院教历史,去年获学士学位。三天前他写信给我说:"如果您能把我介绍给罗素,我将感激不尽。我宁可不见任何其他在世(或过世)的人,但要见见罗素。"我觉得,鉴于您这种已使柏拉图、凯撒、克娄帕特拉②、笛卡尔、妮秾·德·朗克洛③

---

① 此人不同意尤利乌斯·凯撒死了,我问他为什么,他说:"因为我就是尤利乌斯·凯撒。"

② 克娄帕特拉(公元前 69—30),埃及托勒密王朝末代女王,历史上著名的风流艳后。——译注

③ 妮秾·德·朗克洛(1620—1705),法国名妓,她在巴黎建立的沙龙为当时法国各界名流经常出入清议之所。——译注

和拿破仑一世的英灵都为之黯然失色的卓越地位,你会乐于赏脸见他一面的!况且他人极聪明,是一个挺不错的小青年。

你的永久的朋友
艾琳·鲍尔
[1921年12月]星期六
伦敦西南1区
伊伯里大街184号

前几天我应邀同韦布夫妇一起吃晚饭,但是我认为我不会再去了,因为他们的美味佳肴几乎使我们把中餐与日餐比较而言的优胜之处都给忘却了!

克劳德·罗素的来信

亲爱的伯蒂:

我刚刚读了你的《中国问题》,非常高兴。我在中国待过几年。凡尔赛和约(第131条)对中国恢复供应天文仪器设备,这是事实,但是我有个印象,这条协议一直没有执行。果如此,则你恐怕不能把它列入这个和约为世界争得的"最重要的利益"。也许你会向你在中国的朋友提及士瓦本或奥尔登堡①的占领,以保证上一条款

---

① 士瓦本为德国西南部一个前公爵领地,奥尔登堡为德国西北部城市。——译注

的实施。不过,我必须为凡尔赛和约说句公道话,你这样做是不大公平的。你忽略了第 246 条,这一条规定:"德国将把穆克瓦瓦苏丹的头骨移交英王陛下的政府。……"

我认为(如果我可以这样说的话),第 24 页(顶端)上"动物的"(animal)应为"周年的"(annual)。我确信天坛从来不是向上帝祈福献祭的地方。①

深爱你的堂兄
克劳德·罗素
1923 年 9 月 23 日
亚的斯亚贝巴
英国公使馆

147 J. 拉姆齐·麦克唐纳的来信

我亲爱的罗素:

若干时候以来,英王政府一直在考虑分配和管理英国分得的中国庚子赔款的最佳方法,决定将其用于对英中两国互利的目的。

为了使上述政策获得最佳结果,兹决定任命一个委员会为英王政府的顾问;我向您提议,希望您能供职这个委员会,相信您的经验对此事会有极大助益,而此事将对我们同中国的关系有深刻

---

① 罗素在《中国问题》(1922 年)第 24 页开头两行说,天坛是世界上最美的地方之一,中国皇帝在这里用"动物牺牲"(animal sacrifice)祭天(牲祭)。——译注

而持久的影响。

有关条文大致如下：

"考虑到英王政府已决定将庚子赔款英国今后应得之款用于对英中两国互利的目的。

"为了调查研究这些款项应予分配的不同对象和保证此资金得到良好管理的最佳方法，为了听取证词并提出似为可取的建议。"

为求实效，委员会将尽可能保持短小精干，尤其在行动伊始。但是，为处理一些特殊的问题而另外专门委派一些人员，当然是可能的，如果后来这样做势在必行的话。下面几点兹已达成，为委员会组成之基本成分：

主席：菲利莫尔勋爵

外交部：约翰·乔丹爵士和 S. P. 沃特洛先生

海外贸易部：威廉·克拉克爵士

下院：H. A. L. 费希尔先生（首都警察署）

财政界：查尔斯·阿迪斯爵士

教育界：洛斯·迪金森先生和伯特兰·罗素阁下

妇女界：阿德莱德·安德森女士

中国方面：一位适宜的中国人

不言而喻，上述名单是暂定的，而且当属秘密。

附上一份有关庚子赔款现状和目前已向国会提出的立法的简短备忘录。我相信您会乐于接受这项我认为有莫大重要性的工作。

您的非常真诚的

J. 拉姆齐·麦克唐纳

1924 年 5 月 31 日

伦敦西南 1 区　外交部

又在一张纸片上的注明说：

"希望委员会完全由对中国及其事务具有广博知识的人士组成。"

148　　　　　罗素起草的"关于庚子赔款的备忘录"

委员会提出的庚子赔款议案规定,庚子赔款未付的部分将用于对英中两国互利的目的。这并非说这种目的必须是教育方面的。根据所有了解中国(不仅作为资本主义剥削的一块领地)的人士的看法,极为重要的是应当采纳一条修正案,明确规定这笔款项应以中国教育为唯一目的来使用。以下几点为支持这条修正案的主要理由：

(1)这是对中国最有益的花销。

(2)任何其他做法都不会对有影响的中国舆论产生好的效果。

(3)只有赢得中国人的善意,英国的利益(这是必须加以考虑的)才能得到保证。

(4)任何其他做法都会与美国的行动形成对照而处于极其不利的地位,美国很久以前就已将其分得的庚子赔款的未付部分用于中国教育了。

(5)所有主张其他做法的论点都有一个不良的动机,即企图通过政府的行动获取私利。

基于上述理由,切望工党的国会议员采取行动在尚不太晚的时候取得这个必要的修正案。

目前形式的中国赔款议案规定,庚子赔款的剩余部分将用于对英中两国互利的"教育或其他方面的目的"。

沃尔特·德·弗雷斯爵士在委员会内建议,应将"教育或其他方面的"一语代之以"与教育有联系的"说法。

非常希望下院将此修正案提交审议阶段。某些势力出于绝不能得到工党同情的一些理由反对这个修正案。政府认为有必要取得这些势力的谅解,但是坚持将被任命的委员会可自行做出仅仅利于教育的决定。不过,委员会是由国会任命的,每两年要有三分之一的成员退下来;因此难以保证委员会在将来不为那些私人势力所左右。

现有形式的议案为腐败舞弊提供了机会,不能指望使中国舆论感到满意,而且会使英国显得不如美国和日本那样开明,因而完全达不到它所标榜的宗旨。工党至少应竭力防止滥用公款以图肥己营私的可能性。在议案的第一条款中"目的"一词之前插入"与教育有联系的"几个字就会保证这一点。

伯特兰·罗素

赵元任的来信 149

亲爱的罗素:

　　下面是罗家伦给我的信的节译（罗和傅斯年是胡适的两位高足，目前都在柏林）。

　　"从来自中国的消息获悉，吴佩孚劝中国政府将钱用于筑铁路。《晨邮报》（*Morning Post*）上说（四周以前）英国政府电告中国政府派一个代表团去。果如此，那是很严重的。已致函伦敦中国学生俱乐部向朱打听。如果传闻属实，就请蔡[①]以他的声望去耍一下威风，力求取消此举。我们已写信给朱以影响他的看法，另一方面则请你写信给罗素以影响英国外交部，如果别无可能的话，请他推荐蔡为中国代表。北京教育界已经感到惊恐。他们已致电英国政府，另电蔡，请他去伦敦……"

　　昨晚接到朱的来信云：

　　"我的确赞同(?)提名(?)丁先生[②]。我很同意您的意见，丁是担任此职的最合适的人选，但近来我听说北京（外交部?）属意C. H. 王博士，他现不在欧洲。我不知道后者会不会接受这个任命……待罗素先生返回伦敦城时，我将同他详谈这个问题。"

　　我认识王（他是国民党大名鼎鼎的人物 C. T. 王[③]的弟弟）。C. H. 王是一位高尚文雅的人，近来经商，是一个基督徒。我们应当看重个人的吸引力和品德，而不必介意他在为谋取一件工作而进行的这种本属粗鲁的争斗中是否合格。

　　我的妻子正在200米外的家中等着我呢，我的面条要凉了，我那一小盅酒正在温着。

---

　　①　当指蔡元培。——译注
　　②　指丁文江。——译注
　　③　指王正廷。——译注

一千次请原谅我匆匆未及复阅此信。

您的永远的朋友

赵元任

1924 年 8 月 22 日　柏林

第四章　第二次结婚

　　1921 年 9 月,我从中国归来,我的生活随之进入了一个较少戏剧性的时期,有了一个新的情感中心。从青少年时期到完成《数学原理》,我专心致志从事的基本工作一直是理智方面的。我想要理解而且使他人也能理解;我也希望树立一座可使我为人们所铭记的纪念碑,而我因此可以觉得自己没有白活。从第一次世界大战爆发到我从中国归来,社会问题占据了我的情感的中心:战争和苏俄一样给我一种悲剧的感觉,我希望人类能学会以某种较少痛苦的方式生活。我力图发现人类智慧的某种秘密,并令人信服地公之于世,以赢得人们的倾听和赞同。但是这种热情渐渐冷下来了,这种希望越来越渺茫了;关于人应该如何生活,我的观点没有改变,但是我已不再以巨大的倡导的热情和出征必胜的期望来坚持这些看法了。

　　1894 年夏的一天我在听取了医生诊断之后同艾丽丝到里士满草地散步,从那时以来我一直努力压抑自己想要孩子的愿望。然而,这种愿望却越来越强烈,直至变得几乎难以容受了。1921年 11 月,我的第一个孩子出生,我才有一种被压抑的情感得到大解放之感,在之后的十年中我主要的目标就是做好父亲。就我的体验来说,父子亲情是很复杂的。首先,它包含一种纯然动物的爱感,和在看着雏仔那可爱的情态时感到的快乐。其次,有一种不可逃避的责任感,这为连怀疑论都难以置疑的那些日常活动规定了一个目的。再次,这里还有一种自私的成分,那是很危险的,即希望自己的孩子们在他失败的地方取得成功,在他因死亡或衰老不复能奋力而为时他们会继续他的工作,而且无论如何希望他们能让他臻于生物学上长生不死之境,使自己的生命成为整个宇宙之流的一部分,而不是绝不注入未来的一滩死水。这一切都是我亲身体验了的,而且有好几年使我的生活充满了幸福与安静。

第一件事是要找个地方住。我打算租一层公寓房子,但是不 151 论在政治上还是在道德上,我都是不受欢迎的人,所以房东们都不肯收我这个房客。于是我在切尔西买了一所终身保有而可自由处置的房子(西德尼街 31 号),我的两个大孩子就是在那里出生的。不过对孩子们来说,常年住在伦敦似乎并不好,因此 1922 年春我又在康沃尔郡波特库诺(距地端岬约 4 英里)买了一所房子。之后直到 1927 年,我们每年差不多各有半年的时间分住在伦敦和康沃尔两处。1927 年以后,我们就没有住在伦敦,也很少到康沃尔了。

在我的记忆中,康沃尔海滨之美与守望着两个健康快活的孩子时的那种狂喜的心情不可分地交织在一起,而孩子们正在体会着大海、岩石、太阳和暴风雨的欢乐。我跟他们在一起度过的时间远超过大多数父亲可能花费的时间。每年在康沃尔度过的半年时光,我们有固定而悠闲的生活常规。早上,妻子和我工作时,孩子由一个保姆看护,后来由一个家庭女教师照管。午饭后,我们都到离我们住宅信步可及的一处海滩上去。孩子们赤着身子玩耍,兴致勃勃地或游泳,或爬攀,或堆起一些沙堡,我们当然也参加这些活动。我们回到家已非常饿了,大吃一顿晚茶点;然后孩子们被安顿去睡,大人们则去忙他们自己的工作。在我的记忆中(那当然是靠不住的),4 月以后天气总是晴朗和煦的。但 4 月里春风料峭犹寒。记得 4 月的一天,凯特当时是两岁三个半月,我听见她在自言自语,并把她说的话写了下来:

> 北风吹过北极。
>
> 雏菊花落在草地上。
>
> 风吹落风铃草
>
> 北风吹向在南边的风。

她不知道有人在听她说话,她当然也不知道"北极"是什么意思。

在这种情况下,我自然会对教育发生兴趣。我在《社会改造原理》中对教育问题已略有论及,但现在这个问题则占据了我很大一部分思考。我写了一本书,题为《论教育,尤其是幼儿教育》,1926 年出版,获得畅销。现在看来,就其心理学而言,此书是有点过分乐观主义的,至于它的价值,我觉得没有什么要否弃的,虽然我现在认为,我所提出的对很小的孩子进行教育的那些方法是过于严格了。

切勿以为从 1921 年秋到 1927 年秋这 6 年的时光整个是一首很长的夏日田园诗。身为人父就不得不去设法挣钱。购置两处住宅差不多已耗尽了我尚有的全部存款。我从中国归来时,还没有显然可行的挣钱之道,开头我很有些忧虑。无论什么零敲碎打为报刊杂志撰稿的营生我都接受,当我的儿子约翰出生时,我写了一篇文章,讲中国人放烟火的娱乐,尽管在当时情况下专心去谈这么一个疏远的题目是很不容易的。1922年我出版了一本讲中国的书,1923年与我的妻子多拉合著一本书《工业文明的前景》,但是这两本书都没有得到很多钱。《原子 A. B. C. 》(1923)和《相对论 A. B. C. 》(1925)这两本小书和另外两本小书《伊卡罗斯①或科学的未来》(1924)和《我相信什么》(1925)的销路则好些。1924年我赴美旅行演讲,挣了一大笔钱。但是直至1926年发表论教育一书之前我始终是相当拮据的。在那之后,到1933年,特别是发表了《婚姻与道德》(1929)和《赢得幸福》(1930),我在经济上才变得富足了。我在这个时期的作品大多是通俗性的,而且是为了挣钱才写的,不过我也写了几本比较专门的著作。1925年《数学原理》(*Principia Mathematica*)出了一个新版,我做了许多补充;1927年我出版了《物的分析》,在某种意义上说,它是《心的分析》的姊妹篇,后者是我在狱中着手写而于1921年出版的。1922和1923年我也在国会中担任切尔西选区的候选人,多拉则在1924年为候选人。

　　1927年,多拉和我做出了一个决定(对此我们要共同负责),要建立一所属于我们自己的学校,以使我们的孩子能受到我们认为最好的教育。我们认为(也许是错的),孩子们需要有一群其他的孩子做伴,因此再也不应该满足于离开别的孩子来孤立地培养自己的孩子了。但是我们不知道有任何现成的学校在我们看来是差强人意的。我们需要把如下两个方面异乎寻常地结合起来:一

----

　　①　Icarus,希腊神话中能工巧匠 Daedalus 之子,与其父同被克利特王 Minos 囚禁,Daedalus 为自己和儿子制造飞翼,以蜡粘于两肩,幸得飞离克里利岛,但 Icarus 因飞离太阳太近,蜡融化,坠海而死。——译注

方面我们讨厌假道学和宗教说教,讨厌传统学校中视若当然的对自由的众多限制;另一方面,我们又不能赞同大多数"现代"教育家们的意见,认为学院式的教育是不重要的,或者宣扬完全废除纪律。因此,我们努力招收了 20 名左右与约翰和凯特年龄相仿的孩子,意在整个在学期间照管培育这同一些孩子。

为了办学校,我租用了我哥哥的房子,即泰利格拉弗宅,地处南部丘陵,介乎奇切斯特与彼得斯菲尔德之间。其所以得有此名①,乃因乔治三世时代此宅系一信号站,是一连串这样的信号站之一,朴茨茅斯和伦敦之间的电报即通过这些信号站传发。特拉法加尔的消息大概就是由此传到伦敦的。

153　　这座房子原来很小,但我哥哥逐步将它增建了。他对这个地方情有独钟,在他名之曰《我的生活和冒险》的自传中对它做了详细的描写。房子很难看而且有点怪里怪气的,但是所处位置极佳。东、西、南三面视野辽阔,满眼风光;从一个方向上,你可以穿越萨塞克斯旷野而望见利斯山丘,从另一个方向上,则可以望见怀特岛和开进南安普敦的班轮。这里有一座塔楼,四面都是大窗子。我把它辟为书房,我从未见过比这景致更美的书房。

与这所住宅相映成趣的是 230 英亩荒凉的丘陵,那儿有些地方长着石南类和蕨类野生植物,但大部分地带是原始森林——高大华美的山毛榉和日久年深、形态特异的紫杉。森林里到处是各种各样野生的生物,包括鹿在内。距离最近的房屋是大约一英里外的几处分散的农场。往东去 50 英里,你可以沿着人行小径穿过

---

① 泰利格拉弗原文为 Telegraph,意即电报、电信。——译注

那没有遮拦的光秃秃的丘陵地。

　　我哥哥喜欢这个地方是不奇怪的。但是他考虑不周，花掉了他的每个铜板。我付给他以比他从任何别人可能得到的高得多的租金，而他迫于穷苦不得不接受我提出的这个租价。但是他不情愿出租的，从那以后他一直都抱怨我占用了他的这块乐园。

　　然而，这所住宅对于他一定也会唤起一些很不愉快的联想。最初他购置这处房产，是为了把它作为能够与莫里斯小姐快活往来的一个不惹人注意的隐居所，他在好些年里希望娶她，如果他能够摆脱掉他的第一个妻子的话。但是，他对莫里斯小姐的情爱又被后来成为他的第二个妻子的莫利夺走了，就是因为莫利这个女人，他被他的上议院议员同僚们控以重婚罪而饱尝牢狱之苦。由于莫利，他与第一个妻子离了婚。他跑到里诺①去办了离婚，随即又在里诺与莫利结婚。他回到英国，才知道英国法律认为他娶莫利犯了重婚罪，因为英国法律虽然承认在里诺结婚是有效的，但不承认在里诺办离婚的有效性。他的第二个妻子很胖，常穿绿色的灯芯绒灯笼裤；在泰利格拉弗宅，当她弯下身子侍弄花坛时，望着她那背影，你会觉得奇怪，我哥哥竟会认为值得为她吃那许多苦头。

　　像莫里斯一样，莫利和我哥哥在一起的日子也结束了，他又爱上了伊丽莎白。他想跟莫利离婚，莫利要求每年付她 400 英镑的生活费作为代价；在他死后，这笔钱就必须由我来付了。她大约在90 岁上才去世。

　　接着，伊丽莎白也离他而去，而且写了一本不可容忍地刻毒诋

---

　　①　里诺，美国内华达州西部城市，因在此容易办理离婚而著名。——译注

毁他的小说,名曰《维拉》。在小说里,维拉已死;她曾经是他的妻
子,据说他由于失去她而悲恸欲绝。她是从泰利格拉弗宅塔楼的
154　窗子上掉下来摔死的。随着小说情节的展开,读者渐渐地明白了,
她的死原非偶然,而是由我哥哥的残酷无情造成的自杀。这件事
使得我对孩子们谆谆告诫:"切勿跟一个小说家结婚。"

　　在这所能唤起我们很多回忆的房子里,我们建立了学校。在
学校管理方面,我们遇到了很多困难,这是我们本来应该预料到
的。首先是资金问题。我们一定会遭到巨大的经济损失,这一点
已变得很明显了。要避免这个结果,我们只能扩大学校和降低伙
食,但是除非改变学校的性质从而向那些遵从习俗的父母们求援,
我们是不可能把学校扩大的。幸而这时我从出书和赴美旅行讲学
挣了很多钱。我总共做过四次旅行讲学——1924 年(前已提到),
1927 年,1929 年和 1931 年。1927 年那一次是在学校的第一个学
期,所以在学校初建时我没有起什么作用。第二个学期,多拉赴美
旅行讲学。因此,在头两个学期中间,我们一直只有一人负责管理
学校。当我不在美国时,我又必须写书去挣必需的钱。因此我根
本不可能把全部时间都用于办学。

　　第二个困难是:尽管我们经常非常仔细地把我们的教育原理
解释给全体教员听,但是他们有些人却不能按这些原理去做,除非
我们有一人在场。

　　第三个困难,也许是最严重的困难,是我们招收了过多的难以
管教的儿童。对这种意想不到的困难,我们本应特别注意,但是在
学校肇造伊始,我们却乐于接受几乎任何儿童。最愿意尝试一下
我们的新教育方法的正是其儿女难以管教的那些家长。一般地

说，管教之难都是父母之过，他们不明智的做法造成的不良后果，每值假日就会重新冒将出来。不管是什么原因，许多孩子是残忍而好破坏的。让孩子们毫无管束地任性而为，就是建立一种恐怖的统治，在这种统治下，强者使弱者惊骇战栗，陷入悲惨可怜的境地。一所学校像一个世界，只有政府治理才能阻止野蛮的暴力。于是当孩子们在课下时，我发现自己不得不接连不断地加以监督，以制止他们残酷伤人的行为。我们把他们分成三组：大班、中班和小班。中班有一个孩子老是虐待小班的孩子，因此我问他为什么这样做。他的回答是："大班的打我，所以我就打小班的；这是公平的。"他确实认为那是公平的。

有时候，他们的确暴露出一些恶意的动机。学生中有兄妹俩，他们有一个极爱感情用事的母亲，她教导他们彼此要表示有一种特别的深情厚爱。有一天，主管午餐的老师发现已经煮好就要舀出的汤里有一小节别针。经过查问，原来是那个据说对人特有感情的妹妹放在汤里的。我们问她："你不知道如果你把它吞下去可能扎死你吗？"她回答说："哦，我知道，但是我不喝汤。"进一步查询完全弄清楚了，她本来是想害她哥哥的。又有一次，人家给一个孩子一对寻常少见的兔子，另外两个孩子企图把它们烧死，结果他们酿成了一场大火，把几亩地都烧黑了，要不是风向改变，可能这所住宅就付之一炬了。

对我们个人和我们的两个孩子来说，还有一些特别烦恼之处。别的男孩子自然会认为，我们的儿子是受到过分偏爱的，然而我们为了对他或他的妹妹无所偏爱，除了假日之外，我们不得不与他们保持一个违反常情的距离。反过来，他们又忍受亲情被分隔之苦。

他们要么不得不悄悄地溜走,要么必须在父母面前装作没有亲子关系的样子。在我们同约翰和凯特的关系中曾经有过的那种完满的幸福就这样被破坏了,彼此之间变得尴尬而局促不安。我认为,只要父母和孩子在同一个学校里,就必然会出现这种情形。

反省一下,我觉得在我们办学的原理中有些东西是错误的。年幼的孩子们在一个群体里如无一定的秩序和守则加以约束,他们是不可能快乐幸福的。放任他们自己嬉戏玩乐,他们会厌烦,转而去闹恶作剧或搞破坏。在他们自由活动的时间,永远要有一个成年人给他们提示某种使他们喜欢的游戏或娱乐活动,并且激起他们一种积极主动的精神,而这是很难期望幼儿们会具有的。

另一件做错的事是夸口说我们的学校有比事实存在的更大的自由。在涉及健康和清洁卫生的地方是很少有自由可谈的。孩子们必须洗澡,必须刷牙,必须准时就寝。诚然,我们从未宣称在这些问题上应当有自由,但是那些愚蠢的人们,特别是一味追求轰动效应的记者们,竟说或者相信我们鼓吹完全取消一切限制和强制。大些的孩子,当你告诉他要刷牙时,有时他会嘲笑地说:"还把这叫作自由学校呢!"有些孩子听到他们的父母谈论在这个学校里可望得到的自由,就想试验一下,看看他们可以淘气到什么地步而不被制止。我们既然只能禁止一些明显有害的事情,对孩子们搞的这类试验倒往往感到很难应付。

1929 年,我出版了《婚姻与道德》,这本书是我患百日咳病愈156 后口述而成的。(由于年龄的缘故[①],一直到已传染给学校里大部

[①]　一般认为百日咳是小儿病,大人不大会得的。——译注

分的孩子,我的病才得到确诊。)1940 年我在纽约遭人攻击,主要是这本书为他们提供了材料。在此书中,我发挥了一个观点,在大多数的婚姻中,不能期望有完全的忠实,但是不论双方各有什么风流韵事,夫妻仍然应当是好朋友。不过,我并不认为,即使一个妻子生了一个或几个孩子,而丈夫非其生父,继续维持这种婚姻还是有好处的;在这种情况下,我认为离婚是可取的。我不知道我现在对婚姻问题有什么想法。每一种有关婚姻的一般理论似乎都会受到无法克服的诘难。也许容易离婚的制度比任何其他制度更少引起不幸,但是我再也不会对婚姻问题抱一种独断的态度了。

次年,即 1930 年,我出版了《赢得幸福》一书,此书是给人们一种常识性的忠告:一个个人能够做些什么(不同于通过改变社会的经济的制度所能做的事情)来克服不幸的气质方面的原因。此书得到三个不同层次的读者的不同的评价。那些单纯朴实的读者(我的书就是为他们而写的)很喜欢这本书,结果使它大为畅销。反之,自命高雅之士则认为它是一本不值一顾的粗制滥造的作品,一本逃避现实的书,为下面这个逃避现实的借口张目,即认为在政治之外也有有用的事情须做须说。但是在另外一个层次的读者,即专业的精神病学家那里,此书却赢得很高的赞誉。我不知道哪种评价是正确的;我所知道的只是:此书是在这样一个时候写的,那时我很需要自我克制,很需要总结我从痛苦经历中学来的东西,如果我要保住某种持久不愉的幸福的话。

此后几年是我极不愉快的一个时期,我在那时写的一些东西,比我现在以苍白的回忆所写的任何东西,都更能精确地描画出我的心境。

那时我通常每周为赫斯特报业写一篇文章。1931 年的圣诞节,我是在大西洋上度过的,当时我正在从美国讲完学归国途中。于是我就选了"海上度圣诞"作为那一周的文章的题目。下面就是我写的那篇文章:

海 上 度 圣 诞

这是我平生第二次在大西洋上过圣诞节。第一次这样的经历是 35 年前的事了,将我今日之所感与记忆中昔日的感觉相对照,我深深地意识到老冉冉其将至矣。

35 年前,我刚结婚不久,还没有生儿育女,非常快活,初尝成
157 功的喜悦。在我看来,家庭是一种限制自由的外在力量:对我来说,世界是个人冒险的世界。我要思考我自己的思想,寻找我自己的朋友,选择我自己的家,我不顾传统,不敬尊长,除了我自己的趣味爱好,我不注重任何东西。我觉得自己非常坚强,可以独立不依,无须他人扶持。

现在我已认识到我那时还不懂得的东西,即这种人生态度有赖于一种过度充沛的生命力。我那时觉得在海上过圣诞节是一种令人愉快的乐趣,而且很欣赏船员们把它布置得具有浓郁的节日气氛。船剧烈地波动起伏,随着每一起伏,船舱床位下的全部行李箱笼从所有船舱这头到那头一齐上下颠动,轰隆作响,声如巨雷。声响愈大,愈是令我开心大笑:一切都饶有兴味。

人们说,时间使人变得老练成熟。我不相信这个说法。时间使人变得畏惧,畏惧使人调和随顺,而既已调和随顺,他就要极力表现得令人觉得很老成的样子。伴随着畏惧而来的是对于情爱、

对于某种人情温暖的需要，以远离这个冰冷宇宙的寒气。我说的畏惧，不是仅指或主要指个人的畏惧，对于死亡或衰老或贫困或任何诸如此类纯属尘世的不幸的畏惧。我想的是一种更其玄学的畏惧。我想的是通过人生遭受的主要祸害的经验而进入灵魂的畏惧：朋友的背信弃义，我们所爱的人的死亡，对潜藏于普通人性中的冷酷之发现。

自从上次在大西洋上度圣诞以来的 35 年间，对这些主要祸害的经验改变了我对人生的不自觉的态度的性质。独立不依的精神作为一种道德的追求还是可能的，但是作为一种冒险经历则不再具有兴味了。我需要有我的孩子们做伴，需要家庭生活的温暖，需要历史连续性和一个伟大民族的全体成员的支持。这些都是非常普通的人类的欢乐，大多数中年人在圣诞节所享受的欢乐，就这些欢乐而言，没有任何东西把哲学家和其他人区别开来；反之，它们的极其普通的性质使它们能更有效地减轻人的阴郁的孤独感。

因而一度是一种快意的奇遇的海上圣诞节已经变成了一种痛苦的经历。它似乎象征着那个决心独立不依、坚持己见而不人云亦云的人的孑然孤立。在这种情况下，不可避免地会有一种无法摆脱的忧郁的心情。

但是从另一方面，也有某种东西值得一说。家庭的欢乐，像一切温柔和洽的欢乐一样，会慢慢销蚀人的意志，毁掉人的勇气。传统圣诞节的那种家庭的温暖气氛是美好的，但是那南风、那从海上冉冉升起的朝阳，和那水天一色的地平线，也是美好的。这些事物之美并不因人的愚蠢和邪恶而减损，而且始终不渝地赋予中年人特有的犹豫不定的理想主义以力量。

1931 年 12 月 25 日

正如当一个人想漠视不幸的深刻原因时自然会做的那样，我也为忧郁的心情找到了一些非个人的客观原因！我在本世纪初年曾饱尝个人的悲苦，但是那时我有一种多少有点柏拉图主义的哲学，它使我能够看到超乎人类的宇宙之美。当人的世界似乎缺乏慰藉时，数学和群星安慰了我。但是我在哲学上的变化已剥夺了我这样的慰藉。唯我论使我感到压抑，尤其是在研究了像爱丁顿那样的对物理学的解释之后。我们以往认为是自然规律的东西看来只是一些语言的约定，而物理学实际上无涉于一个外间的世界。我的意思不是说，我对此很相信，而是说它变成了一个萦绕我心头的梦魇，愈来愈甚地侵扰着我的想象。一个浓雾之夜，在所有其他人都已入睡后，我坐在泰利格拉弗宅的塔楼上，在一种悲观主义的沉思中表述了这种心情：

现 代 物 理 学

午夜，我独自在塔楼上，回忆着白日所见的森林和草原，大海与苍穹。此刻，当我透过南北东西四面窗子注视时，我看到的只是那反映在或隐匿在大雾弥漫的可怕昏暗中的我自己。这有什么关系呢？明朝旭日东升又会还我以外间世界的美，就如我从睡梦中醒来一样。

但是降临于我的精神的黑夜则没有那么短促，而且入睡之后就没有醒来的希望。以前，在我看来，人生的残酷、卑鄙、黯然愁苦的情绪，有如乐曲中某种不和谐的杂音，放进光辉灿烂的星空和壮阔行进的地质年代来看,都是微不足道的。如果宇宙必将归于普遍的死寂,那会怎样呢？它还是那么平静自然,宏伟壮丽。但是现在这一切已凝缩成我自己反映在灵魂之窗上的影像,透过这些灵魂之窗,我向外凝视着虚无的黑夜。星云的旋转,星辰的生灭,都不过是把我自己的感觉,也许还有其他并不比我好多少的人的感觉,联系一起的一种寻常工作中的方便的虚构。从来没有一种地牢像现代的影子物理学因禁我们的地牢那样构造得如此黑暗和狭窄,因为每一个囚犯都相信在牢墙之外有一个自由的世界,然而现在这座监狱却成了至大无外的整个宇宙。外面是黑暗,当我死去时,内心也将是黑暗。无论何处都没有光辉,没有广大无垠的空间;有的只是转瞬即逝的平凡琐事,随后即一切皆无。

为什么活在这样一个世界上？为什么还有死呢？

1931 年 5 月和 6 月,我向我那时的秘书佩格·亚当斯(他此前曾做过一个印度王公及其夫人的秘书)口述了一份简短的自传,那构成了我在本书中写到 1921 年的自传的基础。在这篇传略的末尾有一个跋,可以看到,我在那里并不承认有私人的不幸,而只承认有政治的和形而上学的理想的破灭。我把它附在下面,不是因为它表达了我现在的看法,而是因为它能使人们看到,我在适应一个变动着的世界和一种清醒的哲学上所经受的巨大的困难。

跋

自从访华归来,我个人的生活一直是快乐和平静的。至少我从我的孩子们那里得到了我曾预期的那么多发乎天性的赏心乐事,而且主要是因为他们而调节了我的生活。但是,我的个人生活虽然使我感到满足,我的非关个人情感的观点却变得愈来愈阴郁,我觉得愈来愈难以相信,我先前抱有的那些希望会在任何可预见的将来得到实现。由于关心我的儿女的教育和为他们挣些钱,我曾努力从我的思想中把那些袭我心田的非关个人的失望之情排斥出去。从青年时期以来,我一直相信有两个东西是重要的:仁爱和清晰的思维。起初,这二者多少还是有别的;当我感到胜利的喜悦时,我最信赖清晰的思维,而处于相反的心情时,则最信赖仁爱。逐渐地,这二者在我的情感上就愈来愈融合在一起了。我发现,很多模糊不清的思想乃是残酷无情的一个借口,很多残酷行为乃是由迷信的信仰所引起的。战争让我清清楚楚地认识到人性的残酷,但是我希望战争过去以后会有一个对残酷人性的反动。俄国使我感到,不能希望从对现存政府的反叛中促进世界的仁爱,也许对儿童是例外。传统教育方法中包含的对待儿童的残酷行为是惊人的,而且对于提出较温和的教育制度的人的那种极端的憎恶也使我大吃一惊。

作为一个爱国者,英国的衰落使我沮丧,它的衰落目前还只是局部的,但不久恐将陷入远更全面的衰落。英国以往 400 年的历史就在我的血脉中,我本来希望把过去备受尊重的公益精神的传统传给我的儿子。在我能预见的未来世界中,这个传统将不复有其存在的余地,他若能苟全性命于世,就是他的造化了。一种大难临头、在劫难逃之感,使得在英国才有其用武之地的一切活动都变得毫无意义了。

如果在整个世界上文明还能残存下去,我预见那将是美国或者俄国称霸世界,而无论霸权谁属,都会建立这样一种制度的统治,在这种制度下,一种严密牢固的组织使个人完全隶属于国家,以致再也不可能产生卓尔不群的杰出个人了。

哲学的情况如何呢?我一生中最美好的岁月都付之于数学原理的研究,希望找到某种确实无疑的知识。尽管写出了三大卷的著作[①],但是整个这种努力在我的内心里却是以怀疑和困惑而告终的。至于形而上学,当我受穆尔的影响,最初抛弃德国唯心主义的信仰时,我体验到相信可感世界的实在性的快乐。主要由于物理学的影响,这种快乐却一点一点地逐渐消失了,我被推向了一种与贝克莱哲学并无二致的立场,不过没有他的上帝和他那英国国教会的安然自得的情绪。

当我回顾自己的一生时,我觉得那是致力于不可能达到的理想的徒劳无益的一生。在战后的世界中,我没有找到任何可以达到的理想来取代我已感到不可能达到的理想。就我所关注的事物而言,世界在我看来正迈入一个黑暗的时期。当罗马灭亡时,圣奥古斯丁(他是那个时代的一个布尔什维克)还能以一个新的希望来安慰自己,而我对自己时代的看法则与之不同,更类似于查士丁尼时代[②]那些不幸的异教徒哲学家们的观点,吉本[③]描写他们在波斯寻求避难,但是他们在那里所看到的一切使他们如此厌恶,所以他们又返回雅典,尽管这里的基督教徒出于宗教偏见又禁止他们从事教学。就连他们在某个方面也比我更为幸运,因为他们毕竟有

---

① 此指罗素与怀特海合著的三大卷《数学原理》。——译注

② 查士丁尼(483—565),拜占庭帝国(即东罗马帝国)皇帝(527—565 在位)。——译注

③ 吉本(1737—1794),英国历史学家,著有《罗马帝国衰亡史》。——译注

一种坚持不渝的理智的信念。对于柏拉图之伟大,他们决无怀疑。至于我,则在最现代的思想中发现有一种销毁伟大思想体系(甚至是晚近的体系)的腐蚀剂,而且我不相信,今天的哲学家和科学家所做的建设性努力有任何东西能对付得了对他们的毁灭性批判所具有的效力。

　　由于习惯的力量,我还继续从事我的种种活动,而且有他人相伴,我就忘却了潜伏在我的日常事务和欢乐之下的那种绝望感。但是当我孤独自处和闲来无事时,我就无法对自己掩盖这个事实:我的生活已没有任何目的,我不知道有任何新的目的,可为之献出我的余生。我发现自己陷入了孤独的迷茫大雾中,这既是情感的迷雾,也是形而上学的迷雾,我找不到走出这迷雾的任何出路。

[1931 年 6 月 11 日]

161　　　　　**书　信**

约瑟夫·康拉德的来信

我亲爱的罗素:

　　你的书①寄到时,我们恰好外出几天。按照礼节,也许我应当立即告知你我已收到此书。但是我乐得先读了它再给你写信。不巧,恰好有一件令人不快的事情落到我头上,两周来耗费了我全部精力。直到这一切烦恼和不安都过去了,我才有心思打开你的书,并且用了整整两天的时间来读它。

---

①　《中国问题》。

　　我一向很喜欢中国人，即使是那些在干塔滨一家私宅的院子里想要杀我（和其他一些人）的中国人，即使是那些在曼谷一个晚上偷光我的钱的家伙（但人数并不多），不过这些家伙在暹罗突然销声匿迹之前，却把我的衣服给刷净叠好，以便我早晨起身后穿用。我也从各种各样的中国人那里得到许多恩惠。这再加上在一个旅馆的阳台上同曾国藩大人的秘书的夜谈和对一首诗（《不文明的中国佬》）的粗浅研究，就是我对中国人的全部了解。但是，在读了你对中国问题的极有意思的看法后，我对中国的未来却抱有一种悲观的观点。

　　看不到你的论断之为真理的人，只能是那根本不想去看的人。尤其在你与美国分子打交道时，他们就往人们的心里吹冷气。对中国或任何其他国家来说，那诚然是一种厄运。对你的书我更有深切的感触，因为你认为唯一的一线希望是国际社会主义的到来，这是我无法把握其确定意义的一种事情。我从未在任何人的著作或谈话中，发现有任何令人信服的东西足以暂且抑止我对支配这个人类居住的世界的命运所抱有的根深蒂固的悲观意识。那毕竟只是一种理论体系，不甚艰深而亦不甚可信的体系。作为一种纯粹的幻想，它不具有很高的水平，而且与一个饿汉的梦想异常相似，他梦见自己去参加有许多头戴三角帽的侍者守护的豪华盛宴而大饱口福。不过我知道你不会希望我去相信任何理论体系的。对中国人和我们其他人，唯一的救世良方是改变人心，但是纵观以往 2000 年的历史，并无充分的理由期望这种改变，即使人已开始奋飞有所作为——这无疑是一个巨大的"提高"，但并未做出任何巨大的改变。人不是像鹰那样高飞远举，而是像甲虫那样瞎飞乱撞。你一定注意过甲虫的飞动是多么难看、可笑和蠢笨。

　　你论中国人的性格的一章是人们本会期望于你的那样一种非凡的成就。它可能并不完满,但我不晓得。照现在的情况看,就其轻快的笔触和深刻的洞见而言,我觉得它是完美无缺的。我不难对它表示认同,因为我确实相信温厚纯朴近乎蒙昧未开的状态,相信同情与完全的残酷并存,相信在最明显的腐化堕落之下有着本性未泯的正直无邪。关于这最后一点,我提出下面的看法供你思考,即我们不应该赋予那种性格的特点以太大的重要性,——这恰恰因为它并不是一种性格的特点!无论如何,它在中国人那里正如在其他种族的人类那里一样,不是一种性格的特点。我认为,中国人的腐败是基于制度的:纯粹是由于支付薪金的办法。当然,那是非常危险的。在这方面,劝告臣僚诚实奉公的皇帝敕令对政府大员们不起作用。但是,中国人本质上是遵命守法的动物,在所有其他领域,应当说他们的特点是严谨诚实的。

　　你提出的另外一个建议甚至比使中国美国化的前景更令我恐惧,而且激起我对中国人的同情。那就是你提出的建立某种精选组成的委员会,由经过严格训练的团体做出决定,等等等等(第244 页)。如果一种被公开宣布了而有机会为民众所了解的宪法是不可信赖的,那么我们又怎能信赖一种自封的而且或许是秘密的团体(它本质上必是超乎法律之上的)去臧否个人或组织呢?不能想象你会是盲从陈规旧俗的奴隶或自欺欺人的牺牲品,因此我是在毫无自信的心情下来反对你所设计的方案的,这种方案由于事情的趋势(par la force des choses)和开始的方式只能变成一帮高傲自大的头头们的一种最危险的联合。在这个世界上,没有道义、美德和无私精神足以使任何这样的委员会不构成对一切道德的、精神的和政治的独立的最大危险。这样的委员会会变成最卑鄙恶劣的控告、密谋和争风吃醋的中心。面对着这样一个委员会的统治及其权力手段之道德败坏,任何思想自由、任何内心和平、任何天才、任何美德、任何力图超乎卑躬屈膝的庸众之上的个性都是没有保障的。因为我推想你是打算使它具有权力而且有使用这种权力的力量——否则它就会变成没有实质性的东西,仿佛是由天使(在一根针尖上可坐成千上万个)组成的了。但是我不会信赖这样一种团体,即使它是由天使组成的。……不仅此也!我亲爱的朋友,即使你罗素自己经过 40 天的沉思和斋戒之后亲自动手去挑选它的成员,我(用救世军的方式对你说)也不会信赖这种团体。说了这些之后,我也就很可以回到我通常的平静了;因为我实在想不出任何更强烈的方式来表达对这样一种拯救中国的计策的厌恶和不信任了。

在今晨的《泰晤士报》上,我看到(我是昨天开始写这封信的)一篇评论你的《中国问题》的文章,我希望你在面对我的猛烈批评时,这篇文章会使你感到安慰而能以自持。我说这话是极认真的;但是我觉得,鉴于我年迈体弱,你绝无必要去国离乡或要求警察保护。听到我的身体因为剧烈的咳嗽病已成残疾而且我的雄心壮志已被一种无法解释的沮丧情绪弄得无可挽回地颓靡下去,你无疑会很高兴。我这个不敬神明之徒就是这样被折磨着,而我也深切地体会到那类"超乎理解"的事物!……但是我不会请你考虑我的抑郁心情。精神失常就是这样子的。

你的——就其温和而言是真正基督徒式的——短笺刚刚收 163 到。我很赞赏你宽恕罪人的大度,你的友好的热情使我感到温暖。

但是我反对你轻信新闻报刊上的东西。我不知道我须呆在城里参加排演。我不知道是哪家无聊小报下的这道指令。事实是我上星期三才赶来仅仅待了 4 小时零 20 分钟；本周的某一天我也许还得去剧院造访一次（这整个的事情有如一场荒唐的梦）。我的教父（mon Compère），你不能怀疑我确实想看看这个孩子①，他的出世才给我们之间带来这种亲密的关系。但是我不愿意在城里过夜。实际上我怕在城里过夜。这不是说笑话。事实上我也不想公开地讲这个。我是把它作为一件伤心的事情向你吐露的。不过——这不可能持久；不久我将在一个约好的日子专诚一行去看望你们大家。在此期间，我将倾注我对他（指罗素的儿子康拉德）的爱，——特殊而独有的爱。请按照礼貌向你的妻子转达我的敬意，而且如我的真诚感情所要求的那样最热情地向我极尊敬的教母（ma très honorée Commère）致意。请继续对我这个竟敢签上自己名字的渺小而不足道的人加以宽恕。

永远是你的

约瑟夫·康拉德

1922 年 10 月 23 日

肯特郡毕晓普斯伯恩

奥斯瓦尔兹

Wm. F. 菲尔波特的来信

_____

① 指罗素的儿子康拉德。——译注

亲爱的先生:

现将您寄来供我阅读的一些文献资料寄回。

有一篇文章说"为什么爱思考的人们都投工党的票"。

爱思考的人根本没投工党的票,只有那些鼠目寸光的人才投工党的票。

从照片来看,您似乎离开摇篮不久,稚气犹存,因此我想你回家吃奶去才是聪明的。切尔西的选民需要一个富有经验的人来代表他们。听从我的劝告,把政治让给年长而成熟老练的人吧。如果你记不得 1870 年的普法战争或 1876—1877 年的俄土战争,那么你就还没有长大到足以做一个政治家。

我既能记得这些战争,也能记得 1866 年的战争,那一年打了撒多瓦之战①。

那时英国不乏富有经验之士代表它们。

我担心我们再也不会有像德比勋爵(机智善辩的鲁珀特②)和迷糊大人那样的人物来领导我们了。

　　　　　　　　　　您的恭顺的

　　　　　　　　　　Wm. F. 菲尔波特

　　　　　　　　　　1922 年 11 月 14 日

　　　　　　　　　　伦敦西南区　切尔西

---

①　撒多瓦之战发生于 1866 年,是普奥七周战争的最后一役,结果普鲁士取胜。——译注

②　"机智善辩的鲁珀特"一语取自 19 世纪英国诗人利顿的诗句:"坦诚,自负,鲁莽——机智善辩的鲁珀特",意指托利党首相德比勋爵。鲁珀特亲王是英国内战时期王党的领袖。——译注

在 1922 年 11 月 15 日国会大选时致切尔西选区选民书

亲爱的先生们,女士们:

164 　应工党切尔西执委会之请,我作为即将到来的大选的工党候选人来同你们见面。很多年来,我一直是独立工党的一员,我完全赞同 10 月 26 日公布的工党纲领。

　　自从停战以来一直在执政的这届政府,在过去四年里没有为恢复欧洲的正常生活做任何事情。我们的贸易由于丧失了顾客而大受损失。我们的国家在过去两年里遭受到的失业和贫困之苦是前所未有的,其主要原因就在这里。我们要想恢复某种程度的繁荣,首先必须做的就是要有一个明智而坚定的外交政策,能导致东欧和中欧复兴并避免像几乎使我们陷入一场对土(耳其)战争那样无知而欠考虑的冒险。工党是唯一有其明智而合理的外交政策的党,是唯一可能把英国从比以往所遭受的更大灾难中拯救出来的党。这新一届政府,按照它自己的支持者们的说法,其政策在任何点上都与前一届政府毫无二致。国人已逐渐认识到这届联合政府之无能,它的支持者大部分希望它自诩是一家大为不同的商号来消释选民的愤怒。这是一种陈旧的手法,有点太陈旧了,以致在今天已行之无效了。已认识到需要有新政策的人士一定会支持新的人物,而不是贴上新标签的同一些旧人。

　　我们需要厉行节约,但是不能损害最不幸的社会成员的利益,尤其不能损害教育和儿童保育事业,民族的未来即系于此。在伊拉克、恰纳克和其他地方浪费的钱财是完全无用的,在这些方面我们一定要设法削减经费。

我强烈支持征收财产税和实行矿山、铁路国有化,使工人在这些产业中有很大的管理权。我希望看到其他产业总有一天也采取同样的管理办法。

住房问题是一个必须尽早加以讨论的问题。可以通过征收地价税来缓和一下住房的情况,地价税可阻止土地所有者抢占空地待价而沽。如果公共团体都能雇用建筑行会以排除资本家的利润,那么事情是大有可为的。借助这些方法或任何证明可行的方法,就一定能提供住房,满足人们紧迫的需要。

解决失业问题的主要对策是必须通过恢复欧洲大陆的正常状态以改善我们的贸易。在此期间,那些并非由于自身的过错而失掉工作的人要忍受贫困之苦,这是不公正的;因此,目前我赞成继续发放失业津贴。

我支持消除男女在法律上的一切不平等。特别是我主张每个成年公民,无论男女,都应享有选举权。

自从停战以来,由于处理不当,我国和世界正面临着可怕的危险。工党有一个对付这些危险的清楚而明智的政策。我强烈反对鼓动暴力革命的主张,我相信只有通过宪法规定的方法才能使事态有所好转。但是我从某些政党那里看不到有任何改进的希望,他们主张继续奉行曾把欧洲带到毁灭边缘的糊涂的复仇政策。对于全世界,对于我们自己的国家,对于我国的每一个男人、女人和孩子,工党的胜利都是至关重要的。基于这些理由,我呼吁你们来投工党的票。

165

伯特兰·罗素

萧伯纳的来信

亲爱的罗素：

　　如果事情由我掌握的话，我会很高兴地表示赞成的；但是，你可以想象，我有那么多应接不暇的邀约聘请，以至我不得不让工党（就我来说是通过费边社）来决定我要上哪儿去。因此你最好马上致函费边社（伦敦中西一区，威斯敏斯特，托西尔街 25 号）要求我去做一次演讲。

　　不过，我必须提醒你，虽然我讲演时，大厅里常常座无虚席，会议表面上看是很成功的，然而那些赶来给我鼓掌的人到了选举那天却很可能去投对手的票或者根本不投票。上次大选时，我曾在 13 个热烈喜人的会上讲话，但是我支持的候选人无一当选。

　　　　　　　　　　　　　你的忠实的

　　　　　　　　　　　　　G. 萧伯纳

　　　　　　　　　　　　　［1922 年］

　　　　　　　　　　　　　伦敦中西 2 区

　　　　　　　　　　　　　亚达菲　特伦斯特 10 号

又及：正如你会看到的，这是一封供传阅的信，我之所以寄给你，只是因为它说明了当前情况。我在本月 2 日、3 日和 10 日已确有邀约，除此之外，什么都还定不下来。

　　现在劝你不要把自己的钱浪费在切尔西恐怕太晚了，在那个地方，任何进步人士都不会有丝毫机会当选的。在迪尔克时代，进步人士是激进派；但是卡多根勋爵依照时俗改造了激进派，把所有的激进派分子都驱赶过桥到巴特西①去（竞选）了。按理说可以赢得的席位竟没有给你得到，令人感到气愤。我自己是不会花一个铜板在那上面的，纵然我能够为400名左右的工党候选人筹集资金（他们每人会向我至少要5英镑）。

与让·尼科的往来书信

亲爱的罗素先生：

很高兴我们就要来了。能见到您，我们两人都感到很快乐。承您盛情相邀，真是太好了！

这段时间我一直没给您写信，因为我没做出什么好的东西来，因而感到有点惭愧。

尊著《战时的正义》将逐期载于《冶炼报》（La Forge），以后并拟出一单行本。我想，我本应该做得更好些。

我没有做什么工作，只是学一点物理学。我用了大量的时间在思考外间世界的问题，但未得出确实明确的结论。我曾渴望给这个问题的研究一个崭新的面貌，也是徒劳。

我们将于9月初来拉尔沃思。想到我们能有一些时间同您在一起，就觉得兴奋不已。

> 您的非常诚挚的
>
> 让·尼科

———————————

① 巴特西（Battersea）和切尔西（Chelsea）都是伦敦的市镇，在议会中有自己的代表。——译注

[1919 年]6 月 15 日

法国

亲爱的罗素先生:

我未能见到罗曼·罗兰,他目前不在巴黎。我将写信给他,并将您的信一起寄给他。

我们不去罗马尼亚。我明天要去卡奥尔,泰蕾兹正待在那儿。现在可望在 18 个月内去巴西。当然我将不再相信这些事情的任何一个;但是我们将学到很多地理学。

我肯定准备写一篇关于外间世界的论文。圣诞节时将写出一部分来,因为我相信在卡奥尔是做不了什么事的。

我们希望得知您已返回剑桥。

您知道,能再见到您我们两人都是多么高兴。

您的

让·尼科

1919 年 9 月 28 日

巴黎 14 区

加藏路 53 号

亲爱的罗素先生:

寄上筹码几何学,因为您说您喜欢它。它将发表于《形而上学和道德评论》,但是我忍不住现在就寄给您,作为我们谈话的延续。我希望您通篇审阅一下,但请不必非回信谈论它不可。我知道您非常之忙。

　　您能顺便来访，真是太好了。当我得知您要来时，就好像一个梦想变成了现实。跟您共处的那一天一直是我的一大快乐。

您的非常诚挚的

让

[1920年]4月20日

卡奥尔，波特兰卡路1号

我的手稿不必寄回。

亲爱的罗素先生：

　　您知道一家日本报纸报道了您的死讯吗？我给北京大学发电报问讯，回答是"病已康复"——但是我们可被吓得提心吊胆啊。我们希望您现在身体又很好了。

　　我将在2月或3月份拿一些钱离开现职，至少到明年10月以 167 前不去谋事。我的确希望见到您。

挚爱您的

让·尼科

1921年9月22日

日内瓦，普雷涅

索内村

亲爱的尼科：

　　我已将你提出的问题转交怀特海了,因为我已忘记了他的理论,而且从来没有把它彻底弄懂。我一得到他的回答就会告诉你的。你的书已接近完成,我是很高兴的。书完成时请让我一阅。——我知道关于我去世的报道——那是一件极其讨厌的事情。英国和美国的报纸也登了。我现在实际上身体挺好,不过我曾非常接近死亡却没有走向疯狂——我患的是肺炎。我神志昏迷了 3 个星期,对这段时间我记不起任何东西,只记得梦见一些黑人在沙漠里唱歌,还梦见我想我必须向他们发表演说的一些学术团体。后来医生告诉我说:"当你生病时你的举止像一个真正的哲学家;每当你清醒过来时,你都开一个玩笑。"从来没有比这更令我高兴的称赞了。

　　多拉和我现已结婚,但是我们还是像先前那样幸福。我们一起向你们问好。在你离开日内瓦时能见到你将是令人愉快的。我们将到伦敦去。

深爱你的

伯特兰·罗素

1921 年 10 月 2 日

伦敦西南 11 区,巴特西

威尔士亲王路,奥弗斯特

兰德公寓大楼 70 号

亲爱的尼科:

　　8 个月来我一直想给你写信,但是不晓得怎么的竟没有写。

凯恩斯有没有给你回信？他现在忙于政治和赚钱，我不知道他是否思考概率问题。他已变成巨富，把《国民报》弄到手了。他是自由党，不是工党。

《数学原理》将再版，我在写一个新的绪论，去掉了可还原性公理，并假定命题函项永远是真值函项，函项的函项只有通过函项的值才出现而且永远是外延。我不知道这些假设是否正确，但是把它们的结果弄清楚是值得的。

你对随信附上的这个计划有何想法？我已着手去征集论文。我问过他们是否接受法国人的文章，他们说可以，如果是用德文或英文写的①。你能给他们写一篇文章寄给我么？我要尽我所能地支援他们。写吧。

我们一切顺遂。多拉预计在圣诞节前后生第二个孩子，遗憾 168
的是，我在新年期间必须去美国讲学 3 个月。

世界局势越来越糟。不能生活在 50 年前真是不幸。现在上帝又在跟东京交手了。迄今为止，他都战胜了人类的战争贩子，但是战争贩子们不久就会跟他势均力敌了。

永远是你的

伯特兰·罗素

1923 年 9 月 13 日

伦敦西南 3 区

西德尼街 31 号

---

①　这里是指为石里克办的刊物撰写文章，详见下面石里克给罗素的信。——译注

维也纳学派创始人莫里茨·石里克的来信

亲爱的罗素先生：

　　衷心感谢您亲切的来信。得到您肯定的答复，令我喜出望外。既然您同意作为我们的编委之一来帮助我们，我相信我们的杂志是有保证的。您目前不能赐寄大作一篇而且在最近几个月内也难望从您在英美的朋友中征得稿件，这当然很遗憾的，但是我们一定耐心等待，乐于一直等到您有较多时间可以动笔的时候。我确信我们的计划以后会进行得很好。知道我们有您的支持，您的名字在某种程度上将与我们杂志的精神成为一体，这就已经具有重大的影响了。

　　谢谢您提出的其他一些建议。我认为尼科先生的稿子是极应欢迎的，我们的编委绝不会有人反对采用法国人的文章，但是很遗憾，出版商（他当然是在商言商）已经申明，他目前不可能印刷任何法文的东西，但是我希望他不会反对发表法国作者用德文或英文写的文章。

　　我已写信给莱辛巴赫，谈到您提及华沙的波兰逻辑学家的事；我想同他们联系在政治上不会有什么困难。我认为我们一定要注意创刊号上不可发表过多的讨论数理逻辑或以符号形式写作的论文，以免吓跑了许多读者，我们应让他们逐渐地习惯于这种新形式。

　　我已要莱辛巴赫把他的一些主要论文的抽印件寄给您；希望在此信到达之前您已收到它们。

　　本来想向您请教几个哲学问题，但我目前忙极了。我们的"国际大学课程讲座"本周开始，有来自许多国家的讲师和学生。如果明年有类似的机会您愿意到维也纳来,那就太好了。

再次表示感谢。

您永远非常诚挚的

M. 石里克

1923 年 9 月 9 日

维也纳大学哲学研究所

让·尼科的来信

169

亲爱的罗素先生:

我很希望把我的书《可感世界的几何学》献给您。这本书写得
不是很好,但我仍希望其中有些地方可能有点价值。像这个样子,
您能接受我将它献给您吗? 我已拟好献词如下:

谨以此书献给

我的导师

英国皇家学会会员

尊敬的伯特兰·罗素

以表我深切的感恩之情①

像这样写可以吗? 此书是我的主要论著。另一论著是《归纳
的逻辑问题》,是对凯恩斯的一个批评。我认为我在那里证明了,

_____

①　原文为法文。——译注

两个事例仅在数值上不同（或者说在被认为不重要的方面是不同的），确可算作不是单单一个东西；我还证明了凯恩斯的变异限度并没有起他以为它能起的作用。这两本书都将在三周左右的时间付印（不过要到冬季在巴黎大学讨论会之后才能出版）。

我曾将我的手稿寄给凯恩斯，提议将他的答复与此书一起付印。但是他说他太忙，正倾全力于其他事情；而且他恐怕根本就没有认真地对待我——这是令人遗憾的，因为我确信我提出的一些批驳是很值得他考虑的。

在身体方面，我对健康不佳的状况已经习惯了，不过这种状况还是容许有适度的生活活动的，而且可能随着时间的推移而好转。

祝您全家兴旺，向您们问好。

> 让·尼科
>
> 1923 年 9 月 17 日
>
> 日内瓦，珀蒂萨空内
>
> 库德里耶路

亲爱的罗素先生：

今晨刚寄走给您的信就接到了您的信。

我愿为这份新办的评论杂志①写一篇文章。但是我刚刚寄给《形而上学和道德评论》一篇文章（论逻辑上的真值关系和意义关系），手头上连一篇半成品也没有。我曾考虑给我的书写一后续，

----

① 指石里克筹办的那个刊物。——译注

讨论视景的宇宙,在其中对象处于(统一的)运动中,狭义相对论对它适用,一切都尽可能的简单。我将阐明观察者(更像一个天使而不像人)会观察到的东西及其可感世界的秩序。使我对这类事物发生兴趣的是这种看法的新颖性——把世界看作某种全新的东西。但这很可能是很幼稚的看法,在您看过这本书并告诉我它值得一读之前,我不打算把这种看法再讲下去。

既然您将再版《数学原理》,那么我愿提醒您,我已借助其他3 170个初始命题(重言式,加法律,三段式命题)证明了置换律和联合律,我只是将它们的某些字母的次序做了改动。我是在我的大学毕业论文(学士学位论文)里提出这个证明的。我完全忘记是怎么做的了,但是我想我也许还能把那篇论文给您找出来,如果您想要将您的5个初始命题归约为那3个初始命题(注意其中一个命题只有一个字母,一个命题有两个字母,一个命题有三个字母)。

凯恩斯回答了我寄给您的那封信。他的回答使我相信我提出的两点批评都是对的;所以我继续写我的小书。很遗憾,他对归纳理论不再做更多的工作。

你儿子拿着石块的样子的确招人喜欢。他的容貌非常好。

向您问好。

永远是您的

让·尼科

1923 年 9 月 19 日

日内瓦,珀蒂萨空内

库德里耶路

与泰蕾兹·尼科的往来书信

亲爱的罗素先生：

让患病不久已于上星期六去世。①

我想在他还在这个家里、停在我身边的时候，就写信给您。在这所房子里，他做过那么多的工作，那么盼望恢复健康，——在这里我们一直是非常幸福的。

您很了解他是爱戴您的——对他来说，您是一位多么出类拔萃的人啊——您也了解他是一个生性愉快而品格高尚的人。他的死真是令人心痛欲裂啊。

多拉近况如何，请赐告。

谨致深挚的问候。

泰蕾兹·尼科

[1924 年]2 月 18 日

亲爱的罗素先生：

请原谅我没有早日致函感谢您撰写序言(或绪论，我们将采用您认为最好的标题)。我知道您是为了让而写的，所以我难以表达我对您的感激之情。

一俟略有闲暇，我就把它译出来。种种要做的事情纷至沓来，简直应接不暇。

当然，您的序言正是我们所能要求的一切而犹有过之。我的

---

①　此信以下为法文所写。——译注

意思是说它写得很漂亮——我怎能提出任何修改呢。我记得去年冬天我写信给让,说他是我所知道的人中最美好的典型。(我不记得是怎么回事了——我们不时地有类似这样的热情迸发)而他立即回答我说:"Moi le plus beau type d'humanity que je connais c'est Russell."(对我来说,我所知道的人中最美好的典型是罗素。)

再致最深切的谢意。

您的非常诚挚的

泰蕾兹·尼科

1924 年 7 月 22 日

日内瓦

亲爱的罗素勋爵:

请允许我过了这么多年又来求助于您。我一直有一个心愿,想再版让·尼科的论文,而且我知道,在今天他的思想也还未被人们忘记。最近我有机会遇到高等师范学校校长让·伊波利特先生,他热情地建议我首先再版《归纳的逻辑问题》,他一直完好地保留着一本作为纪念,而且向青年哲学家们推荐阅读此书。

向我做同样建议的人中,我还可提到苏黎世的贡塞特教授、加斯东·巴什拉尔先生、让·拉克鲁瓦,等等。有一天,我竟偶然发现在 1959 年出版的一个教本上有一章节标题为"尼科公理"。

再版本将在巴黎由法兰西大学出版社出版,它确信有广泛的销路。

我想请问您,您认为这个再版是否适当,您是否愿意在 M. 拉朗德的前言之外也写几句话。有谁比您更能使这个已然迟到的纪念加重分量和提高地位呢?

亲爱的罗素勋爵,请接受我的深深的钦佩和尊敬之情。

泰蕾兹·尼科

1960 年 10 月 19 日

日内瓦　蒂雷路 12 号

此信所写的您的地址是我偶然在一份杂志上发现的,我对这个地址没有把握,所以我把信挂号寄出。①

亲爱的泰蕾兹·尼科:

谢谢你 10 月 19 日的来信。得到你的消息,我非常高兴。我完全赞同你的意见,为尼科论归纳的著作出一新版是一件很值得做的好事,我认为这部著作很重要,但一直未得到人们充分的认识。我很愿意对拉朗德先生的前言略作补充。我认为你应与罗伊·哈罗德爵士(牛津,基督堂)联系,多时以来他一直关心为尼科的著作推出一个比好久以前的翻译更好的英译本。

得悉令郎不幸早逝,我非常难过。

如果你什么时候来英国,能见到你当是一大快事。

---

① 此信原为法文。——译注

你的非常诚挚的

伯特兰·罗素

1960 年 11 月 1 日

普拉斯·彭林

萧伯纳致弗兰克·罗素的信 172

我亲爱的罗素①:

前些天我饶有兴趣地通读了你那本值得称赞的不做自辩的辩护书。从你的"再见"(Au Revoir)我推想你会有下一本书为其续编。

我就是完全按照令尊的计划被培育出来的——或者说让我自己成长起来的。我想象不出有比按照那种方式启蒙的孩子的处境更糟糕的了,而当他已经在心灵和性格上获得一种成熟的自由思想的习惯时,又会被置于彭布罗克邸园式的监护之下。你说你脾气坏;但是你既没有烧房毁屋,也没有谋杀你的罗洛叔叔,这个事实乃是一个永恒的证据,说明你并非如此。

毫无疑问,温彻斯特救了罗洛和他的圣坛。你对这个学校的描写是我读过的有关这些大的儿童寄养所之一的唯一真正客观的叙述。

永远的朋友

G. 萧伯纳

---

① 此信写给我哥哥,是谈论他的《我的生活和冒险》(1923 年出版)一书的。

1923 年 4 月 11 日

萨默塞特,迈因黑德

大都会旅馆

摘自芝加哥《团结报》的文章,1924 年 6 月 19 日

伯特兰·罗素已返回英国,一位外国人在我国历来进行的给人印象最深的一次旅行到此告一终结。罗素教授演讲所到之处,都受到广大听众如痴如狂的热烈欢迎,人们兴致盎然、满怀敬意地倾听他的讲话,情景至为感人。大部分的演讲会是收费的,票价往往与戏票相当,但是这似乎并不影响人们踊跃参加。大群大群的男女听众挤满了他所在的礼堂,争相向他们如此崇敬的这位卓越人物表示敬意。从这个角度来看,伯特兰·罗素的访问是一个巨大的成功。但是从另外一个完全不同的角度来看,则是一件失败和丢脸的事!广大民众对这位著名的英国人能知道些什么呢?他飘洋过海带给我们美国人的又是什么呢?什么也没有!我们的新闻报刊对他的来访可以说彻底保持沉默。只有在罗素先生与哈佛校长洛厄尔发生争论而有机会造成喧嚣轰动时,他的名字或他说的话才以多少明显的位置出现在我们报刊杂志上。那些专发有关外国百万富翁、演员、歌手、职业拳击手和军人的专栏文章,喜欢对从女人到天气的任何琐闻逸事评头品足、说三道四的杂志对这位今日最卓越的欧洲人之一几乎没有任何报道。但这还不是最糟的。我们从新闻报刊再转向大学院校看看吧!这就是罗素先生:

173 现代最杰出最著名的数理哲学家——长期任英国剑桥大学荣誉研

究员——许多学术论文和论著的作者,这些著作是其领域中公认为有权威性的作品——他至少是一个伟大的学者,但充其量只是最伟大的学者之一!但是究竟有多少美国大学院校正式邀请他去讲学呢?有多少大学院校授予他名誉学位呢?就我们所知,史密斯学院是唯一正式接受他为一名讲师的院校,虽然我们知道他也出现在哈佛大学学生俱乐部。说实在的,罗素教授是被忽视了。比这更能测量美国学术生活之无知、怯懦和伪善的尺度,我们还没有见过!

T. S. 艾略特的来信

亲爱的伯蒂:

收到来信很高兴。知道你喜欢《荒原》特别是其第 5 部分,我非常高兴。我认为第 5 部分不仅是最好的一部分,而且是证明全诗之正当合理的唯一的部分。你喜欢它,这对我很重要。

我必须告诉你,18 个月以前,即在这部诗作发表以前,维维恩曾要我把手稿寄给你一阅,因为她相信你是唯一能够看出点什么问题来的人。但是我们觉得你也许宁愿与我们没有任何牵连:然而说我们要与你断绝往来,则是无稽之谈。

今春维维恩害了一场大病,差一点要了命,——也许奥托兰跟你说过。因此她一直待在乡下,还未回来。眼下同你一起去吃正餐有点困难。可否我星期六来同你吃茶点呢?我非常想见到你——我曾经想过多少次啊。

你永远的朋友

T. S. E.

1923 年 10 月 15 日

伦敦西北 1 区

克拉伦斯门广场 9 号

亲爱的伯蒂：

　　如果你还在伦敦，我很想去见你。

　　我的时间和地点都很受限制，不过在得到你的回话以前先不必谈这些。

　　我希望你能说一些话，这些话是只有你才能说的。但是如果你现在对我们夫妇俩谁都不关心了，那么索性就写一张纸条说："我不想见你"或者说"我不想见你们任何一个"——这样我就明白了。

　　在这种情况下，我将告诉你，结果一切都如你 10 年前所预料的那样。你是一位伟大的心理学家。

你的

T. S. E.

[1925 年]4 月 21 日

伦敦西北 1 区

克拉伦斯门广场 9 号

174　我亲爱的伯蒂：

　　收到你的信，实在非常感谢。正如你所说，在我能见到你以前要你提出一些建议是很难的。例如,我不知道自从我们接触以来所发生的变化,在你看来,在多大程度上是重要的。当然,你的建议我觉得本来是多年以前就应该做的。从那时以来她①的健康严重地恶化了。她唯一可选择的道路就是离群索居——如果她能够这样生活的话。跟我生活在一起使她遭受如此多的伤害,这个事实也没有促使我做出任何决断。我需要有一位了解她的人给我以帮助——我发现她总是令人困惑难解、真假莫辨。我觉得她就像一个6岁儿童,有一颗极端聪慧而早熟的心灵。她写东西(故事,等等)极漂亮,而且很新颖。我永远逃不脱她那富有说服力的(甚至是强制性的)雄辩天赋的魅力诱惑。

好啦,伯蒂,多多感谢——我觉得很悲观失望。希望在秋天能见到你。

你永远的朋友

T. S. E.

[1925年]5月7日

伦敦中东1区,撒维斯宿舍17号

《尺度》编辑部

我兄弗兰克的来信

亲爱的伯蒂:

---

① 指他的第一个妻子。

我星期五同阿加莎姑姑吃午餐,她对你甚至产生了更大的隔阂。她一开始就唉声叹气谈起艾丽丝①,说艾丽丝仍然多么爱你,而且当年如何使你下决心要娶她。她使我大为光火,我最后提醒她,那时连她也完全赞同的彭布罗克邸园的观点②是认为你是不谙世事的青年,被一个工于心计的女人追求。这种看法并不比别的看法更正确。然后她进而谈节制生育问题,嗤笑多拉,这更加激怒了我,我禁不住对她说,我认为一个 73 岁的老太婆没有资格为 25 岁的年轻妇女定规立法。于是她向我郑重宣告:她也年轻过,她也曾经是 25 岁,不过很遗憾我没有勇气对她说"你从未年轻过!"你可以推想,我被迫对她回击(我一般是不这样做的)一定使她怒不可遏。然后她又试图挑拨你和伊丽莎白的关系,说你曾经非常爱伊丽莎白而且经常去看她③。她真是一只邪恶的老母猫。

为了把她的臭味从我的嘴里清洗掉,我一回到家就朗诵(或无论如何也通读一遍)以前从未看过的三本书:《代达勒斯》(*Daedalus*)、《伊卡罗斯》(*Icarus*)和《希帕蒂亚》(*Hypatia*)。霍尔丹的"试管母亲"使我战栗:我更喜欢音乐厅唱歌的方式!我喜欢我在多拉的书中读到的东西,打算更仔细地重温一遍。

请告诉多拉,我一点也不急于到费边社人们那里去,因为那会把我挤得流出眼泪来,而那只是为了去给她撑腰,因此我希望她不要让任何别人来给我添麻烦。多拉说你胖了,我开初以为这是"无

————————————

① 罗素的第一个妻子。——译注

② 彭布罗克邸园是罗素青少年时期同祖父母住在一起时的住宅,彭布罗克邸园的观点即指罗素家族的看法。——译注

③ 这当然纯系假话。

足轻重"的事情,但是它给了我一个小小的希望,即你不再是一个哲学家了,可再仔细一看,才明白你是"在写论教育的著作"。

多萝西·林奇说,她将于8月初下来看你,我说我开车送她来,不过我想这也就意味着要运载一位重量级的人物。她提出的时间是8月份法定假日刚过之后的某一天,这个时间对我是合适的,如果你那时想见我的话。今年我将去大不列颠协会工作,因为它就在南安普敦,非常方便,不过你听到这个消息,无疑会感到惊讶的。

诅咒那个尖酸刻薄的老处女①!

深爱你的

［弗兰克］罗素

1925年6月8日

伦敦西2区

克利夫兰广场50号

亲爱的伯蒂:

谢谢你有趣的来信。我倒正要给你写信呢,因为我一直在读你那本令人愉快的书《我相信什么》。嗬!你已经把它压缩了,可仍然成功地说了很多很多的东西,这些东西就是有意要使现时那些正人君子们窘态毕露,大感烦恼。我非常喜欢这本书,所以打算弄到6本,分送到我认为它会受到赏识的地方去。我很喜欢你那

---

① 指此信开头谈到的阿加莎姑姑。——译注

个有说服力的证明，即主教们比起那乐于以人为牺牲献祭的阿兹特克人①要野蛮残忍得多。不过我不想送一本给我那位温顺的主教，因为尽管我对他保有感情，但是理智不是他的优点。

我将写信给多萝西，并把你的意见转告她。

深爱你的

［弗兰克］罗素

1925 年 6 月 15 日

伦敦西 2 区

克利夫兰广场 50 号

格特鲁德·比斯利的来信

亲爱的罗素先生：

3 月份您走后不久，我为拙著找到了一家出版商，巴黎的一家半私营的出版公司。几周前，送来了一些清样。在牢房里待了一夜后，我昨天早晨才在弓街②见到了治安官。

6 月 19 日下午，苏格兰场的一个官员来见我，随身带着一捆176我的书的清样，他把它说成是"极端庸俗下流的"。他说我被指控通过邮局寄发违禁品，必须去见治安官。他检查了我的护照，发现我没有办理入境登记。于是我被逮捕了，被押送到弓街去办理护

① 墨西哥印第安人。——译注
② Bow Street，或译博街，位于伦敦市中心，为警察法庭所在地。——译注

照登记,在那里拘留过夜。外侨事务官员指控我未办理护照登记,我向治安官承认这个过失,但对自己的疏忽做了解释。苏格兰场探员指控我通过邮局寄发庸俗下流作品,要求治安官予以处罚(我相信他这样说了)并安排将我驱逐出境。所谓处罚,我料想是指处以很重的罚金或者被判监禁。

我现在交了 10 英镑被保释出来。此案要在 6 月 27 日 11 点左右开审。我明天会确切得知那个时间。

尤尔先生认为他能找到一位接受此案的律师。我明天到美国领事馆去,并且要同这里认识我的其他一些人谈一谈。明天也许见得到埃利斯博士。

很高兴您能有以教我。

您的诚挚的

格特鲁德·比斯利

1925 年 6 月 21 日

伦敦中西 1 区

沃伯恩广场 8 号

格雷沙姆旅馆

比斯利小姐是美国得克萨斯的一位教师,写了一本自传。那是一本真实的作品,而真实倒是不合法的。

致著名数学家马克斯·纽曼

亲爱的纽曼：

多谢你寄给我《心》（*Mind*）杂志所载论及我的尊作的抽印件。我以很大的兴趣读了它，但又有点失望。你很明白地认为，我下面的论断，即对于物理的世界，除了它的结构之外，我们毫无所知，或者是错误的，或者是无价值的。我为自己一直没注意到这一点而感到有点惭愧。

当然，如你所指出的，我们在说物理世界可能有这样那样的结构时对物理世界所做的唯一有效的断言是对其基数的断言。（顺便说一下，这并不是一个如表面看来那样微不足道的断言，如果所涉及的基数是有限的话，而这不是不可能的。不过，这不是我要强调的一点。）当我读你的文章时，我很清楚地看到，我原本并未想要说我事实上的确说了的话，即对物理世界，除了它的结构之外，我们毫无所知。我总是假定与知觉世界的时空连续性，也就是说，我假定在知觉物和非知觉物之间可能有一种共时性，我甚至假定我们可能通过有限多的步骤从一个事件过渡到与之同时共在的另一个事件，从宇宙的一端过渡到另一端。我认为共时性是一种可能存在于知觉物之间的关系，而且其本身也是可知觉的。

我尚无时间仔细考虑，除结构之外只承认共时性究竟在多大程度上能使我免受你的批评，也尚未考虑它在多大程度上会减弱
177 我的形而上学之貌似有理性。我确已认识到的是，知觉物和非知觉物的时空连续性在我的思想中具有如此公理自明的性质，以致我竟没有注意到我的上述那种论断看来已否定了它。

我此刻实在太忙，无暇对这个问题做彻底的思考，但是如果你有时间赐告你对这个问题是否有一些不仅仅是消极的想法，我当

非常感激,因为从你的文章中还看不出你自己的观点是什么。从同你的谈话中我得到的印象是,你赞同现象主义,但是我不大知道你在多大程度上是明确地这样赞同的。

你的诚挚的

伯特兰·罗素

1928 年 4 月 24 日

致哈罗德·拉斯基

我亲爱的拉斯基:

我这个学期恐怕不大可能到苏格拉底学会去演讲,虽然我极乐意去。但事实是我太忙了,脑子里没有任何值得跑去一说的思想,就像埃迪夫人对我的一个朋友说的,她太忙了,又无分身之术。

边沁提倡和谐的婚姻,我一点都不感到惊讶;事实上我们差不多都能推出这个结论。我偶然从被用作书签的一个旧信封上发现,在我出生时,我父亲正在读边沁的《行为动机表》。显然这就使我被按照边沁主义的方式"培养起来",而在我看来他永远是一个最通情达理的人。但是作为一个校长,我渐渐地趋向于更激进的教育计划,如同柏拉图提出的那样一些方案。如果有一个国际政府的话,我会认真地支持彻底消灭家庭,但是照目前情况看,我担心这会使人们具有更强烈的爱国情绪。

你永远的朋友

伯特兰·罗素

1928 年 5 月 12 日

致加德纳·杰克逊先生

亲爱的杰克逊先生：

很抱歉，我不能在 8 月 23 日你们开会时到美国，况且我在那之后不久就会在那儿了。您要尽一切努力使人们牢记萨科和万泽蒂①，我认为您做得很对。我认为，对一切没有偏见的人来说，很显然没有证据证明给他们定罪是正当的，在我的心里毫不怀疑他们是完全无辜的。我不能不得出这个结论：他们是因为自己的政治见解而被判罪的，那些本应更了解实情的人之所以对所谓罪证发表误导人们的看法，是因为他们认为抱有这种政治见解的人就没有权利活着。这种看法是非常危险的，因为它把一种被认为随着文明国家的成长已不复适用的迫害形式从神学领域转移到政治领域来了。这种情况发生在匈牙利或立陶宛，人们不会感到很惊讶，但是发生在美国则必然成为所有尊重见解自由的人们所严重关切的事情。

您的诚挚的

伯特兰·罗素

1929 年 5 月 28 日

------

① 萨科和万泽蒂，是美国的意大利移民工人，1921 年被诬控杀人抢劫，1927 年被判死刑。当时曾引起世界各地的抗议。——译注

又及:我希望您根据上面的信弄成一件向你们会议致贺的信函;如果您觉得不合适,请告诉我,我另作他谋。

与 C. L. 艾肯的往来书信

亲爱的罗素先生:

我正准备一篇作为自由撰稿人写的文章,题目是关于那些缠着作家们不放的寄生虫似的讨厌鬼:热衷于求人签名和拍照留念者,各色各样无头脑无思想者,他们都期望自由评论、诗歌、演说、讲学、费劲的营生,并且通常对文学界的内行、专家施加影响。(我想您也许把我归入此类中人,但我希望您能意识到,在这种情况下,只要目的正确,可以不择手段。)

您能否惠寄一纸,谈谈您的怨愤不平之事,文字长短、写作体裁当然悉听尊便。

您的非常真诚的
克拉里斯·洛伦茨·艾肯
1930 年 3 月 2 日
麻省,剑桥
普林普顿街 8 号

亲爱的艾肯先生:

和其他作家一样,我也很受那样一些人骚扰之苦,他们认为一个作者就应该为他们效劳。除了缠着我要为其签名者外,我还收到大量的来信,写信的人希望我把《名人录》上关乎我的那个条目给他们复写一份,或者问我关于我已在出版物上充分讨论过的问题有什么看法。

我收到印度教徒的许多信,恳求我采纳某种形式的神秘主义;我收到美国青年的许多信,问我宠爱的界限应当划在哪儿;我收到波兰人的许多信,强烈要求我承认,即使所有其他的民族主义都可能是坏的,波兰的民族主义也完全是崇高的。

我收到一些工程师的信,他们无法理解爱因斯坦;我收到一些牧师的信,他们认为我不可能理解《创世记》;我收到一些丈夫的信,他们的妻子把他们遗弃了——他们说重要的不在这儿,而在于妻子们将家具随身携之而去,在这种情况下,一个文明有教养的男人应当怎么办?

我收到一些犹太人的信,说所罗门不是一夫多妻论者;我收到一些天主教徒的信,说托尔克马达不是一个迫害狂。我还收到一些信(我怀疑它们的真实性)企图让我鼓吹人工流产,我也收到一些年轻母亲的信,征询我对人工喂养婴儿的意见。

179　　很遗憾,我的通信者讨论的问题,我此刻大多记不得了,但是我上面提到的几个问题可作为一种实例。

你的非常真诚的

伯特兰·罗素

1930 年 3 月 19 日

7. 1938 年的
伯特兰·罗素

"THE CHAIR OF INDECENCY"

有伤风化的椅
子［出自1940
年4月2日《纽
约邮报》］

8. 帕特里夏·斯彭斯(后来成了罗素夫人)

致布鲁克斯小姐[①]

亲爱的布鲁克斯小姐：

我不能肯定您所说美国的问题比中国的问题更大是否正确。很可能美国在下一两个世纪将变得更为重要，但是在那之后则很可能轮到中国了。我认为美国非常令人担心。在你们国家人和人的关系方面有某种难以置信的不正常的东西。在我们学校里有不少美国孩子，对他们母亲的天生无能我大为吃惊。亲情之泉似已干涸。我推想整个西方文明将走上这同样的路，我预料所有我们西方的民族都将灭绝，只有西班牙人和葡萄牙人可能是例外。或者国家可以着手培育必要的公民，把他们教育成如同断绝家庭联系的土耳其苏丹禁卫军那样的人。读一读约翰·B.华生[②]论母亲的作品吧。我过去总觉得他发疯了；现在我只觉得他是一个美国人；那就是说，他所了解的母亲乃是美国人的母亲。这种身体上的冷漠疏远带来的结果是，孩子是充满了对世界的仇恨而成长起来的，而且急欲使自己作为一名罪犯而出人头地，像利奥博德和洛布那样。

您的诚挚的

伯特兰·罗素

1930 年 5 月 5 日

[①]　后来成为尊敬的雷切尔·格利森·布鲁克斯女教长，我在 1931 年曾为她的一本尚未发表的关于中国的书写过一篇序。

[②]　华生(1879—1958)，美国心理学家，行为主义心理学的创始人。——译注

下面是我为她的书所写的序的一部分：

由于西方国家的侵略，在许多方面比我们自己更有文明教养、具有更高道德水平的中国人有必要制定一种较之来自儒家学说者更有军事效力的政策。旧中国的社会生活是以家庭为基础的。孙中山正确地认识到，中国要想成功地抵抗军事列强的攻击，就必须以国家代替家庭，用爱国主义代替孝道——总之，中国人必须做出选择：作为圣徒而死，还是作为罪人而生。在基督教的影响下，他们选择了后者。

假使民族主义的（蒋介石的）政府能够成功，那么其结果必然是为诸多残酷的军政府又增加一个非常重要的成员，除了在毁灭文明这一点上，它在任何事情上都堪与那些军政府相匹敌而无逊色，那些政府准备为之协力合作的唯一使命就是毁灭文明。一切的才智，一切的英雄行为，一切的殉难，以及 1911 年以来中国历史令人痛苦的理想幻灭，将只会导致这样一个结果：为罪恶创造一种新的力量，为世界和平树立一个新的障碍。日本的历史本应使西方有所警惕。但是西方文明及其全部智慧在运作上却像雪崩似地盲目蜂拥而来，其发展会达到怎样一个可怕的结局，我不敢推测。

在《这是你继承的遗产：布鲁克斯家族纽约州希芒县一支的历史》（美国纽约，沃特金斯·格伦，世纪出版社 1963 年版，第 167 页）一书中布鲁克斯小姐写道："伯特兰·罗素的序（去掉对作者的那些赞誉之词）对当代中国所发生的一切做了概括的说明……。1931 年 12 月 1 日晨，我在俄亥俄州阿克伦市五月花旅馆的会客室里记录了这篇序，当时罗素先生在地板上来回踱步，吸着他的烟斗。然后他在记录稿上签名，我们就到火车站去了；他依约去做另一次讲学，我则回了奥柏林。"

致 H. G. 威尔斯

我亲爱的 H. G.：

　　多谢你赐寄尊著《公开的阴谋》。我以最完全的同情阅读了它，虽然我对我表示完全赞同的东西并无所知。我非常欣赏你的普罗文德岛寓言。我想，我不如你那么乐观，这也许是因为我在战争期间与大多数人类相对立，因而养成了一种迷茫不知所措的感觉习惯。

　　例如，你谈到要使人们参与这个公开的阴谋，但是我却认为，恐怕不会有任何人参加，除了爱因斯坦之外——我承认这是一个并非不重要的例外。要在我国栖身须有爵士身份，在法国驻足须成为研究院院士（membres de l'institut），如此等等。即使在青年人中间，我相信支持你的也微乎其微。朱利安·赫胥黎不会乐意轻易放弃对主教职位的考虑；霍尔丹不会放弃可从下一次战争获取的乐趣。

　　读了你关于学校和一般教育所讲的话，我很感兴趣，还有你提倡"某种有益于儿童的家庭和社会生活的宗派主义"以及"将其家庭加以组合和建立其自己的学校"。正是因为感到这种必要性，我们才创立了比肯山学校，而且我日益相信，具有我们这种思想的人们不应使他们的孩子受到蒙昧主义的影响，尤其是在儿童的早年时期，那时的这些影响可能在他们未来的成年生活中不自觉地发生作用。

这就给我提出了一个我略感犹豫去探讨的问题,但在读你的书之前,我就已决定写信向你谈这个问题。这个学校一年要花掉我约 2000 英镑,也就是说几近我的全部收入。我并不认为这是由于我管理不善;事实上我所听说的一切实验学校都有经费高昂的问题。我的收入是不稳定的,因为它有赖于美国读者的兴趣,而美国人之变化无常是出了名的,因此我无法确定能否把这个学校继续办下去。为了办下去,我每年需要约 1000 英镑的捐款。不知你是否愿意助我一臂之力去争取这笔资助,无论直接募集还是撰文呼吁均可,你的呼吁对进步的美国人可能有影响的。你愿否考虑此事,如蒙赐告,无任感激。当然你会明白,由多拉和我执笔的一份呼吁书,较之出于一位义无偏私的作家之笔者,其效力大不相若,尤其是像你这样一位作家的手笔。

我深信我们在这里所做的事情具有重要意义。如果用一句话来表达我们的教育宗旨,那就是:目的在于培养主动精神而不是减弱它。长期以来我一直认为,愚蠢多半是由于恐惧而导致精神压抑的结果。我们同自己的孩子相处的经验使我更加坚信这个观点。他们对科学的兴趣既满怀热情又具有很强的理解力,他们想了解其周围世界的欲望大大超过了那些好奇心遭到禁锢而被教育出来的孩子。我们所做的当然只是一个小范围内的实验,但是我的确很有信心地期望它将得到非常重要的结果。你会晓得,几乎所有其他的教育改革家都不甚强调智育。例如,A. S. 尼尔在许多方面是一位令人钦佩的人物,但是他却给孩子们完全的自由,以致使他们得不到必要的训练,而在他们本来可能注意更有价值的事物的时候经常跑去看电影。在这个方面缺乏激发儿童兴趣的机会,我认为在儿童智力兴趣的开发上是一个重要的因素。我注意到你书中讲娱乐的地方,我非常坚决地赞成你的意见。

希望你回英国时来我们学校访问,看看我们正在做的事情。

你的非常诚挚的

伯特兰·罗素

1928 年 5 月 24 日

与 A. S. 尼尔,一位进行教育改革的校长的往来书信

亲爱的罗素先生:

我感到惊讶的是,从不同角度出发进行工作的两个人竟得出基本相同的结论。您的书和我的书是互相补充的。我们唯一的区别可能来自我们各自的复杂背景。我注意到您很少或没有谈到手工在教育上的问题。手工一向是我的爱好,您那儿的孩子向您提问星星月亮的问题,我的学生们问的则是刀具、螺纹之类。另外我可能比您在教育上赋予情感以更大的重要性。

我以极大的兴趣读了您的书,与您的观点几无二致。但是您用以克服孩子们对大海的畏惧心理的方法,我却有全然不同的看法。一个性格内向的孩子的反应可能是想:"爹爹要淹死我。"这又 182 与我的复杂背景有关……因为我主要是研究神经官能症的。

我对童年早期缺乏直接的知识,因为我迄今尚未结婚,不过,您对童年早期提出的一些意见,我认为是很精辟的。您对于性教

育和手淫问题的看法好极了,而且您又是以一种并不使人感到惊惧和伤害的方式提出来的。(我就没有这个本事!)

我不像您那样对蒙台梭利①抱有热情。我不可能赞同由一位坚决的教会女士按照严格的道德宗旨建立起来的教育体系。在我看来,她提倡的遵守秩序是对原罪的一个有力的驳斥。此外我看不出遵守秩序有任何价值。我的工作场所经常是凌乱无序的,但是我的手工则不然。我的学生在进入青春期前后才注意遵守秩序。你会看到你的那些孩子们在 5 岁的年龄是不需要蒙台梭里的一套设备的。为什么不用这套设备去搞出火车来呢? 我跟马卡罗尼夫人在几年前对此做过争论,她是蒙台梭利的主要助手。使我们的观点发生扭曲的不就是我们对学习的那种令人畏怯的态度吗? 火车毕竟是一个实在物,而一个拼插构架则纯粹是模拟物。我从不利用模拟的设备。我的学校的设备就是书、工具、试管、罗盘。蒙台梭利想要命令儿童。我不是这样。

顺便再回过来谈恐海症,我这里有两个男孩从未卜过水。我的侄子 9 岁(就是我在书中讲到的那个拆毁钟表的孩子),另一个性格内向的孩子 11 岁,总是心有恐惧的样子。我告诫其他的孩子不要提到海,切勿嘲笑他们俩,切勿试图劝说他们去洗海水浴。如果他们根据自己内心的愿望不去洗海水浴,……那也没有多大关系。我最好的朋友之一、我老家乡村的老多维特今年 89 岁了,他一生就从未洗过海水浴。

_____

①　蒙台梭利(1870—1952),意大利女教育家,1907 年创办"儿童之家",提出蒙台梭利教育法,强调使儿童的潜能得到自由发展。——译注

您会有兴趣知道霍默·莱恩关于按时间表给婴儿喂奶的理论。他过去总是主张当婴儿想要吃奶时就给他喂奶。他认为,婴儿吃奶有两个方面的因素:愉快和营养。按时间表喂奶的孩子集两个因素于一身,吸奶一开始,愉快的因素就匆匆而逝,在一种极度的快感中得到了满足。但是营养的因素则未得到满足,莱恩认为,许多营养不良的例子都是由于儿童在营养的欲望得到满足之前就停止吸奶了。

在我看来,您的书最有趣之处在于,它是一位懂得历史和科学的人写的,在这个意义上,它是一部学术性的(这是一个讨厌的字眼)著作。我对历史和科学都是无知的,我认为我自己所得出的那些结论部分地是来自一种盲目的直观。再说一遍,我们会得出同样的教育哲学,真是太妙了。那是今日唯一可能的哲学,但是在批判从伊顿公学到伦敦郡议会学校方面,我们不可能指望有太多的作为。我们唯一的希望是个别的父母。

我的主要困难就是家长,因为我的学生是愚昧无知和野蛮粗鲁的父母的产儿。我很担心,有一二位家长,对我的书深感厌恶,可能把他们的孩子接走。那可是一个悲剧。

好了,多谢您赐书的盛意。这是我读过而未加以咒骂的唯一一本论教育的书。所有其他论教育的书都是在谈教育的掩饰下进行的道德说教。

不过我给您提个醒……您的儿子总有一天会有机会要求参加樱草会①!即使是千万分之一的机会,但是我们必须面对这个事 183

---

① 1883年由伦道夫·丘吉尔(温斯顿·丘吉尔之父)创立的一个保守党的政治协会,以宣传托利式(保守派的)民主为宗旨。——译注

实,即人性还没有适应任何的因果系统;而且永远也不会适应。

如果您乘车去您在康沃尔的住宅,请顺便来访,到我们这里看看。

您的非常真诚的

A. S. 尼尔

1926 年 3 月 23 日

多塞特,莱姆里吉斯

萨默希尔

亲爱的罗素:

您有没有任何政治影响力? 劳工部要禁止我雇用一个法国人来教法语。我要雇的这个人现在正跟我在一起,经过仔细的考察,他确是对付我那一群难管教的小家伙们的首选人物。其他学校都是由本国教师教各种语言的……我当然要问这个讨厌的劳工部究竟为什么要对我的教育方法发号施令呢? 我给劳工部上了一个文,对这个法国人做了充分的介绍,说明我为什么必须要他,然而那班蠢货却答复说:“贵校不能以我们行之有效的教学法培育英国臣民,本部表示不满。”

您有没有个政治要人那样的朋友愿意或能够查明控制劳工部的那些该死的傻瓜? 我是决不受人控制的。

好啦,如果可能就请帮帮我吧。我认识乔治·兰斯伯里,但是我不大愿意同他联系,因为他在自己的部里就有够多的事要做了。

您的

A. S. 尼尔

1930 年 12 月 18 日

萨福克,莱斯顿

萨默希尔学校

亲爱的尼尔:

您所说的事情是令人不能容忍的。我已写信给查尔斯·特里维廉和邦德菲尔德小姐,随信附上我给他们的信的复写件。

我不知道您是不是犯了个错误,在您的申请书上提到了精神分析。从霍默·莱恩的事情你当然知道警察认为精神分析纯粹是掩盖犯罪活动的一种幌子。您向劳工部能够提出的唯一的理由是:法国人比英国人更容易通晓法语。劳工部愈查问你们的教育方法,就会愈想限制您。在我们这个国家里,谁都不许做任何好事,除非玩花招,搞欺骗。

您的永远的朋友

伯特兰·罗素

1930 年 12 月 26 日

致查尔斯·特里威廉

亲爱的特里威廉:

您大概知道萨默希尔学校(萨福克,莱斯顿)的 A. S. 尼尔,他

184 在教育界非常有名,从一名普通的中小学教师成为当代最具独创性、最有成就的教育改革家之一。他写信给我,谈到劳工部拒不准许他继续雇用法国人教法语。他目前有一个法国教师,他希望此人继续任教,但是劳工部已正式通知他说,英国人说法语像法国人一样好,现在的那位法国教师不得留任。

我想您会同意我的看法,这样的事情是不可容忍的。我知道教育上许多最重要的问题并不归你们部管,而是由警察来决定的,关于是否需要由一个外国人来担任一个教育方面的职务问题要听警察的意见。如果据以实施这种外侨条例的原则在 15 世纪的意大利就被应用了的话,那么西方世界就绝不会获得希腊文的知识,也不可能出现文艺复兴。

尽管事情不属贵部,但是我相信您说句话会使劳工部改变他们的决定的。A. S. 尼尔是一位享誉国际的人物,我不想看到他可能使英国的官僚习气成为整个文明世界的笑柄。如果您能设法纠正此事,那就大大地为我解忧祛烦了。

您的非常诚挚的

伯特兰·罗素

1930 年 12 月 20 日

又及:我也给邦德菲尔德小姐写信谈了这个问题。

与 A. S. 尼尔的来往书信

亲爱的罗素:

好哇！这个办法很好。不论结果如何都请接受我的谢意。我没有向他们提到精神分析。我是按照通常的形式申请的，他们写信问我采取一些什么步骤"去寻找一位法语教师，他是英国人还是已在我国定居的外侨"。于是我告诉他们，我需要一个法国人，但不是随便一个讨厌的法国佬都可以……我办的这个学校是一所心理学校，每个教师不仅必须是这方面的专家，而且必须在管教神经质的儿童上也是专家。

除了揭露您所谓官僚习气之外，我猜想当特里威廉的私立学校委员会发表其报告时，会有一场争斗。您和我将不得不拼命地战斗，反对几个呆头呆脑混日子的督察员，他们询问为何汤米不会阅读。现在到我这儿来的任何督察员肯定会受到科林（6 岁）下面这样友好的话语的欢迎："你他妈该死的是谁啊？"因此我们必须战斗，不使白厅①进入我们学校。

发生什么情况，我会告诉您的。

多谢了。

您的

A. S. 尼尔

1930 年 12 月 22 日

萨福克，莱斯顿

萨默希尔学校

---

① Whitehall，伦敦的一条街名，为英国政府机关所在地，因而人们常以"白厅"代指英国政府。——译注

关于您和我再次会面和交换意见的时间。

185　亲爱的罗素：

您做了一件大好事。［劳工部］的信是一封低级下流的信，不过我猜想写信的那个家伙大概正处于一种低级下流的地位。在我听起来，那封信倒像是一篇很好的散文体的仇恨颂。

我已同意他的条件……觉得就像同时在他眼睛上揎了这家伙一拳。这是我头一次亲身领教了官僚政治，我似乎忘记了是在跟一个机构打交道。

多谢您爽快的帮助。我下次同您联系可能是在私立学校委员会开始活动起来的时候。他们将请来教育界所有可敬的老牌庸人作为专家见证人（巴德利及其一伙），要不是像您这样的一些当前走红的人物进行斗争，我们这些教育界好走极端的布尔什①分子是会被置之不理的。因此我们将不得不忍受那些顽固分子们提倡的烦琐的规则。我们难道不能组织一个称作"分析派"的异端教师的联盟吗？

您的深怀感激的

A. S. 尼尔

1930 年 12 月 31 日　莱斯顿

---

①　Bolshie 是 Bolshevik（布尔什维克）的谑称，在英国常用来指有反叛精神、拒不与官方合作的左翼人士。——译注

亲爱的尼尔：

　　谢谢您的来信和您提供的有关您的法国教师的情况。您接受了劳工部的条件，我感到遗憾，因为他们正急于摆脱，我认为他们本来有可能无条件地批准您的申请的。

　　如果我向邦德菲尔德小姐表示了贬低她的官员的看法，又向特里威廉表示了对邦德菲尔德小姐同样不恭的看法，我想您不会介意吧。劳工部很有可能使您现在这位教师的聘用时间仍然悬而未定。我要出去短期度假，因此我现在是向我的秘书口授这些信件的，她在获悉您的意见后才会把它们寄出。因此请您写一短简给她（O. 哈林顿夫人）而不是给我，说明您是否愿意把这些信寄出去。

您的永远的朋友

伯特兰·罗素

1931 年 1 月 5 日

　　下面两封信是尼尔同意我寄出的。

致邦德菲尔德小姐

亲爱的邦德菲尔德小姐：

　　多谢您过问 A. S. 尼尔先生的法国教师一事。不知您是否知道，贵部虽同意他现在的这个教师可留任一年，却提出了一个条件，即在一年期满后不得再要求留任。

　　我相信您从未管理过一个学校,但是假如您管理过,您就会知
道,一年换一个教师,必将大大地增加成功办学的困难。如果贵部

186 坚持教师要每年一换,那么我们那许多公立学校的校长们对你们
会怎么说呢?尼尔先生正在进行一项教育实验,凡是关注现代教
育的人都认为这个实验是很重要的,然而政府的所作所为却只是
要使一个很有希望的实验尝试成为不可能,这似乎是令人遗憾的。
我毫不怀疑,在这一点上您会同意我的看法,是您的下属没有执行
您对此事的意图。

　　多有打扰,深以为歉。

　　　　　　　　　　　　　　　　　始终是您的诚挚的

　　　　　　　　　　　　　　　　　伯特兰·罗素

　　　　　　　　　　　　　　　　　1931 年 1 月 12 日

致查尔斯·特里维廉

亲爱的查尔斯:

　　非常感谢你为尼尔的学校的法国教师一事尽了很多力。劳工
部已准许他待一年,但是有一个条件,就是尼尔不得再要求延长任
期。我想你会同意我的看法,这是一个异乎寻常地设置的条件。
尼尔已接受这个条件,因为他不得不向不可抗拒的力量(force
majeure)屈服,但这没有任何可令人理解的理由。凡是曾经办过
学的人都知道,连续不断地换教师是不能容许的。如果劳工部迫

使哈罗公学①的校长每年换一次教师,他会怎样想呢?

尼尔正在进行一项实验,凡是关注教育的人都认为这项实验是极其重要的,而白厅则尽其所能地要使它失败。我自己并不觉得对尼尔的事业负有什么义务,但我看不出正在从事重要工作的有才智的人们有任何理由应当驯服地听凭那些无知的爱管闲事的人的支配,例如劳工部的官员看来就是这号人物。我确信在这一点上你我的看法是一致的。

您的非常诚挚的

伯特兰·罗素

1931 年 1 月 12 日

与 A. S. 尼尔的往来书信

亲爱的尼尔:

正如您从附函所看到的,从劳工部是什么都得不到的。

我给劳工部写了一封回信,但我没有寄出,兹随信附上。如果您认为它有助于您的事情,您可以把它寄出;但是请记住邦德菲尔德小姐是一位独身者。

您的永远的朋友

伯特兰·罗素

---

① 哈罗公学(Harrow School)是英国九大公立学校之一,校址在伦敦西北的市镇哈罗。——译注

1931 年 1 月 27 日

187　附罗素给劳工部的复信

亲爱的先生：

　　多谢您 1 月 26 日的来函。我很理解贵部的这条规定：不管工作效率如何，要尽可能限于雇用英国人。然而，我认为贵部并未充分广泛地应用这条规定。我知道有许多英国男子娶了外国女子为妻，而许多有潜力的英国已婚妇女是失业的。在这种情况下，难道用一年时间就足以把一个英国妇女训练得可以代替现有的外国妇女吗？

　　　　　　　　　　　　　　　　您的忠实的

　　　　　　　　　　　　　　　　伯特兰·罗素

　　　　　　　　　　　　　　　　1931 年 1 月 27 日

亲爱的罗素：

　　不，他们给人的答复言不及义。政府部门的主要目的很可能是保全官员们的面子。如果我的人以后要继续待下去，我可以使点手段让他在学校里投入一笔现金，从而留下来作为一名劳动的雇主继续教书。不管怎么说，你实际上做了很多的事情。多谢了。我想下一次我要投托利党的票了！

　　今天我收到诺曼·麦克芒恩的遗孀的来信。她似乎一贫如洗，要我给她一个女舍监的工作。我不可能给她这个工作，而且我想您也不可能。我曾建议她向达廷顿堡①的百万富翁朋友们求援。我总是把贫苦人转送到他们那儿去,……但我始终对他们的豪富感到憎恶。当埃尔姆赫斯特需要一幢新房时,他就开张支票给希尔斯……唉,希尔斯!而我即使是买一间小瓦房也很不舍得拿出这笔钱来。开拓者都是失败者。我已渐渐厌倦去收拾孩子们的父母造成的糟乱状态。目前我这里有一个6岁的男孩,他每天有6次拉屎弄脏了裤子……他的宝贝妈妈竟采取逼他吃屎的办法来"治"他的毛病。我没有受到任何感激……经过几年的辛劳,我把这个男孩的毛病治好了,于是她妈妈把他送到一个"适宜的"学校去了。这还远远不够……还有官方的冷漠态度或潜在的敌意,还有孩子家长的嫉妒……唯一的欣慰是在孩子们中间。总有一天我将抛开这一切,到萨尔茨堡附近去开一家优雅宜人的旅馆。

您会猜出我今天早晨颇不愉快。我想再见见您,聊聊天。今天我的心情(Stimmung)如此,部分是由于又有一笔不小的债务的消息……上午总共150英镑。都是那些我曾为其排忧解难的家长们欠下的。

您的

A. S. 尼尔

1931 年 1 月 28 日

---

① Dartington Hall,由埃尔姆赫斯特夫妇在 1926 年创立的一个理想的经济与文化社区,位于英国德文郡托特内斯附近,社区内既有农商企业,又有男女同校的寄宿学校,孩子们可自订规则,没有强制的课程和游戏,学习不计分数,没有惩罚,不做宗教仪式,等等。——译注

萨福克,莱斯顿
萨默希尔学校

我不知道玛格丽特·邦德菲尔德对我关于手淫的观点有什么看法!

188　亲爱的尼尔:

我为您深深的厌倦情绪感到难过。就办学来说,这是我通常怀有的心情。孩子家长们总共欠我约 500 英镑,这个钱肯定永远拿不回来了。我怀疑您能把一个旅馆经营得更好。您会发现有一些身无分文的未婚先孕的女子要您照管,不仅要照管她们,而且要照管她们的孩子,为了保护他们自然生命的平安。您会发现这并不比办一所现代学校更能赚钱。除了居心不良或生性残忍之人,任何人都不可能为谋生计而不管拿什么东西去做交易。

埃尔姆赫斯特是很可悲的。无论如何,我总认为,一个人与金钱结了不解之缘,就不能不为其生计而工作,眼下我这里没有舍监的空位,因为我们终于找到了一个令人十分满意的人手。

有时我曾尝试以温和的方式向那些自认为相信现代教育的人们争取一点资助,但是我发现我遇到的最大障碍,据透露乃是下面这个事实,即我没有绝对坚持教职员须有严格的性道德。我发现,甚至自以为很开明的人们也认为,只有性欲枯萎的人才能起一种增进身心健康的道德的影响。

你讲的拉屎在裤子里的那个男孩的故事是很可怕的。我还没有过这么糟糕的事例要去对付的。

我也很想再见到您。也许我们可在某个时候在伦敦会面。……

您的

伯特兰·罗素

1931 年 1 月 31 日

萧伯纳夫人的来信

亲爱的伯特兰·罗素：

承您惠寄您讲课的手稿并慨允暂存我处，我深为感激您的盛意并颇感荣幸。您讲得太精彩了。我已阅读一过，如您所允，我暂留下它，待另觅时间安心地仔细地再读它一遍。

您知道我是您的一个谦恭而拳拳服膺的仰慕者。在我身上有一种很强烈的神秘倾向，但是在公开场合它并不显现出来。我觉得您的作品是我看到的最好的匡时济世的良药和镇定剂！

衷心向贤伉俪问好。祝你们的学校蒸蒸日上。

您的深怀感激的

C.F.萧

1928 年 10 月 28 日

赫特福德郡韦林

阿约特　圣劳伦斯

致 C.P.桑格

我亲爱的查利：

189　　得悉你病得很重，深为难过。望你很快会有好转。只要医生允许，我随时可去探望你。凯特①做手术今天已经一年了，当时你对她那么亲切关怀，我还记得凯特多么喜欢你来看她。亲爱的查利，我想我从未向你表示过我对你的深厚感情，但是我想你会知道的。

　　我三天前抵家，感到这里万事如意。孩子们在健康成长，待在家里真是令人愉快。在加利福尼亚那样一些地方，你总觉得是托身于非常遥远的异国他乡。我曾去盐湖城，摩门教教徒企图使我皈依该教门下，但是当我发现他们不许吸烟不许喝茶时，我认为这不是一个适合于我的宗教。

　　最热切地祝愿你速速康复。

深爱你的

伯特兰·罗素

1931 年 12 月 23 日

彼得斯菲尔德，哈廷

泰利格拉弗宅

卢瑟福勋爵的来信

───────────

① 凯特即罗素的女儿凯瑟琳。——译注

亲爱的伯特兰·罗素：

　　我正在读您的《赢得幸福》一书，极有兴趣而且得益匪浅。我要感谢您对有关幸福的诸因素所做的最令人兴奋而且我认为很有价值的分析。我不完全赞同的地方主要是您对羡慕和嫉妒等因素的论述。我同意您的看法，即使在科学家的那种单纯的原本幸福的生活中，人们自然有时也曾碰到过有这种缺点的例子，不过，我或者是异常幸运，或者是感觉过于迟钝，竟未在我大多数朋友中注意到有这种缺点。我知道有许多人，他们无论在农村或者在实验室都过着一种纯朴的生活，在我看来，他们很显然地都没有这种缺点。我很赞成您的看法，这种缺点在那些阶级意识过强的人们身上最为显眼。上面这些议论不是要提出批评，而只是对我自己在这些方面的观察所做的个人的说明。

　　惊悉令兄溘然长逝，我与他虽相知甚浅，但对您丧亲之痛谨表慰唁。无论如何，我希望您今后在上院能热心关注，参与辩论。

　　　　　　　　　　　　　您的诚挚的

　　　　　　　　　　　　　卢瑟福德

　　　　　　　　　　　　　1931 年 3 月 9 日

　　　　　　　　　　　　　剑桥　王后路

　　　　　　　　　　　　　纽纳姆别墅

第五章 在泰利格拉弗宅
的最后岁月

我同多拉分手的时候,她还在继续办那个学校,一直到二次大战开始以后,不过在 1934 年之后校址已不在泰利格拉弗宅那里了。约翰和凯特成了受大法官监护的未成年者,他们被送到达廷顿学校去读书,在那里他们非常快活。

我在昂代过了一个夏天,另一个夏天我有一段时间住在马拉加附近杰拉尔德·布雷南家,此前我对布雷南家的人都不认识,但我觉得他们很有趣,很讨人喜欢。我真没想到甘默尔·布雷南最后成了一位学问渊博、兴趣广泛、满腹各种稀奇不凡的知识的学者和一位动人心弦而精于韵律的诗人。我们一直保持着很好的友谊,有时她到我们这儿来做客——一位徐娘半老、依然秀美可爱的人。

1932 年的夏天,我是在卡那封郡沃尔地方度过的,后来我把在那里的住处给了多拉。待在那儿的时候,我写了《教育和社会秩序》一书。从此以后,办学的经济负担不复存在,我再也不必为糊口而忙于写作了。既然没有当好一个父亲,我感到要写几本可能有重要意义的书的野心又复活了。

1931 年在美国作旅行讲学期间,我与出版商 W. W. 诺顿签订稿约,撰写后来在 1934 年以《自由与组织,1814—1914》为题发表的一本书。这本书是与帕特里夏·斯彭斯合著的,一般知道的她的名字是彼得·斯彭斯,开始我们是在皇门(约翰和凯特失望地发现那儿既无皇,也无门)的一层楼房里写作,后来则搬到北威尔士的丢得来特堡,那时是波特迈梁旅馆的一幢附属建筑。对这件工作我非常高兴,我感到在波特迈梁的生活是愉快的。这家旅馆为我的朋友建筑师克拉夫·威廉斯－埃利斯及其妻子作家阿玛贝尔所有,他们是一对快活的伴侣。

当《自由与组织》一书竣稿时,我决定返回泰利格拉弗宅,告诉多拉她必须住到别处去。我的理由是财务方面的。我每年有为泰利格拉弗宅付 400 英镑房租的法律义务,这笔款项是应付给我哥哥的第二个妻子离婚后的赡养费。我还得付给多拉离婚后的赡养费以及约翰和凯特的全部生活费用。这段时间我的收入锐减。这一方面是由于经济萧条使得人们买书少多了,一方面则是因为我已不再写通俗读物,也部分地因为我在 1931 年拒绝在赫斯特位于加利福尼亚的巨宅中逗留所致。我在赫斯特报系的报纸上写星期论文每年带给我 1000 英镑的收益,但是在我拒绝在赫宅小住之后,我的稿酬就减了一半,而且很快又通知我,不要我再写论文了。泰利格拉弗宅很大,只有经过两条私人车道才能抵达,而每条车道都有一哩长。我想把它卖掉,但是学校还在那里时是无法将它在市场上出售的。唯一的希望是住到那儿去,以使其吸引可能的买主。

在已不再办学的泰利格拉弗宅又住下来之后,我去加那利群岛度假。在返回途中,我发现自己虽然神志正常,却极缺乏创造的

191

冲动,不知道要做什么。大约有两个月光景,纯粹为了使自己身心放松一下,我致力于研究在一立方形平面上做 27 条直线的问题。但是这并不会使我感到轻快,因为那是完全无益的,而且在以 1932 年为其终结的那几年成功的岁月中,我住在首都一直节俭度日。我决定写一本关于日益增长的战争威胁的书。我将此书名为:《用什么方法去争取和平?》并在书中坚持我在一次大战期间采取的和平主义立场。诚然,我提出了一个例外,我认为一旦建立了一个世界政府,那么用武力对付反叛者以维护这个政府的做法则是可取的,但是对于人们担心不久即将爆发的战争,我则竭力激励人们采取出于良心的抗拒态度。

　　然而,这种态度却不自觉地变成了虚伪。过去我能以勉强默认的态度看德意志皇帝的德国建立霸权地位的可能性,我认为,尽管这会是一个祸害,但不会是像一场世界大战那样大的祸害。然而希特勒的德国却是另一回事。我感到纳粹坏透了——残忍,偏执而又愚蠢。无论在道德上还是在理智上,他们都令我厌恶。我虽然仍坚持我的和平主义信念,但是要信守它愈来愈困难了。1940 年当英国遭到侵略的威胁时,我认识到,整个一次大战期间,我从未认真地想过彻底败北的可能。我觉得这种可能性是不堪忍受的,最终我自觉而明确地决定,我必须支持在二次大战中为赢得胜利所必需的一切,不论要取得这个胜利有多么困难,也不论其结局有多么痛苦。

　　这是我把 1901 年"改宗"时形成的许多信念逐渐抛弃的最后一步。我从来不是不抵抗主义的完全的信徒;我一向承认警察和192 刑法之必要,即使在一次大战时期,我也曾公开主张,有些战争是正当的。但是对于不抵抗（或更正确地说是非暴力抵抗）的方法，我允许其使用的范围超过了后来经历所能容许的限度。它的确有一个重要的范围，例如甘地在印度用不抵抗的方法反对英国取得了胜利。但是这有赖于用这种方法所反对的对手们具有一定的品德。当印度人在铁路上卧轨，向当局挑战，待其将他们碾死在车轮下时，英国人看到这样残忍的做法是不能容许的。然而纳粹在类似的情况下则会肆无忌惮地这样干。托尔斯泰以巨大的说服力量进行宣传的学说，即认为握有权力的人如果面对的是不抵抗主义，在道德上就会得到重生，这在 1933 年以后的德国显然是不正确的。只有在握有权力的人不是极度残忍的情况下，托尔斯泰的说法才是对的，而纳粹的残忍是没有限度的。

不过，个人的经历与世界的状况一样促成我信念的改变。在我办的那个学校里，我发现如果要使弱者不受欺压，非常明确而有力地使用权威是必要的。类似将别帽子的饰针放在汤里害人的一些事例，是不能留待一个好的环境去慢慢管教的，因为对此必须立即采取强制的行动。在第二次婚姻中，我曾尽力保持对我妻子的自由的尊重，我认为这是我的信念要求我做的。然而，我发现，我的宽恕能力和可称之为基督教的爱的东西并不等于我由此而提出的那些要求，而且坚持进行一种没有希望的努力还会给我造成很大的伤害，同时对别人也得不到预期的好处。任何他人本来都可能事先告诉我这一点，但是理论把我弄迷糊了。

我不想夸大其词。我的观点从 1932 年到 1940 年逐渐发生的变化并不是一场革命；那只是一种量的变化和重点的转移。我从未绝对坚持不抵抗主义的信条，我现在也不绝对否弃它。但是，在反对一次大战和支持二次大战之间的实际差别是如此之大,以致把实际存在的很大程度上理论的连贯一致性掩盖了。

尽管我在理性上很有信心,在感情上却不无犹豫。过去我的全身心都卷入了反对一次大战的活动,而对二次大战我却是以一个分裂的自我去支持的。自 1940 年以后,我再也没有恢复我在 1914—1918 年间曾经有过的那种观点和情感的统一。我认为,在容许自己具有那种统一时,我就是让自己抱有一种并非科学理智所能为之辩护的信念。凡是在科学理智能给我以向导的地方就遵循科学理智,对于我似乎永远有着最具道德律令般的制约力,我一直遵循着这条律令,即使在它使我失掉了自己曾视为深刻的洞见的时候,也是如此。

有一年半光景,我是和彼得·斯彭斯(有一段时间我爱上了她)一起度过的,我和她整理《安伯利文集》①,那是我父母短暂一生的记录。在这部作品中有某种脱离现实的东西。我的父母不曾遇到过我们现代的问题;他们对自己的激进主义颇为自信,在他们的一生中,世界正沿着在他们看来是好的方向变动着。尽管他们反对贵族特权,但是这种特权依然原封未动,而他们虽然是不自觉地,却亦受益于这种特权。他们生活在一个舒适、宽敞、充满希望的世界里,但无论如何,我还是完全可以赞许他们的。这使人有一种宁静之感,而且为他们树立起一块纪念碑②,也就了却了我作为人子的一份孝心。但是我不敢夸口说这部作品确实是重要的。我

---

① 《安伯利文集》是罗素的父母安伯利子爵夫妇作品的结集。——译注
② 罗素指其为父母出版文集。——译注

有过一段缺乏创造力、不出作品的时期,但那已过去了,是转向某种不那么渺茫的事物上去的时候了。

我的下一部作品是《权力:一个新的社会分析》。在该书中,我主张,即使在社会主义国家中,自由也应有其地位,不过这个地位必须重新加以界定,而不能用自由主义的词汇来定义。我现在仍然坚持这个学说。该书的主题在我看来是重要的,而且我希望它会比以前引起更大的注意。该书意在驳斥马克思和古典经济学家,不是在某个细微之点上,而是在他们共有的根本假设上,予以驳斥。我主张,社会理论的基本概念应当是权利,而不是财富,社会正义应当在于实际最大可能的权力平等。因此,只有国家是民主的,而且即使在国家民主的条件下也只有在找到制约官员权力的方法时,土地和资本的国家所有制才是一种进步。伯纳姆在其《管理的革命》中采纳了我的部分论点并将其通俗化了,但在其他方面我这本书却是很失败的。不过,我仍然认为,我在该书中不能不说的那些话还是非常非常重要的,如果人们要避免极权主义的罪恶,尤其是在一个社会主义制度下的极权主义的罪恶。

1936 年,我与彼得·斯彭斯结婚,1937 年我最小的孩子康拉德出生。这是一个很大的快乐。在他出生后几个月,我终于顺利地卖掉了泰利格拉弗住宅。几年来一直没有人肯出价买下它,而现在突然来了两个买主,一个是一位波兰王子,另一个是一位英国商人。由于他们的竞争,我在一昼夜间竟使他们的出价提升到1000 英镑。最后是那个英国商人获胜,我则摆脱了一直使我面临破产威胁的噩梦般的重负,因为只要我没有把这个宅子卖掉,我就得为之花费大笔的金钱,而剩下的钱就所余无几了。

由于经济的困境,我摆脱掉泰利格拉弗住宅固然值得高兴,但是离开它还是令人痛苦的。我喜欢那儿的丘陵、草原和森林,我喜欢可以在那儿登高四顾、极目远眺的塔楼居室。我了解这个地方已经 40 余年,而且在我哥哥在世时我一直注视着它逐渐地建筑起来。它代表着我的生活的连续性,除了工作之外,这种连续性在我的生活中远比我本来希望有的要少得多。当我把它卖掉时,我可以像那个药房老板一样说:"我的贫穷而不是我的意愿使我同意。"此后我在很长时间里居无定所,甚至觉得我不会有一个固定的住处了。我对此深感惋惜。

写完《权力》一书之后,我发觉自己的思想又转向理论哲学了。1918 年我在狱中时,对于同意义有关的问题发生了兴趣,对这个问题我在早年是完全忽略了的。我在《心的分析》和大约同时写的一些论文中对这些问题有所论及,但是还有很多东西要谈。我对逻辑实证主义者的一般观点在很大程度上是赞同的,但是在我看来,他们在某些要点上却陷入了谬误,这会使他们背离经验论而导向经院哲学。他们似乎倾向于把语言看作一个独立自在的领域而无需与非语言的事件有任何关系。我既被邀去牛津开一门包括若干讲的课,就选了"语词与事实"作为这门课的题目。这些讲稿就是 1940 年以《意义与真理的探求》为书名发表的那本书的初稿。

我们在牛津附近的基德陵顿买了一所房子,在那住了大约一年时间,但是只有一位牛津妇女来访问过。我们没有受到应有的尊重。我们后来在剑桥也有过类似的经历。在这方面,我发现这些古老的学府是很独特的。

书　信

致莫里斯·阿莫斯

亲爱的莫里斯：

　　去年 10 月接读惠书，迄未作复。因为我当时正在美国旅行讲学，除每日工作外，无暇他顾。我本想给你回信，但是既然其时已过，所以就拖下来了。

　　我喜欢琼斯①的书。看到物理学家们如何转向可怜的老贝克莱主教，是很有趣的。你记得，我们年轻的时候，老师是怎么教我们的吗？他说唯心主义诚然很时髦，但是贝克莱主教式的唯心主义却是很荒谬的；然而现在它是唯一存在下来的唯心主义形式。我不知道如何驳斥它，虽然从我的气质来说是不同情它的。当然，无论如何它应当是一种唯我论。在哈佛，我与时任主任的怀特海一起讲过这门课，我说我觉得，他的书中我无法理解而如果我是一个唯我论者才不得不相信的那些部分不大可能是我写的。不过我 195 始终没能找到说明那些部分非出自我手的任何真实证据。

　　我对你书中关于英国宪法所说的一切极感兴趣，对你在进入国会之前已经写了所需 50000 字文稿中的 46000 字，尤感快慰。国会已经变成了一个有点无足轻重的机构。在 19 世纪直至格拉斯通进行国会改革之前，历届首相在国会遭到失败就辞职退位；现

---

　　①　詹姆斯·琼斯(1877—1946)，英国物理学家和天文学家，在哲学上是一个唯心主义者，认为宇宙是精神的，是由上帝的思想构成的。其哲学著作有《神秘的宇宙》、《物理学与哲学》等。——译注

在首相们则以解散国会来威胁它。如果首相是直接选举的，由其选组政府，并且必须在 5 年之后或在本党舆论上有人领头反对他时才寻求重新选举，那么宪法是不会有多大改变的。

我认为你对工党所讲的话是完全正确的。我不喜欢他们，但是一个英国人必须有一个党，正如他必须有一条裤子一样，而且我觉得他们是三党之中最少令人厌恶的。我之反对保守党，是出于我的性格，而我之反对自由党，则因为不喜欢劳合·乔治。我并不认为，一个人参加了一个党，就必须禁用自己的理性。我知道我的裤子本来可以比现在更好，不过我觉得它们不可能比什么都好。

不错，我从未听到过霍尔兹沃思的《英国法律史》，事实上除了梅特兰的一两本书外，我从未读过任何关于法律的著作。

从美国回来以后，我在此间一直百事羁身，但望秋后有机会去伦敦，很想那时去看你。

对桑格的死我极感悲痛。

对你永远怀有深情的

伯特兰·罗素

1930 年 6 月 16 日

与人类学家马林诺夫斯基①的来往书信

亲爱的罗素：

---

① 马林诺夫斯基(1884—1942)，波兰裔英国社会人类学家。——译注

我访问贵校时，把我唯一的一顶礼帽忘在您的接待室了。我不知道在那以后它是否有幸戴在我衷心认为比我更好的英国仅有的智慧头脑之上；或者它是否已被利用来进行物理学、工艺学、戏剧艺术或史前象征文字方面的尚不成熟的实验研究；或者它是否已自然地逸出接待室而消失了。

如果这些事件，或更确切地称之为假设，无一适用或者说无一发生，那么可否麻烦您用一褐色的纸包或者以别种隐蔽的运输方法将它寄来伦敦，并写一明信片告诉我到何处去领取？非常抱歉，我的漫不经心（那是高才大智的一个特征）使您遭受了随此事而来的种种不便。

我的确希望某个时候很快会见到您。

您的诚挚的

B. 马林诺夫斯基

1930 年 11 月 13 日

伦敦经济学院

亲爱的马林诺夫斯基：

我的秘书在会客室里发现了一顶礼帽，我猜想是您的，的确一看见它我就想到了您。

下星期一（17 日）我要到经济学院学生会做一次演讲，除非我的智力像您那样好而记忆像您那样坏，我是不会忘了把您的帽子交给经济学院的门房，要求他立即送给您的。

我也希望我们很快在什么时候会面。前些天我结识了布里富特①,他那咄咄逼人的气势令人吃惊。

您的诚挚的

伯特兰·罗素

1930 年 11 月 15 日

与 G.E.穆尔的往来书信

亲爱的罗素：

　　去年 6 月三一学院评议会给了维特根斯坦一笔资助金,使他得以进行其数学基础的研究。现在的问题是为他再争取一笔资助;评议会要求对他上次获取资助后的工作提出专家的评审报告,然后再做决定。他们委托我请你为他们写这个报告。我担心这会给你带来很多麻烦。维特根斯坦写了很多东西,但是他说如果你要理解它们的话,他非得同你当面谈话向你解释不可。我想他会很高兴有一个这样的机会,不过这无疑会占用你很多的时间。但我还是非常希望你乐于这样做;因为除了学院评议会给他一笔资助,似乎没有别的办法能保证使他得到足够的收入以继续他的工作;我担心如果他们不能从这个方面的专家取得对维特根斯坦的工作表示赞许的报告,他们给这笔资助的机会是微乎其微的,而你当然是写这个报告的最合适的人选。他们当然会为这个报告付给

---

　　①　布里富特是来自新西兰的一位普通医师,竟大胆涉足社会学。1931 年我为他的著作《罪与性》写过一篇绪言。

报酬的。

　　你没有必要到这里来见维特根斯坦。他会安排在对你最方便
的时间和地点去见你。

　　　　　　　　　　　　你的兄弟般的

　　　　　　　　　　　　G.E.穆尔

　　　　　　　　　　　　1930 年 3 月 9 日

　　　　　　　　　　　　剑桥　切斯特顿路 86 号

亲爱的穆尔：

　　我看不出我怎么能拒绝读维特根斯坦的著作并写一份关于它
的报告。既然这涉及同他的争论，你说得对，那就需要做很多工
作。我不知道有什么事情比在争论中同他发生龃龉更令人劳心伤 197
神了。

　　显然最好的办法是让我先仔细读一读他的手稿，然后再见他。
你能否把他写的东西早些给我？如果可能的话，我想 4 月 5 日以
前在这里见他，因为那一天我要去康沃尔过复活节，我不希望在那
里的时候做任何工作，因为去年夏末以来我一直忙个不停。我不
知道必需有多长时间去同他争论。4 月 5 日以前我可以拿出 3 天
的时间，比如说，星期五、星期六和星期天，但要我匀出更多的时间
则是困难的。你觉得这样够吗？

　　　　　　　　　　　　你的兄弟般的

　　　　　　　　　　　　伯特兰·罗素

1930 年 3 月 11 日

彼得斯菲尔德   哈廷

比根山学校

亲爱的罗素：

维特根斯坦说,他没有写出什么值得让你一阅的东西,他已经写的一切目前还太杂乱。很抱歉,上次给你写信时我并没有弄清这一点。他只是希望有机会把他已经取得的成果解释给你,以便你有可能向评议会报告你是否认为它们是重要的,纵然你觉得它们是错的,从而使他应被赋予按同一思路继续工作下去的机会;我希望有这样一种报告对评议会来说就足够了。我觉得为了搞这样一份报告,3 天的时间尽够了,而且你不必要跟他进行很多争论。他现在正写信问你,他可否星期六在哈廷或伦敦(如果你会在那儿的话)见到你,以便与你商定做出安排。我想他 4 月 5 日将在奥地利了。

你的兄弟般的

G.E.穆尔

1930 年 3 月 13 日

剑桥   切斯特顿路 86 号

亲爱的穆尔：

维特根斯坦周末在我这儿,我们有充分的时间进行长谈。

请告诉我向评议会提交报告的最后日期,因为我此刻的印象还相当模糊,维特根斯坦打算到奥地利以后把他的工作写一个提纲,这样我要写出一份恰当的报告,就容易得多了。如果不能等到下个月左右,我将尽力根据我们的谈话写出一份报告,但我希望不是非这样做不可。他打算在 5 月学期开始之前带着他的提纲再到康沃尔见我。

你的兄弟般的

伯特兰·罗素

1930 年 3 月 17 日

亲爱的穆尔:

198

　　维特根斯坦第二次来访,但仅持续了 36 小时,而这点儿时间要他将其所做的一切提供我一个提纲,是绝对不够的。他留给我大量的打印稿,一待我读过,我就要把它们转给利特尔伍德。遗憾的是,我病了,因而不可能像原先预期的那样很快把它们读完。不过,我想,在同他谈话过程中,我对他的要旨已经有了相当充分的了解。他在一种特殊的意义上使用“空间”和“语法”这些词,它们或多或少是互相联系着的。他认为,如果说“这是红的”是有意义的。那么说“这是响亮的”就不可能是有意义的。有一个颜色的“空间”,还有一个声音的“空间”。这些“空间”显然是在康德意义上被先天给予的,或许不能确切地这样说,但至少无大差别。语法的错误来自“空间”的混淆。然后他对无限性谈了很多,它总是有变成布劳沃所说的那种东西的危险,而且每当这种危险变得明显时就必须断然予以消除。他的理论确实是重要的而且确实是极有创见的。它们是否正确,我不知道;我真诚地希望它们不是正确的,因为它们把数学和逻辑几乎弄得难以置信地深奥难解。我们可以把他所用的"空间"一词定义为某一种类的各种可能性的一个完全的集合。如果你能说"这是蓝的",那么就有很多其他的东西,即所有其他的颜色,你可以有意义地加以言说。

　　我十分确信,应当给维特根斯坦一个继续进行他的研究工作的机会。请你告诉我这封信能否满足评议会的要求。我提出的理由是:我眼下有如此多的事情要做,以至要完全通读维特根斯坦的稿子几乎是我力所难及的。不过,我将继续读它,如果你认为那实在必要的话。

你的兄弟般的

伯特兰·罗素

1930 年 5 月 5 日

亲爱的罗素:

　　我认为,你给我的信,就现在的样子来说,作为向评议会的报告是不大行的;但我并不认为你有什么必要再费多少时间去读维特根斯坦的提纲。我认为,重要的是你要写一份正式的报告(他们也许要把它收藏在报告书卷中),不一定比你那封信长,但是要把你信中含蓄未发的一些意思很清楚明白地陈述出来。我认为,你的报告只需很清楚地说明,由于看到维特根斯坦自去夏以来所做的工作,亦即部分地通过阅读他的提纲,部分地通过他口头的解释,你在多大程度上已可对其做出评价;而且你要强调说明,你对其工作的重要性的看法以及认为确实应给维特根斯坦以继续其工作的机会的意见,是基于你对他的这一新的工作本身的性质所已得到的了解,而不是仅仅根据你以前对维特根斯坦的认识。你知道,评议会已经晓得你对维特根斯坦的工作一般是非常推崇的,他们需要的是你对此一新的工作的重要性的看法,而不是根据维特根斯坦做的任何工作大概都是重要的这样一个假设而表示的意见。我认为,你应尽力非常简要地说明它的性质以及其创造性和重要性之所在。

　　写这样一个报告,怕是一件烦人的事情;不过我希望这不会费你太多的时间;我觉得重要的是它应该做。

你的兄弟般的

G.E.穆尔

1930 年 5 月 7 日

剑桥　切斯特顿路 86 号

亲爱的穆尔:

　　我刚刚把维特根斯坦的打印稿和一份正式的报告寄给利特尔伍德了,他会把这份报告交给评议会的。这个报告里说的就是我给你的信里说的那些东西,不过是用评议会能够理解的庄重的语言讲的。随信附上报告的复写件一份。

　　我觉得只有在我健康状况良好的情况下,我才能理解维特根斯坦,而此刻我的健康是不佳的。

你的兄弟般的

伯特兰·罗素

1930 年 5 月 8 日

彼得斯菲尔德,哈廷

比根山学校

我给三一学院评议会关于维特根斯坦的工作的报告

由于身体不适,我未能如原来打算的那样详尽仔细地研究维特根斯坦近期的工作。我用了 5 天时间同他讨论,他对他的思想做了解释,并留给我一大堆打印稿,即《哲学评论》(*Philosophische Bemerkungen*),我已读了大约三分之一。这部打印稿完全是一些粗略的札记,如无他的谈话之助,是很难理解的。然而,实际上,我认为下述几点至少是他自《逻辑哲学论》之后提出的部分的新观点。

按照维特根斯坦的看法,如有任何发生的事情,则亦有其他某些事情,这些事情可以说就事实的那个特殊领域而论本来是会发生的。例如,假定墙上有一块斑是蓝色的;但它本来可以是红色的或绿色的或别的什么颜色的等等。即使说它是其中任何一种颜色都说错了,但那也不是无意义的。反之,说它是响亮的,或尖声的,或用其他只适用于声音的形容词来说它,则会是无意义的谈话。因此在任何事实中都有一有关的某类可能性的集合。维特根斯坦把这样一个可能性的集合称为一个"空间"。因此,有一个颜色的"空间",还有一个声音的"空间"。颜色之间有各种不同的关系,这

就构成了那个"空间"的几何学。在一个意义上说,这一切都是独 200
立于经验的,也就是说,我们需要的是我们通过它知道什么是"绿
色的"那类经验,而不是通过它知道墙上的某块斑点是绿色的那类
经验。维特根斯坦所谓"语法"一词是包括在语言上与这些各种
"空间"的存在相应的东西。凡是有指谓某个"空间"的一个领域的
词出现的地方,都可以代之以指谓那个"空间"的另一领域的词而
不会产生无意义的话,但是不可能被代之以一个指谓属于任何其
他"空间"的任何领域的词而不产生坏的语法,即无意义的话。

　　维特根斯坦的工作很大一部分涉及对数学的解释。他认为,
说数学是逻辑或者说是由重言式组成的,是错误的。他用相当多
的篇幅讨论"无限性",并把无限性和可能性的概念联系起来,而可
能性的概念则是他在与其各种"空间"的联系中发展出来的。他相
信有他所谓的"无限可能性",但不相信有现实的"无穷类"或"无穷
系列"。他关于无限性所说的一切有某种与布劳沃说过的东西类
似的倾向,这显然违背了他的意愿。我想这种类似也许并不像初
看时显得那样密切。对数学归纳法他也有很多讨论。

　　维特根斯坦的这部新作所包含的一些理论是新颖的、极有创
见的,而且无疑是重要的。它们是不是正确,我不知道。作为一个
喜爱简单性的逻辑学家,我本来愿意认为它们不是正确的,但是从
我已读过的东西来看,我深信他应当有一个机会把它们完成,因为
当其完成时,将不难判明它们建立了一种全新的哲学。

伯特兰·罗素

1930 年 5 月 8 日

彼得斯菲尔德 哈廷

比根山学校

致出版商 W. W. 诺顿

亲爱的诺顿：

谢谢您 1 月 14 日的来信……

关于《科学的意义》一书，我有一提要，已经写了万字左右。我恐怕写不出来您所提议的那种结论。我不相信科学本身是幸福的一个足够的源泉，我也不认为我自己的科学观曾经大大有助于我自己的幸福，我是把自己的幸福归之于每日两次定规不变地排便清污的。在我看来，科学本身是中立的，也就是说，它能增长人的力量，无论是为善还是为恶的力量。如果科学要带给人幸福，那么，除了科学，还必须加上对生活目的的评价。无论如何，我不想讨论个人的幸福，我要讨论的只是科学适于导致其产生的那类社会。我怕您会感到失望。我已不再是科学的热心鼓吹者，但是随着年龄的增长，而且无疑是由于身体渐衰，我开始愈来愈把好的生活看作一种保持平衡和谐的状态，而深怕过度强调生活中的任何一个因素。这永远是上了年岁的人的看法，因而必然有一种生理的原因，但你即使知道了这一点，你也无法逃脱自己的生理机能。

对你们大西洋那边人们对《赢得幸福》一书的想法，我并不感到多么惊讶。使我大感惊讶的是，英国一班自鸣高雅之士竟对它有很好的评价。我想，不幸的人总是以其不幸而自豪，因为不喜欢人家对他说，他们的不幸并没有什么崇高的东西。一个人因为缺少活动而心情忧郁,弄得肝胃不舒,他总是认为使他陷入悲伤的是上帝的过错,或者是布尔什维克的威胁,或者是诸如此类的某种堂而皇之的原因。你如果对人们说幸福是一件微不足道的事情,你会惹怒他们的。

祝好!

　　　　　　　　　　您的诚挚的

　　　　　　　　　　伯特兰·罗素

　　　　　　　　　　1931 年 1 月 27 日

亲爱的诺顿:

　　谢谢您 2 月 9 日的来信。我的取得幸福的方法是那些遭到轻视的哲学家们中间的一位,即约翰·洛克,发现的。您在他论教育的著作中可以找到详细的阐述。这是他对人类幸福的最重要的贡献;英国革命、美国革命和法国革命,对人类幸福则只有较小的贡献。

　　寄上[《科学世界观》一书的]提要,请勿以为它包含了我实际将论及的全部领域。诚然,教育必需被包括在社会技术之列,但我曾认为它是广告活动的一个分支。至于行为主义,我把它列在巴甫洛夫名下。巴甫洛夫做了华生为自己大肆宣扬的工作。

　　我目前已写了 36000 字,但在竣稿之后,直至 5 月底,我将仍把它留在我这里,以便进行修改,并在脚注里加上一些严酷的评论。

　　我已写出论"科学与宗教"一章,那显然是无神论的观点。对此您是否反对? 当然,这可能使整个事情发生一个具有讽刺意味的转折,而且可能使它成为一本更好的作品。我们可以检查一下科学家们如爱丁顿、琼斯及其同道提出的种种论证,指出它们是如何的不充分,并得出一个结论,即我们的信仰幸而不需要依赖它们,因为它是建立在牢不可破的圣经的基石上的。如果您喜欢此书具有文学的形式,我就准备按这个意思重写这一章。现在此书写得很坦率、很真诚,而且充满了道德的严肃认真。

如果您没有来信要求把我的手稿早些寄去,那么我计划在 6 月的第二周寄给您,或者把它交给安斯塔德,如果他还在英国的话。早些寄去是完全可能的,不过只要它还在我手上,我总可以再做一些修改。

我很高兴见到安斯塔德。

您的诚挚的

伯特兰·罗素

1931 年 2 月 17 日

亲爱的诺顿:

您当已知道我哥哥在马赛突然去世了。我从他那里继承了一个头衔,但没有继承一文钱,因为他已经破产了。头衔对于我是一大麻烦,我真不知道如何是好,但无论如何,我不想在有关我的学术工作方面使用这个头衔。就我所知,只有一个办法能摆脱掉它,那就是犯叛国罪,而这会把我推上塔山①砍头的。这个办法我也

---

① Tower Hill,即 Tower of London(伦敦塔),原为一古堡,曾充作关押、处决叛国要犯的监狱。——译注

许觉得有点极端,但是我相信可以信赖您不会在广告宣传上使用我的头衔。

您的诚挚的

伯特兰·罗素

1931 年 3 月 11 日

致朗哈姆·布朗先生

亲爱的朗哈姆·布朗先生:

爱因斯坦声明,和平主义者的义务是拒绝任何一类的兵役,对此我衷心深表赞同,而且我非常高兴,我们时代领袖群伦、最富才智的人物在这个问题上竟会以如此明白而毫不妥协的语言宣明自己的态度。

就我而言,我虽很想望,但并不预期会有大批的人采取在战时拒绝参军的立场,我也不认为有百分之二的人拒服兵役就足以阻止战争发生。我认为,下一次战争会比迄今仍被称为“大”战的那次战争①更凶残可怕,而且我认为各国政府会毫不犹豫地杀害仅占人口百分之二的和平主义者。更有效的反战形式将是军需工人的罢工。但是,总的说来,我对国际协定比对个别和平主义者的行动抱的期望更大。因此,关于和平主义者的义务,我虽赞同爱因斯坦的意见,但是我对政治的和个人的这两种因素的重要性分别给

---

① 指一次大战。——译注

以略有不同的强调。

有一点我与他和其他许多和平主义者也许有原则的分歧。如果有一个国际的权威机构并且拥有唯一合法的武装力量,我就准备甚至以武器装备去支持它。

您的诚挚的

伯特兰·罗素

1931 年 3 月 21 日

致斯泰因巴赫博士

亲爱的斯泰因巴赫博士:

关于英语,我恐怕没有什么很有用的话可说。我注意到,美国的文学家往往像学一种死语言那样学英语,也就是说,他们没有想到,书面语只能是口头语的记录。拿我来说,我之乐于读一些优秀作家的作品,是因为它们具有优美和谐的韵律,也是要丰富一下自己的词汇,但我不曾想过要为学语法去读它们。

1931 年,我会按照时下有教养的人们的说话习惯来界定正确的英语,我看不出有什么必要对说和写加以区别。我们一旦容许这种区别潜入,很快就会处于中国文学家的那种状况。我认识一位中国学者,他激烈主张用所谓通俗语言(白话文)代替古典语言(文言文)。我问他这个运动是否取得很大的进展,他回答说,有些时候大有进展,有些时候没有进展。他说:"例如,在 13 世纪曾有巨大的进展。"我不懂中文,但我推想,古典的中文(文言文)相当于拉丁文,而白话文则相当于乔叟①作品的文字。我不希望这类事情也发生在说英语的人身上。

> 您的真诚的
>
> 伯特兰·罗素
>
> 1931 年 5 月 19 日

　　此信和下面一封信的情况就是如此。

与威尔·杜兰特的往来书信

亲爱的罗素伯爵:

　　您能否忙中抽暇,跟我一起玩一玩哲学的游戏?

　　我打算在我的下一本书里对付一个我们这一代人(也许是绝大多数人)似乎总准备提出而又绝不可能给出回答的问题——人生的意义和价值是什么? 这个问题迄今一直主要是由理论家们讨论的,从伊克纳顿和老子到柏格森和斯本格勒。其结果是一种理智的自杀:思想由于其自身的发展似乎已摧毁了生活的价值和意义。知识的增长和传播曾经是众多改革家和理想家所祈求的目标,但是看来带给这些热心家们的却是一种幻灭感,而且这种幻灭感也传染给了其他许多人,几乎摧毁了我们人类的精神。

----

　　①　乔叟(1340—1400),英国诗人,是近代英国文学语言的开创者。著有《坎特伯雷故事集》。——译注

天文学家告诉我们,人事在宇宙的物换星移中不过是一瞬;地质学家告诉我们,人类文明是两纪冰川时代之间的不稳定的间歇期;生物学家告诉我们,一切生命都是战争,都是个体、群体、民族、联盟和物种之间的生存竞争;历史学家告诉我们,"进步"乃是一个虚妄的错觉,它的荣耀总以衰败而告终;心理学家告诉我们,意志和自我是传统和环境的无力的工具,一度正气凛然的灵魂不过是大脑的一种短暂的炽热状态。工业革命毁灭了家园,避孕剂的发明正在毁灭家庭、旧的道德、也许整个民族(由于有才智者不育后代)。爱情被分析为一种生理的过重负担,结婚则变成了较之杂交略高一筹的暂时的生理上的方便行为。民主已堕落到只有米洛①那个时代的罗马才见过的腐败;我们年轻时的社会主义乌托邦的梦想消失了,因为我们日复一日地看到的是人们无穷无尽的贪婪,每一样新发明都使强者愈强而弱者愈弱;每一种新的机械都使人失去工作而大大增加战争的恐怖。上帝曾经是我们短促人生的安慰者,是我们在孤危愁苦中的遁逃薮,他显然已从舞台上消失了:任何望远镜、任何显微镜都发现不了他。从哲学的总体视角看,生命变成了人类这种渺小的虫豸在地球上生生不已的繁衍,一种可能很快就被治愈的全球性的湿疹;在生命中除了失败和死亡,没有任何确实的东西——生命似乎是一场永不醒来的长眠。

我们不得不做出这个结论,即:人类历史上最大的错误就是发现了真理。这个发现除了使我们摆脱了曾给我们以慰藉的那些幻觉和曾经保护过我们的那些束缚之外,并没有给我们以自由;它没

204

---

① 米洛(? —公元前 48),罗马政治家。——译注

有使我们感到快乐，因为真理并不美，不值得我们如此热烈地追求。我们现在再来看它，就会奇怪自己何以如此急急忙忙地去寻找它。因为它似乎已将我们生存的一切理由都拿走了，我们只是为了暂时的快乐和对明天的微茫的希望而活着。

　　这就是科学和哲学带领我们走上的险隘小路。我曾多年喜爱哲学，现在则从哲学转向了生活本身，我要请您这位曾经生活过而且思考过的人帮助我来理解。那些生活过的人的意见也许不同于那些仅仅思考过的人的意见。请抽出一点时间告诉我，生活对于您有什么意义，宗教给予您什么帮助（如果有任何帮助的话），使您能活下来的东西是什么，您的灵感和精力的源泉是什么，您辛苦工作的目的或动力是什么；您到哪儿去寻找安慰和幸福，您最珍爱的东西放在何处。如果您是觉得不得不给我写信的话，那您就写得短些，如果可能的话，则请得闲时来信而且请写封长信；因为您的每一个字对我都是宝贵的。

真诚的

威尔·杜兰特

1931 年 6 月 8 日

纽约州，格雷特索科

北大道 44 号

　　本人著有《哲学的故事》、《过渡》、《哲学的宅第》、《哲学与社会问题》等书。

　　以前在哥伦比亚大学哲学系任教；曾获博士学位（哥伦比亚大

学);古典文学博士学位(锡拉丘兹大学)。

又及:此信的抄件分别寄给了胡佛总统①,马萨里克总统②;拉姆
齐·麦克唐纳阁下,劳合·乔治阁下,温斯顿·丘吉尔阁下,菲利
普·斯诺登阁下;阿里斯蒂德·布赖恩德先生;本尼托·墨索里尼
先生,G.马尔科尼先生,G.达努齐奥先生;居里夫人,玛丽·加登
女士,简·亚当斯女士;英奇院长;约瑟夫·斯大林先生,伊戈尔·
斯特拉文斯基先生,列昂·托洛茨基先生,M.K.甘地先生,拉宾
德拉纳特·泰戈尔先生,伊格纳切·帕德雷夫斯基先生,理查德·
斯特劳斯先生,阿尔伯特·爱因斯坦先生,格哈特·豪普特曼先
生,托马斯·曼先生,西格蒙德·弗洛伊德先生,萧伯纳先生,H.
G.威尔斯先生,约翰·高尔斯华绥先生,托马斯·爱迪生先生,亨
利·福特先生,尤金·奥尼尔先生。

我写此信的宗旨是纯哲学的。不过,我希望人们不会反对我
引用即将出版的拙著《论生活的意义》中提出的一些答案,其中有
一章试图对在世的最杰出的男女人士的生活态度做一说明。

205 亲爱的杜兰特先生:

我很遗憾地说,此时此刻我是如此之忙,以致相信生活没有任
何意义,既然如此,我就不知道如何能明智地回答您的问题。

我不知道我们能否判断真理的发现会有什么结果,因为迄今

① H.C.Hoover(1874—1964),美国第 31 任总统(1929—1933)。——译注

② Masaryk,Thomas(1850—1937),捷克哲学家,曾任捷克斯洛伐克共和国第一
任总统(1918—1935)。——译注

为止我们并没有发现任何真理。

您的诚挚的

伯特兰·罗素

1931 年 6 月 20 日

与阿尔伯特·爱因斯坦的往来书信

亲爱的伯特兰·罗素：

　　久欲给您写信，非为他故，只是想表示本人对您深表敬佩。您在尊著中研究逻辑的、哲学的和人类的问题上所具有的明晰性、准确性和毫无偏颇，不仅仅是我们这一代人所无与伦比的。

　　我一直不愿意对您说这个话，因为您自己很了解这一点，您也了解客观的事实，无须他人的认可。不过，今天有一位没有什么名气的记者来找我，却使我无拘无束地谈了这个想法。我这里说的是一个国际记者协会，许多杰出人士都为它撰稿，它的任务是教育各国的公众，使之达到国际间的相互了解。方法是在各国的报纸上系统地发表政治家和记者们就有关问题撰写的文章。

　　这位记者 J. 雷维斯博士为推动此事近期将去英国。我认为，如果您能同他做短时间的交谈，使他能向您通报此事，那是很重要的。我不敢轻易麻烦您，但是我相信这件事的确值得您重视。

　　谨致深深的敬意

您的

A. 爱因斯坦

1931 年 10 月 14 日

波茨坦市卡普特，

瓦尔德街 7/8

又及:您无须作复。

（此信原为德文，由奥托·内森译成英文）

亲爱的爱因斯坦:

久欲邀您来访，但是此前一直没有适当的住处可安排您的到来。现在这个障碍已经去掉了，我非常希望您能来度一个周末。下星期六（12 日）或 19 日于我均可;19 日以后我将去斯堪的纳维亚和奥地利待六周，因此，12 日和 19 日您若都不能来，那就只好等到 3 月的下半月了。我简直想象不出有比您的来访带给我更大的快乐了，无论在物理学界，还是在人类事务方面，我都有很多问题想听听您的意见，较之我现在所知道的更为明确的意见。

您的非常诚挚的

伯特罗·罗素

1935 年 1 月 7 日

彼得斯菲尔德，哈廷

泰利格拉弗宅

与昂利·巴比塞①的来往书信

亲爱的和杰出的同行：

　　请允许我向包括您在内的人们发出个人的呼吁，我恳请您能支持这个呼吁。您的名字是那个由伟大崇高的人物组成的联盟中备受崇敬者之一，他们挺身而出制止法西斯主义的野蛮侵略并与之进行斗争。

　　我是自发地写这份呼吁书的，并非受命于任何政治组织或其他组织的指示。我只听从内心的社会责任感和良知的呼声。灾难不是无可挽救的；我们有"一些要做的事"；在法西斯主义已然坐大成为一股可怕的势力之前，我们首先和主要能够做的就是要树立一种道义的力量，动员公众的真正的自觉心，发出遍及各处的明确的谴责。

　　我应当补充说明一点，关于这个呼吁书的全文内容，我曾与罗曼·罗兰交换过意见，他完全赞成我的想法。他同我一样认为，只有组织起来并坚持不懈地去遏制那种可怕的事态，才有可能把自由的文化人集合起来，让那些开明而富有声望的人士发出抗议。

　　最后，我认为有必要告诉您，我非常迫切地想创办一份国际性的评论杂志《世界》，旨在在现实国际事务中传播伟大的人道原则，为反对反动观点和反动宣传而斗争。如果像您这样的一些杰出人物有意于此，那么这个刊物就会变成一个在理智、艺术、道德和社会方面的重要论坛。它将是传达我们委员会②的意见的工具，并207

----

　　①　昂利·巴比塞(1873—1935)，法国作家、法国共产党员，著有《光明》、《炮火》等小说。——译注

　　②　此处委员会或许指下一封信中所说的汤姆·穆尼委员会。——译注

将使其高昂的抗议得到具体表达。

　　如果您可考虑作为《世界》杂志的一位可能的合作者,我将非常感激。

　　如果您能就呼吁书一事赐我一信,我也将非常感谢。如有必要,我可将其全文或摘要发表。

　　谨致诚挚的崇高的敬意。

昂利·巴比塞

1927 年 2 月 10 日

阿尔卑斯滨海省

特乌勒,米拉马,维吉利亚①

我亲爱的罗素:

　　汤姆·穆尼委员会想利用美国政府变更之际求得汤姆·穆尼事件的解决,关于这个问题还会有新的揭露。委员会已决定将我这里所附的一封信寄给罗斯福总统,这封信虽然是用正式的极尊敬的语言写的,不过态度很坚决,看来我们有可能使汤姆·穆尼和比林斯遭受可耻虐待一案得到一个终结了。

　　恳请您在致罗斯福的这封信上签名,并立即寄还我。

　　谨致友爱之情。

昂利·巴比塞

---

　　①　原信用法文书写。——译注

1932 年 12 月 12 日

（瓦塞）桑利斯，奥蒙

西尔维

另寄上汤姆·穆尼委员会所编小册子一本。①

亲爱的巴比塞：

我随时乐于去做在我看来可能有助于穆尼的任何事情，但是对您寄来的这封信稿，我却有点踌躇不定。

您当然会记得，在克伦斯基时代，俄国政府曾就此问题向威尔逊总统发出呼吁，因此他要许多著名的法律权威调查这个案件，而这些权威的报告是有利于穆尼的。然而，加利福尼亚州政府却指责总统无权干涉州政府的审判工作。

我认为将此案诉诸当选而尚未就职的总统，没有多大意义，因为他会以缺乏合法的权力为借口加以推托。无论如何，在他就任总统（我想是在 3 月 4 日）之前呈上此信是不会有什么用处的。而且此时此刻美国的舆论不论对贵国还是我国毫无疑问都不会有特别友好的感情，我不知道在人们情绪冷静下来之前我们的干预是否有益。

您的诚挚的

伯特兰·罗素

①　原信用法文书写。——译注

1932 年 12 月 16 日

伦敦西南 7 区

皇门 47 号

此信表明我并不总是性急鲁莽的。

迈克尔·卡罗伊伯爵的来信

我亲爱的罗素：

感谢您写了一封非常漂亮的信为拉科西①辩护。审判还在进行，但现在已判决有日了。如果他不被判死刑，那在很大程度上要归功于您的干预。不过在这个案子上他恐怕会被终身监禁。当然，即使这样，我们也要竭力营救他——也许我们能够从苏联政府方面拿出某种东西来作为交换条件将他释放。

上次见面时，您邀我去同您一起度过一个周末。如果不给您添麻烦的话，我想去拜望您，但不是这个星期天，而是对您方便的任何其他时间。

有很多事要同您面议——请赐告何时造访为好。

我的新址是伦敦中西 1 区吉尔福德 70 号白厅旅馆，我的电话号码是 5512。

---

①　马加斯·拉科西是一个匈牙利共产党人，在被长期判刑获释后再度被捕。他的生命虽得救了，但又被关进监狱。1940 年，俄国以 1849 年掳掠的匈牙利旗为交换条件营救了他。后来，拉科西成为匈牙利的代总理。

　　　　　　　　　您的非常诚挚的

　　　　　　　　　M.卡罗伊

《西班牙迷宫》及其他作品的作者杰拉尔德·布雷南的来信

亲爱的伯蒂：

　　我知道我非得说些蠢话才能引来你一封信。我这封信是在深夜写的。那会儿一个人的思绪和恐惧正使他陷入迷惘，而随后又为之懊悔。翌日我是在读一篇关于孟福尔①出征的故事进行忏悔来度过的。

　　对革命者们的毁灭欲表示同情是很容易的，在大多数情况下，困难在于承认他们似乎是在干什么好事。我的确不喜欢他们的是他们那些尚空谈的思想和他们那种不宽容的精神。共产主义的宗教观念是他们获得成功的原因（它使他们相信时间亦即上帝是站在他们一边的），这种宗教观念最后也许会引向一种穆罕默德式的兄弟会信念而停滞不前。我认为，基督教各民族之富有活力和斗志旺盛乃来自其关于罪的教义，尤其是原罪说，以及为了赎罪（或为了金钱）而必须进行的那种斗争。但是按奥古斯丁的摩尼教来说，我们本来应该是更驯顺而更少兴味的一群。我反对共产主义的宗教，因为我认为社会主义应当只是一种行政管理上的事情。任何依附于它的宗教观念都会把人弄得元气丧失殆尽，当然，除非像罗马人对待奥古斯都崇拜或者像中国人对待儒教那样，把这些

────────────

　　①　西蒙·德·孟福尔可能是指教皇英诺森三世讨伐法国阿尔比派时的统军首领，在出征时阵亡，其生年约为 1160—1218 年。——译注

宗教观念看得很轻。但是那当然不可能是这种情况。——无论如何,既然一个人到头来总得接受或拒绝这些东西,那么当我看见共产主义正在取胜时,我将支持它——而且我将永远支持它反对法西斯主义。

此间每天都带来人民阵线解体的消息。温和的社会主义者、革命的社会主义者和工团主义者全都龃龉不和。混乱状态有增无已,而且我认为最有可能的结局是独裁专制。我倾向于认为对这个国家来说最好的情况是由左翼温和派(有社会主义者参加的现政府)执政(比如说)10 年。我明白,只有把目前无法灌溉的广大土地变成可灌溉的,才可能解决农业失业问题。已经开始建筑一些水坝,但是还需要建更多的水坝,而把它们建起来非有 15 年时间不可。政府的计划是控制投资并监督其用之于水坝,以新灌溉的土地为抵押来偿还贷方。

现在天气是美好的,生活每时每刻都是愉快的。除了健康和气候——那是大自然的健康——就没有什么要紧的事了。如果您在此间租一所房子并且带些书来,那该多好啊。如果在西班牙一切都是变化不定的,——那么欧洲其他地方又会怎样呢?

向你和彼得①致以我们的爱。

你永远的朋友

杰拉尔德·布雷南

1935 年 6 月 1 日

---

① 指罗素的第三任妻子帕特里夏,下面信中提到的"彼得"均指此。——译注

马拉加省丘里安纳

英国舆论似乎惊人地好战。我赞成解除制裁和缔结一个地中海公约，这对墨索里尼会是一种抑制。但是如果他侵占一个希腊岛屿，我们则必须准备作战。

在英国，总是低估了奥地利不走向纳粹的重要性。《泰晤士报》拒不注意中欧。英国人对柏林—维也纳—威尼斯之外的一切都傲然自负。我想你跟我的看法是一样的。

杰拉尔德·布雷南夫人的来信

我亲爱的伯蒂：

在那些实在可怕的日子里，我非常想念你——在那些日子你离你的孩子们越来越远，把他们留在这样一个世界里，对于你一定是可怕的。这就是你在一场噩梦中才会梦到的那种事情，——但这却是你在其中仍然醒着的那些现代噩梦之一。

我与你共患难，我现在是而且将永远是一个和平主义者。但是有些时候他们似乎是"在没有和平之际高喊和平和平"。我们生活在一个什么样的世界里呀。

我看到《权力：一个新的社会分析》一书极受好评，而且是最畅销的一本书。我非常高兴。我希望很快能读到它。

有一位从荷兰来的无政府主义者（AIT① 的书记）同我们在一

---

① 可能指国际工人协会（Association Internationale des Travailleurs）。——译注

起。他是一个很风趣而且极有才智的人,在西班牙与 C. N. T. ①
有密切交往。

他是您的一位热烈的崇拜者。他说他最近为一部百科全书写
了一篇论无政府主义的文章。他在末尾所列参考书目包括了"罗
素的全部作品",因为,他说,虽然这些作品实际上并非无政府主义
的,但是它们具有老无政府主义者所说的"那种倾向"。

我很高兴——因为不论无政府党实际如何,我确信"那种倾
向"是正确的。有一天我们到萨弗纳克森林去。秋天树叶开始飘
落,但是天气仍明朗而和煦。我为你和彼得、约翰、凯特祝福。也
许有一天我们还会再到那儿去。

我希望你和彼得在远离家园的这些日子里尽可能过得快活。

对你们致以我们的爱。

> 你的永远的朋友
> 甘默尔
> 1938 年 11 月
> 马尔伯勒,奥尔德本
> 贝尔宫

我亲爱的伯蒂:

很高兴得到你的来信,而且我想你不久将回家来,我又会看到
你了。

是的,我们一定要更时常见面。我们一定要到萨弗纳克森林

---

①　西班牙全国劳工联合会(Confederación Nacional de Trabaja)。——译注

去旅行野餐——在基德陵顿和奥尔德本之间找一个可爱的地方会
合在一起。杰拉尔德和我到夏天将骑自行车,所以我们可在随便
什么地方相会。

我深信美国现在是很难待的。我担心你和彼得在许多方面都
会感到难以忍受——你们被领着到处游山玩水,尽管人家原属好
意,但是最后会弄得你们精疲力竭,兴味索然。

朗曼·格林出版公司将在暮春时节出版我的书。我很高兴,
因为我觉得它是一本有点用处的书。它是对内心斗争的一幅痛苦
的描绘。我把它题名为《死亡的彼岸王国》,取自 T. S. 艾略特的
诗句:"在死亡的彼岸王国中那也是这样的吗?"

杰拉尔德和我都以极大的兴趣和赞美之情读了《权力:一个新
的社会分析》一书。它的影响很大,这不仅从各种评论可见,而且
从下面这个事实也可得知,即我碰见的几乎每位才智之士都在某
个方面恰好提到它。

我能理解你多么渴望回到英国。我非常高兴你很快将回 211
家来。

对你全家致以深深的爱。

> 你的
>
> 甘默尔
>
> 1938—1939 年冬
>
> 马尔伯勒,奥尔德本
>
> 贝尔宫

我很高兴得知我的名字的真正来源——但我不能确定对于它

之接近骆驼一词①我会有什么感觉。

伯纳德·贝伦森夫人的来信

我亲爱的伯蒂：

　　本周星期四或星期五，或下周某个时候，我可否驾车去探望你和你的妻子？

　　我病得很重，这场病的一个结果是使我明白了在我的生活中什么东西是珍贵的，而你就是最珍贵的事物之一。在没有再见到你并为许多事情向你致谢之前，我不想死。

深爱你的

玛丽·贝伦森

1936 年 7 月 28 日

哈斯勒梅尔，弗赖迪山

穆德宅

致莱昂·菲茨帕特里克

亲爱的莱昂：

　　正当我们要到你那儿去的时候，我病了，患了肠机能紊乱，为

---

　　①　布雷南夫人的名字甘默尔原文为 Gamel 与骆驼的英文原文 camel 很相近。——译注

时很短,但弄得我什么也干不了,令人大感沮丧。我们期望在1月底去看你。

既然艾丽丝①要同你待在一起,你能否代我向她说几句友好的话。我现在之更急切希望你说几句话,是因为贝伦森夫人对艾丽丝说了许多苛刻的话,对此我都漠然听之,不置一词;而且我敢说她会跑出去说那些话是我说的。不想使她们彼此不和,所以你无须提到贝伦森夫人;但是如果艾丽丝以为我说了她的坏话或者以为我对她有恶感,我会感到难过的。

> 你的
>
> B.R.
>
> 1936年12月21日
>
> 彼得斯菲尔德,哈廷
>
> 泰利格拉弗宅

莱昂·菲茨帕特里克的来信

亲爱的伯蒂:

好的。我将尽力照你说的去做。但是向艾丽丝讲到你可不是件容易事。她总喜欢以为自己对你什么都了解。说到底,她还是极其关注你,但是她表面上总是冷冰冰的,尽管已经过去了这么多年。我希望她仍然多多关心你。人是奇怪的。如果没有一点幽默

---

① 罗素的早已离异的第一个妻子。——译注

感,人会变得枯燥乏味,令人生厌。我觉得,能把自己看作一个有点滑稽的角色,乃是最高的美德。

我要问一下(?)[一个难读的词]艾丽丝和格雷斯·沃辛顿以及威尔斯在他们之后什么时候去——那恐怕将在 2 月份,除非我能在这些访问间隙来。但是我总得去睡觉了——唉,主啊,英国人是多么难以通融,而美国人(?)[一个难读的词]又是多么冷漠无情。此间的这些人都是苏格兰人和乌尔斯特①人。他们是远更灵活型的人种。

我模糊地觉得你的哲学著作中有一个不小的缺点。我的确希望你在去世以前能把它去掉——我认为那是重要的! ——那毕竟是你应该做的事情——不要让自己的作品成为粗制滥造的东西。比尔·亚当斯(此间学院院长之子)曾在一个地方听过你讲物理学,他说你的头脑是英国最清晰的——(在人们的头脑几乎全都昏昏然而竟以此为荣的一个国度里,这难道是一个极大的赞美吗?)

问候罗素夫人——祝她安好——随后再给她信——

莱昂

1936 年 12 月 28 日

牛津,万灵学院

院长寓所

上信作者莱昂·菲茨帕特里克是艾丽丝的密友,后来也是我

---

①　Ulster,爱尔兰岛北部地区。——译注

的好友。因为她有一头黑黑的长发，所以得了一个绰号，人称"狮子"①。她的父亲是贝尔法斯特的一位商人，嗜酒，破产后死掉了。她身无分文来到英格兰，受雇于亨利·萨默塞特夫人，在萨莫斯堂（圣潘克拉斯）从事慈善工作。我第一次见到她是在 1894 年 6 月 10 日，当时我陪艾丽丝去参加一次斋戒祈祷仪式。我们对向在深海作业的渔民传道一事发生争论，我对此事做了贬斥的评论。之后不久，她代表圣潘克拉斯教区（相当于现在的市镇参议会）追随萧伯纳。她住在贫民窟的一个楼梯间里，当我处理我在剑桥的家具时，有些东西我送给了她。

那时，经过艾丽丝的介绍，她认识了一个名叫博比·菲利莫尔的青年，他曾向艾丽丝求爱，但被拒绝了。他在克赖斯特切奇市，是菲利莫尔勋爵的儿子，菲利莫尔勋爵是自由党的上议院司法议员，也是格拉斯通先生的亲密朋友。我想博比是受了洛根的影响，成了一个社会主义者和诗人。他是萧伯纳的《康蒂妲》中那个诗人的原型。他决心要娶莱昂，不过他没有重犯他在追求艾丽丝时所犯的鲁莽急躁的毛病。于是他首先使自己被选为圣潘克拉斯的教区代表，并小心翼翼地准备接近莱昂。艾丽丝和我结婚后不久，当我们住在柏林时，我收到莱昂的一封信征求我的意见，问我她该不该接受他。我立即作复，列举 12 条理由反对。但是从邮局回来我却又收到她的来信，说她答应他了。

第二年春天，我和艾丽丝跟她的姐姐一起住在费索尔的时候，莱昂和博比在北非度完蜜月归来途中曾来看望我们。这时我才第

---

① 莱昂原文为 lion，意为狮子。——译注

一次明白了她何以接受了他。原来她坚决拒绝他之后,他犯了心
213 脏病,一些名医认为如果她坚持拒绝他,他会死掉的。他父亲向她
恳求,也是徒然。最后,由于菲利莫尔勋爵的至为感人的请求,格
拉斯通先生虽已 80 高龄,而且双目几近失明,竟亲自爬上她的贫
民窟楼梯间,苦苦劝她不要扮演芭芭拉·艾伦的角色。她实在受
不了这个,于是接受了她的那位害相思病的追求者。

　　到此为止,一切都还不错——一个愉快的科菲图阿国王的故
事①。但是度过蜜月之后,她在费索尔却向我们讲述了一个令人
惊讶的结果。艾丽丝和我立即注意到,她已变得极其愤世嫉俗,而
且她的谈话也非常之低级庸俗。于是我们自然逼问她究竟是什么
原因产生了这样的变化。她告诉我们,她和博比一结了婚,他就对
她说他欺骗了那些医生,他根本没有什么心脏病②,而且还说他虽
然决定要娶她,但是他并不爱她,而且永远不爱她。我相信他们这
场婚姻是很不圆满的。

　　博比的父亲拥有拉德莱特庄园,那在当时是一处风景如画的
村庄;他在拉德莱特和埃尔斯特里之间还有一座颇为华丽的乡村
住宅。他把这所住宅给了博比,由博比随意经营。这位诗人兼社
会主义者乐得退居幕后,由一个非常精明的商人为之代理,此人着
手发展拉德莱特,盖了一大批廉价、低劣、肮脏的郊区住宅,因而发
了大财。几年以后,他真的病了。他的妻子诚心诚意地侍候了他
大约 3 年光景,把他送了终。他死后,她对我说她愿嫁给任何一个

---

　　① 科菲图阿(Cophetua)是一个传说的人物,一位极富有的非洲的国王,娶了一个
贫家女子为妻。——译注

　　② 然而,几年以后他却死于心脏病。

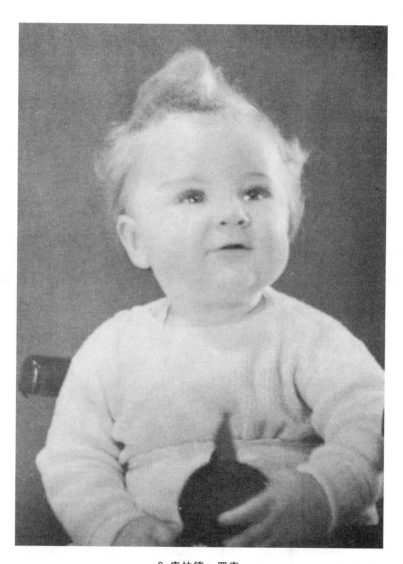

9.康拉德·罗素

10.伯特兰·罗素在里士满他自己的家里［照片由吉坎德拉·阿里亚提供］

会经常生病的人,因为她已变得如此习惯于看护病人,如果没有病人要她照料,她简直不知道如何打发她的日子。

不过,她并没有再结婚。她匿名发表了一部作品,相当成功,署名"一个无名的信徒"。她曾与马辛汉有过一段不成功的情缘。她对灵学研究极有兴趣。作为一个富孀,她把很大一部分收入资助了工党。在她的晚年我没有再见到她,因为她要求人家认真地对待在我看来毫无意义的东西,如情感的宗教性,超常的视力,爱尔兰人的高超的洞见,等等。但是因为这些而未能与她见面,我感到后悔,并曾试图去看望她,既不和她争论也不无诚心。

致 W. V. 蒯因

亲爱的蒯因博士:

收到你的书[《逻辑斯蒂系统》]时正值我因过度劳累不得不休一长假之际,因此我只是现在才刚刚读完它。

我认为你做了一件极好的工作;很久以来我没有像读你的书这样感到极大的精神愉悦了。

我想到两个问题,望暇时给以回答。我把它们另纸写出。　214

在读你的书时,我突然想起,在我的工作中,我总是受到一些无关紧要的哲学上的考虑的影响。例如,摹状词理论。我感兴趣的是"司各脱是《韦伏里》的作者",而不仅仅是 PM① 中的摹状函项。如果你查阅一下迈农的作品,你就会看到我想要避免的那类谬误;对本体论证明也可以这样说。

---

① 《数学原理》。

再说记法(主要是怀特海的):我们在第三和第四部分必须提出一些关联词。对于我们 R|S 来说,你的 αβ 不适用于 3 个或 3 个以上的关系,也不适用于我们需要的各种形式(诸如 R‖S 的形式)。

至于你是否真的如你所想的那样完全避免了可还原性公理引起的困难,我感到担心——虽然我还不能用语言表达出我的疑虑。我想看一看用你的方法如何直接明白地处理归纳和戴德金的连续性。

对于类在你的系统中的地位,我有点困惑。它们是作为初始观念出现的,但是 α 与 $\hat{x}(\phi x)$ 的联系似乎有点含糊不清。你是否认为,如果 $α = \hat{x}(\phi x)$,则命题 αx 就等同于 ϕx 呢? 如果你要说一切命题都是序列,你就一定这样认为。然而,"我给了我的儿子 6 便士"与"我的儿子是我给其 6 便士的人之一"似显然不是相同的。

又,你是否认为一个无穷类可不用一个界定函项加以定义? 有必要将无穷类包括进来是我强调函项之与 PM 中的类相对立的理由之一。

希望你对这些问题有很好的回答。

无论如何,我对你所做的工作极为赞赏,你的工作对使我经常感到不安的许多问题做了改进。

你的非常真挚的

伯特兰·罗素

1935 年 6 月 6 日

彼得斯菲尔德,哈廷

泰利格拉弗宅

致 G.E.穆尔

　　我非常渴望回到纯哲学的工作,尤其想对我在《经验论的限度》一文中的一些观点做进一步的发挥,并且研究一下语言与事实的关系,我觉得卡尔纳普对这种关系的看法是很不恰当的。但是我现在的处境不好,按照法律我每年必须付给别人 800 到 900 英镑,而每年只有 300 英镑的额外收入。因此,除非能找到某个大学的职务,我是无法搞哲学工作的。不知剑桥有无可能? 如有可能,我当非常高兴,因为我想回来搞哲学的愿望非常强烈。

你的

伯特兰·罗素

1937 年 2 月 8 日

彼得斯菲尔德,哈廷

泰利格拉弗宅

亲爱的穆尔:　　　　　　　　　　　　　　　　215

　　谢谢你的来信,它表明情况正如我料想的那样。我想,此刻也许不值得进行此事,因为成功的机会看来很小,况且他处或有别的可能。非常感谢你乐于为我做推荐,如果在其他方面谋事亦无成,我会再写信给你的。眼下我想最好不要做什么。

　　莱弗修姆研究基金会是 6 月份结束的；在那之前我本来不知道。无论如何，它们仅持续了两年。

你的

伯特兰·罗素

1937 年 2 月 18 日

彼得斯菲尔德，哈廷

泰利格拉弗宅

德斯蒙德·麦卡锡的来信

亲爱的伯蒂：

　　你认为我的评论很可能激起公众的兴趣，这就使我安心了，因为那就是我尽力想做的事情。我并没有把它写好，因为写得太匆忙，无暇做仔细的修改润色，不过我认为它会使人们相信，《安伯利文集》是非常有趣的。我去参加三一学院院庆了，星期天晚上在大餐厅参加宴会。我发现我那篇评论在那里已起了作用。

　　我感到高兴的是，我让 G. M. 扬格在《观察家》上写了一篇评论此书的文章。他想在 S. T.[①] 上写一篇书评，我赶紧把书从他手里抢过来，要他把评论送给加文。

　　我想你不会期望此书畅销，但是我认为它会有相当可观的销量，而且会继续卖下去。

---

　　① 《星期日泰晤士报》。——译注

　　得悉你已卖掉了泰利格拉弗宅，我很关切，并愿闻其详。我担心卖价不是很好，否则你本会以更兴奋的心情写信给我的。这次卖房子并不意味着你最严重的经济困难已经过去，是吗？你记得叔本华因为把一个妇人推下楼梯而不得不付给她终身养老金，给自己造成了多大的麻烦吗？而且叔本华只有一条他喂养的卷毛狗（名叫布茨），而你从未把一个女人推下楼梯。你记得叔本华在许多年后在日记中得意洋洋地写下的那句话吗：Obit anus, abit onus①？我希望很快能收到你两张明信片，把这句话写在上面。

　　极端重要的是，你要有暇把你的书写出来，阐明语法和哲学的关系以及其他许多事情。你真的能够每年靠 500 英镑勉强维持到你写那些明信片之前吗？赞赏你的人们会提出这个疑问，你是否反对接受赞助？如果我像你一样有望写出某种有价值的东西，我就不会拒绝赞助。

　　岁月易逝，来日无多。我不是说我们俩谁一定快要死了，但是死确是慢慢临近了；注意力日渐衰退和松懈，在死亡趋近时，这种能力使人觉得就好似那将死者的智慧。

216

　　不久前我见到萧伯纳，他谈到他最近的作品，这些作品显示了他全部的惊人的才能——只是缺少吸引力。我曾经情不自禁想说（不过我觉得这样做是不和善的）"难道你不担心泄露那个绝大的秘密——对此你不再介意吗？"我是由于看到正在威胁我的东西而猜到那个秘密的性质的。但是对于你和我，它仍然只是一个威胁——特别是你仍然要当心，因为你的感觉能力总是比我强的。

---

　　①　拉丁文意为：老太婆死了，重负解除了。——译注

况且,岁月易逝。我们(我所谓我们亦指我们谁都不认识的人们)是你应当加以哲学思考的一切,你要在你的写作能力开始不知不觉地被吞进老年这个人生大患的囚笼之前把你的书写出来。

我和穆尔待在一起,我们很快活——大部分时间都是我们这些白胡子老头们在玩。他让我读了韦斯顿①论定义的一篇文章,但是我读后不得要领。那是一篇维特根斯坦观点的文章。我想谈谈我自己,也让穆尔谈谈他自己,但是我们并不十分关心把离开记忆的快乐崖岸时的那种不快之感忘却。但是无论如何下一次我还要这样做(我说过这已经不是第一次了)。你下次到伦敦时请给我个信,并来便餐,早餐、午餐、晚餐,随时皆可。你可下榻敝处,德莫特是一位船上的医生,他的房间空着。5 月份我把莱斯利·斯蒂芬讲座的课讲完以后会去拜访你。代我向"彼得"表示深挚的最好的祝愿,愿她的分娩幸福快乐。

你的永远的朋友

德斯蒙德

1937 年 3 月 16 日

伦敦西南 3 区

惠灵顿广场 25 号

---

① 约翰·韦斯顿(1904—),英国普通语言哲学剑桥学派的主要代表人物之一。——译注

第六章　美国:1938—1944

1938 年 8 月,我们卖掉了在基德陵顿的房子。只有我们立刻将房子腾空,买主才肯买它,这样 8 月份我们就剩下两个礼拜的时间好去想方设法了。我们雇了一辆搬运车,这段时光就是在彭布罗克郡海滨度过的。我们一行人有彼得和我,约翰、凯特和康拉德,还有我们的一条大狗谢里。实际上整个这段时间里都大雨如注,我们全都被浇得浑身湿透。这大概是我能记得的一段最令人难受的时光。彼得必须为大家准备饭食,而这是她不喜欢做的事情。最后,约翰和凯特回了达汀顿,彼得、康拉德和我则乘船去了美国。

在芝加哥,我有一个大讨论班,我在那里继续讲在牛津讲的那门课,即"语词与事实"。但是,人们告诉我,如果我用单音节的词做这门课的名称,美国人会不重视我的课,于是我把课名改成了"口腔的和躯体的运动习惯之相互关系"之类的名称。用了这个名称或诸如此类的东西,这个讨论班很令人满意。这是一个极其愉快的讨论班。卡尔纳普和查尔斯·莫利斯①常来参加,在这个班

---

① 查尔斯·莫利斯(1901—?),美国哲学家、实用主义者,指号学的重要代表人物。——译注

上我有三个很有才能的学生——达尔基、卡普兰和科皮洛威什。我们常常反反复复地进行细致的论证,对若干争论的要点做到了使大家互相满意的真正的澄清。除了这个讨论班,我在芝加哥的日子过得并不愉快。这是一座污浊的城市,天气很恶劣。赫钦斯校长曾主编《百部佳作丛书》,而且力图将新托马斯主义强加给哲学系,因此他自然不大喜欢我,当我的聘期将满时,我想他是很高兴看到我离开的。

我去了洛杉矶,任加州大学教授。离开依然在严冬掌握中的芝加哥的阴冷可怖,来到春光明媚的加利福尼亚,令人愉快极了。我们是 3 月底抵达加州的,直到 9 月份以前我没有教学任务。这段间歇的开头一段时间,我用于一次旅行讲学,我记得清楚的只有两件事。一件事是我去讲过学的路易斯安那州立大学的教授们都对休伊·朗有好感,因为他提高了教授的工资。另外一件记得的事更令人感到快慰:在一带纯粹乡村地区,我被携上沿密西西比河修筑的大堤之巅。讲学,长途旅行,加上天气炎热,弄得我疲惫极了。我仰卧在草地上,静观着波澜壮阔的大河,半是迷茫地凝视着流水和天穹。有 10 多分钟光景,我体验到一种我很少享有的平和宁静之感,而只是面对着逝者如斯的河水在思索着。

1939 年夏,约翰和凯特趁暑假期间来探望我们。他们到达后几天,战争就爆发了,要把他们送回英国已不可能了。我必须马上安排他们继续上学。约翰时年 17 岁,我把他送进加州大学读书,但凯特只有 15 岁,入大学尚不够年龄。我向一些朋友打听在洛杉矶有哪所学校教学水平最高,他们一致推荐了一所学校,于是我把她送到那里去上学了。但是我发现那个学校教的课程只有一门是她没有学过的,那就是资本主义制度的品德课。因此,尽管她年纪还小,我也不得不把她送去上大学了。1939—1940 年这全年时间约翰和凯特就跟我们生活在一起。

1939 年冬季几个月里,我们在圣巴巴拉租了一栋房子,那里是一个非常令人喜爱的地方。不幸的是,我的背受了伤,一个月里只能平直仰卧,受着几乎难以忍受的坐骨神经痛的折磨。结果,我不得不推迟准备讲稿,而在下一个学年总要加倍工作,而且总觉得我的讲课有所欠缺。

这里的学术气氛远不如芝加哥那样令人愉快;这里的人不是很有才能,而这位校长,我对他深感厌恶,我认为是有充分根据的。如果有一个讲师擅自发表过分自由的言论,那么该讲师就被看作工作得很糟糕而被解除教职。当系里开会时,这位校长常会穿着长筒靴君临现场,而且对任何动议都予以否决,如果他恰好不喜欢它的话。他的皱眉蹙额使人人为之战栗,这使我想起希特勒统治下德国国民议会举行会议的情景。

临近 1939—1940 这个学年的年末,我被邀为纽约市立学院教授。此事似已确定,于是我给加州大学校长写信辞掉在那里的职务。在他收到我的辞职信后半小时,我得知纽约方面的任职并未确定,就去拜访这位校长,要撤回我的辞呈,但是他对我说那太晚了。那些正经的基督徒纳税人一直反对给我这样一个不信神者付薪水,而这位校长是很高兴使我离开的。

纽约市立学院是纽约市政府主管的一所院校。到这个学院来的人实际上全是天主教徒或犹太教徒;但是令前者感到愤怒的是,所有的奖学金实际上都给了后者。纽约市政府事实上是梵蒂冈的附庸,然而该学院的教授们力图保持一点学术自由的样子。他们之推荐我,无疑是为此目的。有一个英国圣公会主教激愤地抗议聘请我,一些神父则训诫警察(他们实际上也都是爱尔兰天主教徒),说我要为当地的罪犯负责。有一个妇人的女儿在这个学院的某系科读书,我从未与此系科有过联系,这个妇人被诱唆对我提出控告,说我到这个学院来会危及她女儿的节操。这个诉讼不是控告我,而是控告纽约市政当局。[①] 我力图使自己成为这场讼案的一方,但是人家告诉我说此事与我无关。尽管市政当局名义上是被告,但是它之希望败诉正如那位太太之渴欲胜诉一样急切。原告律师宣称我的著作是"挑逗性的,淫秽的,色情的,刺激性欲的,色情狂的,发人春心的,傲慢无礼的,心胸狭窄的,虚伪的,丧尽道德心的"。这个讼案被交付一个爱尔兰人审判,此人最后判定我败诉并加以辱骂。我想要上诉,但是纽约市政当局拒绝上诉。对我进行指控的某些东西纯系奇谈怪论。譬如,我被认为邪恶不道德的,就因为我说过小孩子不应该由于犯手淫而受到惩罚。

　　这是美国人组织的一场典型的以莫须有的罪名对我进行的迫害[②],在整个美国,我变成了人们避之唯恐不及的不祥之物。我本来被请来做访问讲学的,但是我只得到在这场以莫须有罪名对我进行的迫害之前所定的一个聘约。那位与我定约的犹太教教士毁

---

　　① 关于这场讼案的报导可见于约翰·杜威和霍勒斯·M.卡伦所编《伯特兰·罗素事件》一书(维京出版社,1941 年版);也见于保罗·爱德华滋编《为什么我不是基督教徒》一书的附录(艾伦和昂温出版公司,1957 年版)。

　　② 纽约县的户籍管理员公开声言应当把我"涂上漆,插上羽毛,赶出这个国家"。她的话典型地代表了一般民众对我的责骂。

了约,不过我不能责怪他。如果我要去讲学的话,主管教学大楼的人也会拒绝我们借用教室的,如果我在任何地方公开出现的话,我很可能被一伙天主教的暴徒在警方的完全赞同下对我施以非刑。没有一家报纸杂志肯发表我写的东西,我突然被剥夺了一切谋生的手段。从法律上来说,我既然不可能从英国弄到钱,这就使我陷入非常困难的处境,尤其是我有三个孩子生活皆仰仗于我。许多思想开明的教授表示了抗议,但是他们全都以为我既然是一位伯爵,就一定有祖上的遗产,生活条件一定很好。只有一个人做了一点实事,那就是巴恩斯博士,他是 Argyrol(弱蛋白银消毒剂)的发明者,并在费城附近创建了巴恩斯基金会。他给了我五年的聘约,在他的基金会讲哲学。这就解除了我极大的忧虑。直至接到他这个聘约之前,我看不到摆脱困境的任何出路。我不可能从英国弄到钱;返回英国是不可能的;我当然不希望我的三个孩子回到正遭受纳粹猛烈空袭的国土去,即使我能够给他们弄到一笔旅费,而那肯定也不可能维持长久的生计。看来似乎不得不让约翰和凯特离开大学,靠友人的好心相助尽可能节俭地过日子了。是巴恩斯博士把我从这种令人不寒而栗的凄凉前景中拯救出来了。

1940 年夏,一方面是尽人皆知的令我惊惧的可怕遭遇,另一方面我也有个人的欢乐,这二者形成了异常鲜明的对照。我们是在内华达山区塔霍湖附近的落叶湖度过暑期的,这里是我有幸知道的最优美宜人的胜地之一。这个湖海拔 6000 多呎,一年四季大半时间整个这一带地方都被深雪覆盖,不适于居住。但是在夏季有三个月的光景,持续有阳光普照,天气温暖,而通常又不热得难受,山间草原开满了美艳无比的野花,空中飘溢着松木的芳香。我们在松树间搭了一座小木屋,靠近湖畔。康拉德和他的保姆睡在屋里,我们其余的人在房内则无栖身之处,各自在房门边就卧。从荒村到瀑布、湖泊和山顶有无数的小路,我们可以冒雪潜入并不太冷的深水之中。我有一间小棚子似的极小的工作室,就是在这间斗室之中我写完了《意义与真理的探求》。在这里我常常热得赤膊上阵,写作此书。但是这样的热倒很适合我,我从不觉得在这里热得无法工作。

在这一切生活乐趣中,我们日复一日地等待着英国是否已被入侵、伦敦是否还存在的消息。有一天早晨,那个邮差(一个好开玩笑、有点残忍的幽默感的家伙)大声嚷嚷:"听到新闻了吗？整个伦敦已经毁掉了,连一座房子都没留下来！"我们不知道能否相信他的话。在此地山野间长途的漫步和经常在许多湖中洗浴使我们能够熬过这段时光,而近 9 月份时,看来英国已经不会被入侵了。

在内华达山区我看到了我所知道的唯一的无等级之分的社会群体。实际上这里所有的房子都住着大学教授,必要的工作都是大学生们做的。例如,给我们带来一应食品杂货的那个青年就是一冬天都上我的课的一个学生。也有许多学生纯粹是来度假的,

221　在这里过假期花费很便宜,因为一切都很原始,很简单。美国人远比欧洲人更懂得如何妥善安排游客。湖畔附近虽有很多屋舍,但是在湖中乘舟却望不见一屋一舍,因为它们全都掩映在松树丛中了,而且这些屋舍本身就是用松木搭建的,很舒适宜人。我们住的那所房子的一角是用一棵活的正在生长的树做的;我无法想象当这棵树长得太大的时候,这所房子会是怎样的。

1940 年秋,我到哈佛为威廉·詹姆士讲座开课。这是在纽约

那场麻烦之前就约定了的。也许哈佛为此聘约感到遗憾，但是，即使如此，他们还是很有礼貌地没有向我流露出这种情绪。

我和巴恩斯博士的交谊始于1941年新年之际。我们在离费城约30哩处租了一所农舍，那是大约有两百年之久的一所令人非常愉悦的房子，坐落在起伏不平的乡野之间，此处与英格兰多塞特郡内陆地带不无相似之处。这里有一座果园，有一个很好的旧日的谷仓和三棵桃树，这些桃树结了大量的桃子，其味道之鲜美，是我从未尝过的。这里有倾斜而下伸向河流的牧场和令人赏心悦目的林地。我们离保利（以科西嘉的爱国者的名字命名）有10哩，那里是费城市郊车的终点。我经常从那里乘车去巴恩斯基金会。我在基金会的一座陈列现代法国绘画的美术馆里讲课，这些绘画大多是裸体画，这似乎与学术性的哲学有点不大协调。

巴恩斯博士是一位很怪的人物。他有一条他十分钟爱的狗，有一位深爱他的妻子。他喜欢对黑人施以恩惠，把他们作为平等的人相待，因为他深知他们与他并不平等。由于发明了蛋白银消毒剂，他发了一大笔财；当其鼎盛之际，他把消毒剂全部卖光，把他的钱全都投资购买公债。之后他成了一位艺术鉴赏家。他拥有一座非常漂亮的现代法国绘画美术馆，并且利用这个画廊来讲授美学原理。他需要人们经常的恭维而且喜好争吵。在接受他聘我讲学的提议之前，人们就告诫我，说他过不了多久，对人就厌倦了，因此我强要他订一个为期五年的合同。1942年12月28日，我收到他一封信，通知我聘约从元月一日终止。于是我的生活又一次从宽裕陷入困窘。诚然，我手里有跟他订的那份合同，我所咨询的律师也使我相信，我毫无疑问能够通过法庭取得充分的赔偿。但是

要获得合法的赔偿，需要时间，尤其在美国，而我在这段时间里却
必须维持生活。科尔比西耶在一本讲美国的书里谈到有关巴恩斯
品行的一个典型的故事。科尔比西耶在讲学途中想要参观一下巴
222　恩斯的画廊。他写信给巴恩斯请其允许过访，而这是巴恩斯一向
极其吝于应允的。巴恩斯博士回答他说，他可以在某个星期六的
早晨来参观，但不能在任何其他时间。科尔比西耶又给他写信，说
他的讲学聘约使他不可能在那个时间去，能否有其他适当的时间。
巴恩斯博士写了一封极端粗暴无礼的回信，说就只有那个时间，否
则就别来。科尔比西耶也回了一封长信发表在他的书上。他说他
不反对争吵，但是他愿意同在艺术问题上持不同意见的人争吵，而
他和巴恩斯博士都喜欢现代的作品，却不能彼此一致，似乎是一个
遗憾。巴恩斯博士从未拆看这封信，而是在信封上写了一个大大
的"呸"字①，把它退回去了。

　　当我这个讼案开庭时，巴恩斯博士指责我没有为讲学做足够
的工作，而且讲得很肤浅，敷衍了事。就当时已经讲过的讲稿而
言，它们包括了我的《西方哲学史》一书的前三分之二的部分，我把
这部分手稿提交给法官，虽然我并不设想他会读它。巴恩斯博士
指责我对待他称之为皮特尔高拉斯和恩皮多克勒斯②的两个人态
度不好。我注意到法官对他发出警告，而我则胜诉了。当然，巴恩
斯博士像通常那样提出上诉，实际上直到我回到英国以后才得到

---

　　①　merde，法语，作名词用指粪便，作感叹词则有表示轻蔑的"呸!"的意思。——
译注
　　②　这是巴恩斯对毕达哥拉斯和恩培多克利两位希腊哲学家的名字的误读。——
译注

那笔补偿金。那时他将一份印好的有关我的罪过的文件寄给三一学院院长和每一位董事，告诫他们不要做把我请回剑桥的蠢事。我从未看过这份文件，但我毫不怀疑它是一份颇具可读性的文件。

1943年头几个月我苦于手上缺钱，不过并不像我曾担心的那样严重。我们把我们的漂亮农舍转租出去，到一个原为一对黑人夫妇准备的小房子去住，这对夫妇原来预期会被农舍居民雇用的。这个小房子有三间屋，三座火炉，每个炉子过个把钟头就得加煤添火。一座炉子用以取暖，一座用来烧饭菜，一座烧热水。当炉火灭掉时，要用几个钟头的劳作才能把它们重新生起火来。康拉德已能听懂彼得和我彼此说的每句话，我们有烦心的事情要讨论，让他为此担心对他没有好处。但是这个时候纽约市立学院的麻烦已经开始被人们淡忘了，我已能在纽约和其他地方获得一些临时的讲学聘约。首先打破了禁令的是布林·莫尔学院的韦斯教授，他邀请我到那里去讲一门课。这需要不小的勇气。有一回，我穷得只能买一张去纽约的单程车票，然后用我的讲课费买返程的车票。我的《西方哲学史》已接近完成，我写信给我的美国出版商 W. W. 诺顿，问他鉴于我在经济上的困难状况可否预付稿费。他回信说，出于他对约翰和凯特的喜爱，也作为对一位老朋友的善意，他愿预付500美元的稿费。我认为从别的出版社可能获取更多的预付金，于是同西蒙和舒斯特接洽，我个人同他们并不相识。他们当即同意马上付我2000美元，6个月之后再付1000美元。此时约翰在哈佛读书，凯特在拉德克利夫学院读书。我一直担心因为缺钱我也许不得不让他们辍学，但是多谢西蒙和舒斯特的慨然相助，这种担心已属多余了。这个时期，我也从一些私人朋友处借款，得到他们的帮助,我有幸不久就有能力奉还了这些借款。

　　《西方哲学史》一书之开始写作乃出于偶然,结果却成为我此后多年一个主要的财源。当我着手这项工作之始,我没有想到它会获得我的其他著作从未有过的成功,有一段时间,它甚至被列入美国畅销书榜而大出风头。当我还未讲完古代哲学部分时,巴恩斯已经通知我他不再需要我了,于是我的课停止了。但是我发现这个工作异常有趣,尤其是我事先知道得最少的那些部分,即中世纪早期哲学和基督诞生前夕的犹太哲学,因此我继续工作,直至写完这部概述哲学史的著作。我要感谢布林·莫尔学院允许我利用它的图书馆,我发现那是一座极好的图书馆,尤其是我在那里可以看到查尔斯牧师的极有价值的著作,他翻译出版了写于公元前不久的犹太人著作,这些著作在很大程度上预示了他自己的教义。

　　我很高兴写这一部哲学史,因为我总相信应该以恢弘的规模写历史。例如,我一向认为,吉本①所述的题材是不可能以一本或几本小书充分加以处理的。我认为我的《西方哲学史》开头的部分是一种文化史,但是在后面诸篇章,由于科学变得很重要,要把历史都纳入这个框架,就比较困难了。我做了最大的努力,但是我不能确信是成功的。有时我受到一些评论者的指责,说我写的不是真正的历史,而是对我随意选择要写的事件所做的带有偏见的叙述。但是,我认为,一个人没有任何偏见是不可能写出饶有兴味的历史的——如果真有这样一个人,我认为他夸口自己不存偏见只

---

　　① 爱德华·吉本(1737—1794),英国历史学家,著有《罗马帝国衰亡史》。——译注

能是空口说白话。况且一本著作像任何其他工作一样,应由其所持的观点结合成一整体。一本由若干不同作者的论文集成的著作较之一人独立完成的作品之所以较少兴味,就是这个缘故。因为我不承认有不存偏见的人,我认为,写一部大部头的历史,最好的做法是承认一个人的偏见,而允许不满意的读者们去寻找另外的作者去表达一种相反的偏见。至于哪种偏见更接近真理则必须留给后人去评断。对历史写作的这个观点使我更喜欢我的《西方哲学史》而不是《西方的智慧》,后者是从前者摘取来的,但是经过提炼和调整,——尽管我很喜欢《西方的智慧》中的那些插图。

224

　　我们在美国的最后时日是在普林斯顿度过的,在那里我们有一所湖滨小屋。在普林斯顿期间,我熟悉了爱因斯坦。我惯常每周一次到他的住处去,同他、哥德尔及泡利①进行讨论。这些讨论在某些方面是令人失望的,因为他们三个人虽然都是犹太人和流亡者,而且都具有世界一家的情怀,但是我发现他们都带有德国人的形而上学倾向,尽管我们尽了最大的努力,却始终没有得到作为我们进行争论的共同前提。哥德尔结果变成了一个道地的柏拉图主义者,明确认为有一个永恒的"不"字写在天上,道德高尚的逻辑学家也许有望在来世遇见它。

　　普林斯顿的社交界极其愉快,总之比我在美国碰到的任何其他社会圈子都更令人开心快意。这时约翰已返回英国,入英国海军,并被安排去学日语。凯特在拉德克利夫学院生活足以自给,她

_____

　　①　沃尔夫冈·泡利(1900—1958),奥地利物理学家,由于发现泡利不相容原理而获诺贝尔奖。——译注

的功课学得极好,而且找到一点教学工作。因此,除了难以弄到一笔去英国的旅费之外,已经没有什么使我们要继续滞留在美国了。然而,这个困难却似乎是长时间难以克服的。我到华盛顿去申辩,说必须允许我去履行在上院的职责,我力图使当局相信,我要这样做的愿望是极其强烈的。最后,我发现了一个使英国大使馆信服的论据。我对他们说:"你们会承认这是一场反法西斯的战争。"他们说:"是的";"而且",我继续说:"你们会承认法西斯主义的本质就在使议会屈从于行政。"他们说"是的",不过略带一点犹豫。我继续说道:"现在,你们代表行政,我代表议会,如果你们使我不能履行我的议员职能,哪怕比必要的时间多一天,你们就是法西斯主义者。"在大家哄堂大笑中,我的航行许可证当场被批准了。然而,仍有一个奇妙的困难。我妻和我获得 A 类优先权,但我们的儿子康拉德却只得一个 B 类优先权,因为他还不具有议员的职责。我们当然希望年方七岁的康拉德跟他的母亲同行,而这就要求她同意自己被划入 B 类。迄今为止,还没有过一个人接受一种低于自己应得类别的例子,这使大使馆所有的官员都深感困惑,过了几个月他们才理解了我妻的这种做法。无论如何,我们返英国的日期终于定下来了,首先是彼得和康拉德的行期,我的行期则大约两周之后才定下来。我们在 1944 年 5 月起航返英。

225 <h1 style="text-align:center">书 信</h1>

致查尔斯·桑格的妻子

我亲爱的多拉:

谢谢你的来信,几经周折,它终于送到了我这里。

我完全赞成你对新近的战争叫嚣的看法。当危机过去时我曾大为高兴,但不料它很快又要来了。在美国这里,十分之九的人都认为,我们应当去打仗,而美国人则应当仍然保持中立,我对这种意见感到恼怒。奇怪的是,在英国,那些在1919年曾反对捷克斯洛伐克不正当地扩充领土的人,到了1938年竟成了最急于要保卫他们的人。这些人总是忘记,努力武装保卫捷克人,就会使他们遭到德国人的侵略,对于捷克人来说,这比他们目前所遭受的苦难要坏得多。

我已经忘记了1914年在船上遇到埃迪·马什的事,但是你的信使我想起来了。那时每个人都以自己特有的方式做出反应。

奥托兰之死对于我是一个非常巨大的损失。查利、克朗普顿和奥托兰是我在同辈人中仅有的几位真正亲密的朋友,而现在他们全都故去了。我们则一天天地迈进一个愈来愈可怕的世界。

不过,就私人来说,我的情况还是愉快的。约翰和凯特是我全部的期望之所在,小毛头康拉德(现在19个月大)则是最令人满意的。美国是一个很有趣而又坚固的国度,而英国则恐怕正在摇摇欲坠了。达夫尼①在比利时一定度过了一段饶有兴趣的时光吧。

我将于5月初到家,希望很快就在那里见到你。祝一切都好。

你的永远的朋友

伯特兰·罗素

————————————————

① 桑格的女儿。

1938 年 11 月 5 日

于芝加哥杰克逊公园游戏场"快乐园"

致 W. V. 蒯因

亲爱的蒯因博士：

我很赞同你对塔尔斯基的评价；在我看来，在他那一代逻辑学家中，没有任何别的人（除了你自己）能与之相匹敌。

因此，我若能促使此间学校当局为他提供一份工作，我的确是非常高兴的。我应当为逻辑学、为这里的大学、为他也为我自己，感到高兴。但是查询的结果告诉我，这是没有任何可能性的；他们认为，无论是外国人还是逻辑学家在这里都已达到饱和了。我甚至向他们示意，如果我退职可为他腾出位置的话，我可以考虑这样做；但是，看来即使我这样做，也不可能得到这样的结果。

226　　我推想你在东部哈佛、普林斯顿、哥伦比亚等校也已试过了。普林斯顿该是显然可求的地方。你随处可以引述我的话作为对你关于塔尔斯基能力的看法的赞同。

你的诚挚的

伯特兰·罗素

1939 年 10 月 16 日

于加州洛杉矶洛林大街 212 号

一位匿名者致罗素

伯特兰·罗素:

你是否想过,当你为新闻报纸拍摄那些伪善地装扮成一个"钟爱妻儿的人"的照片时,你是在愚弄谁呢?难道你那病态的头脑已经到了如此老朽昏庸的地步,以至于片刻之间竟以为你会使任何人深受感动吗?你这个可悲的老蠢货!

即使你的已被公认的堕落也不可能使你在装腔作势拍这些照片并力图以你不幸儿女的天真无知为掩饰的卑鄙行为稍有逊色。你真丢人啊!我们国家的每个正派的男人和女人对你这个卑鄙行为的憎恶尤甚于对你其他一些败行,那些败行毕竟确确实实是得自你那个堕落的家族谱系。至于你对我们这个国家的教会和政府方面提出疑问和表示忧虑——我们国家的事跟你有何相干?不论什么时候你之不喜欢美国人的举止行为,都要溯源于你的故土英格兰(如果你能追溯一下的话!)和你的那个说话结结巴巴的国王(他是英国堕落王族的一个杰出的样本)及其出身酒吧女招待和司膳总管的祖先。

或者,我确曾听有人说你被逐出了那个自由堕落的国家,因为你的堕落更胜过那个王族。嗬!

你的
拼扑－黑特儿①
1940 年 3 月 4 日
于纽约纽瓦克

---

① Pimp－Hater,意为嫉恶如仇者。——译注

又及:我注意到你在提到一位美国法官时说他是一个"无知的家伙"。如果你是一位如此卓越的智叟明公,那你为什么在垂暮之年还要寻觅新职呢? 你是不是已经使加利福尼亚的乡村充满了浓烈的臭气而令人无法忍受了呢?

阿尔道斯·赫胥黎[①]致罗素

亲爱的伯蒂:

　　同情恐怕不会带给你很多好处;但是我觉得我必须告诉你,在纽约围绕着你的名字掀起一股丑恶的叫嚣时,我对你和彼得感到多么深切的同情。

你的永远的朋友

阿尔道斯·赫

1940 年 3 月 19 日

于加利福尼亚卡尔弗城米高梅电影院

227 纽约市立学院学生会新闻声明

编辑先生:

　　伯特兰·罗素被市立学院聘任教职一事在新闻界引起了很大

---

　　①　英国著名博物学家和达尔文进化论学说倡导者托马斯·亨利·赫胥黎之孙,1937 年后移居美国,著有诗歌、小说等。——译注

的争论,各种组织和个人纷纷发表意见。我们不想介入对罗素教授的道德和宗教观点的争论;我们认为他有权利抱有他个人的观点。

罗素教授已被聘任职市立学院,讲授数学和逻辑。他享有国际盛誉,极有资格教授这两门课。他一直在加州大学讲学,并且在1941年2月来市立学院之前已被哈佛大学聘为客座教授。我们学生会和全院教师认为,罗素教授加盟我院,只会提高我们学院的学术声誉和在全国的地位。

当公立学校教师或我们市立学院讲师受到聘任时,没有人曾对他们有关宇宙本性的信仰提出疑义,不论他们是天主教徒、基督新教徒、犹太教徒,还是无神论者或古希腊万神殿的朝拜者。美国学校教育制度是建立在如下这个原则上的,即宗教与世俗教育无关,从理论上说,教师的宗教信仰与他们的工作无关。宗教团体可自由布道说教,为什么教师就不可以呢?

高等教育委员会拒不屈服于对它施加的压力而坚持对罗素教授的聘任,这既会解救市立学院免遭一次学术上的打击,也是在最高意义上尽其对社会的责任。

我们想用米德校长的话再次强调一下:罗素教授被聘到市立学院,是来教数学和逻辑的,而不是来讲他的道德观和宗教观的。

市立学院很久以来一直遭到来自各种方面的攻击,他们力图改变或摧毁我们自由的高等教育;对伯特兰·罗素的攻击不过是这种意向的又一表现而已。

市立学院学生会执行委员会

1940年3月9日

致纽约市立学院学生会秘书伯纳德·戈尔茨

亲爱的戈尔茨先生:

　　在这场战斗中能得到学生会的支持,我感到非常高兴。老约克市是基督教在那里成为国家宗教的第一个地方,也就是在那里,康斯坦丁披上红衣主教的大红袍。也许新约克市(New York,即纽约)将是享有这种荣誉的最后一个地方。

你的诚挚的

伯特兰·罗素

1940 年 3 月 22 日

228 致纽约市立学院的学生威廉·斯沃斯基

亲爱的斯沃斯基先生:

　　多谢你的来信和附寄的《校园》。我的确很高兴,学生们并不认同曼宁主教对我的看法;如果他们赞同他的看法,那么青年人就不能不使人感到失望了。高等教育委员会做出对我有利的决定,这令人感到安慰,但是我不知道这场战斗是否已经结束。我怕一旦去市立学院任教,你们大家会失望地发现我是一个很温和、并不讨人嫌、全无棱角锋芒的人。

　　谨致谢意。

伯特兰·罗素

1940 年 3 月 22 日

加利福尼亚洛杉矶洛林大街 212 号

M.F.阿什利－蒙塔古致罗素

亲爱的罗素教授:

　　我受惠于您者如此之多,以致我觉得对于您的著作在我自己思想发展上所起的作用,我是永远也不可能做出充分的报答的。由于在英国错误教育"制度"下面遭到的那份压抑,自 1930 年以后,我逐渐地消除了对素不相识的人讲话时感到的通常所说的那种"天生的腼腆"。在您生涯中这个颇为艰难的时期,我要使您重新抱有自信。实际上是罗素夫人的一番话(如《纽约时报》所报道的)促使我写这封信的。您的朋友在这里有千千万,而且正如您长久以来已明显看到的,这里确实是世界上最有人情味而且从根本上说是最宽松的国度。这就是我们为什么有一切希望、一切理由相信,单独一个法官做出的判决终究会得到他值得得到的正确的评价,这也就是为什么对你去市立学院任教的任命能坚持下来的原因。当您这样的处境被大肆张扬开来的时候,我注意到,实际上人们总是有公正的判断。只有在狭隘私见的荫庇下,不义才会得计,而且可能大行其道。我曾不止一次地身受这种私见的暴政之苦,不过您的情况是远不相同的。我们有许多人,无论作为个人还是作为保卫学术和思想自由的一些学会的成员,都要为您的这个事件奋争,必要的话将一直战到最后。我可以一种其程度达于确实性的概率预言,尽管圣厄奴尔福斯的那些狗们高声狂吠,人们共同遵循的准则终将取胜。

　　我完全能想象您的信袋里一定装满了信件,所以您无须告我您已收到此信。您的幽默感会照看您自己的,别的事就留给我们好了。

　　衷心祝愿您。

您的永远诚挚的

M.F.阿什利－蒙塔古

解剖学副教授

1940 年 3 月 31 日

寄自费城哈恩曼医学院和医院

229　莱辛巴赫等人致工业民主联盟成员哈里・W.莱德勒

亲爱的莱德勒先生:

　　在下面署名的几位加州大学洛杉矶分校哲学系教师冒昧地回答您写给克里德小姐的调查函。我们全都听过罗素先生在本校的讲课或者参加过他主持的讨论班,因而对他在这里的教学特点和内容具有第一手知识。我们认为,他是我们迄今所认识的最能激发学生兴趣的老师,他对学生的思想影响是惊人的。他教学的总的效果是加深了学生对真理的思考,因为他既能启发学生追求真理的愿望,又能引导学生更严格地对真理进行检验。罗素先生的道德品质对学生也有异乎寻常的影响。凡是知道罗素的人都不可能不来赞美他的光明磊落,他的始终如一和真正谦恭有礼的举止,和他对人们、对人类的真诚的爱。

我们可以补充一句：在本校从未有过对罗素教学的任何批评。本系在推荐聘任罗素先生时，就知道会有一些校外的人对校方的这一举措予以批评。但是无论如何从未有人根据罗素先生在这里的工作提出反对意见。在邀请罗素先生来参加我们的教学工作时，我们这样做是基于下面这种信念，即这位教师有权利对政治、道德及其他社会问题抱有他个人的见解，在这样的问题上持非正统的观点并不能成为把一个人逐出公共生活的理由。

您可以您认为适当的任何方式使用这封信。

> 您的诚挚的
>
> 汉斯·莱辛巴赫
>
> 伊莎贝尔·P.克里德
>
> J.W.罗布森
>
> 休·米勒（代系主任）
>
> 1940 年 4 月 11 日

与哈佛大学哲学教授威廉·欧内斯特·霍金的往来书信

亲爱的罗素：

我曾以如下电文回答了你 4 月 14 日来函的部分内容："纽约聘任事不可能有异议。"

至于你同样要求给以答复的来函的另一部分——即你在信中表示"希望哈佛不要太在意"的那一部分——，我想最好等到我能够告诉你某种确实信息的时候。

　　附上星期天的《波士顿先驱报》剪报一份,上载我校管理机构("校长和董事",一般称为"校务委员会")于星期六晚发表的一份声明,支持对你的聘任。我也要把引起这份声明的那类攻击提示给你一点线索。星期一的《绯红报》专栏文章会告诉你更多的内幕情况。

　　请将我所说的这些话当作纯粹个人的意见。正如你已注意到的,本系个别成员已经有所行动;但是系方迄未表态,我只是讲自己的看法。

　　我若谎说我们大学未被这个局势所扰,那是可笑的。哈佛不是如印第安纳、密歇根等处的大学那样,主要从立法机构的拨款取得资助,在这个意义上,它不是一所"州立大学"。但是它是一个州的事业机构,对于州政府,有某些订进法律的特殊规定,因此对我们的工作进行政治干预,依照法律是可能的。波士顿市立法事务官托马斯·多尔甘已答应受理的这个诉讼在州法律上有某种根据,虽然校方准备去应诉。此外还有一些法律上的可能情况,但是那对一所已经成为某些社会人士厌恶对象的学校来说会是很严重的。

　　至于这个讼案本身,校方不打算根据"言论自由"或"教学自由"予以辩驳(因为这会使校方显得是在维护你有权利在哈佛讲授你的性道德观的要求,这样一个要求肯定不在我们工作安排的考虑之内,而且在法律上大概也是站不住脚的)。校方坚持的理由只是我们聘任人员独立自主不受外界干预。如果我们能够说明,我们曾经而且正在以对于我们法定义务的一种应有的责任感行使这种独立性,那么坚持上述理由就是一个可以进行抗辩的立场。这个方针可以说明在本校的声明中为什么着重讲你授课的范围,讲你所教的仅限于高年级学生;在目前情况下,我们必须坚持这个限度。

(校方声明中提到的你的讲课数是根据遗赠基金会的说法,那里载明"不少于6讲",实际上,有10讲或12讲之多,讲课数的这个差异,我想部分的原因是有些课改成两年计划了。)

我们大家对于发生这场喧嚣叫嚷都感到非常遗憾,因为这对于你是一场灾难,而且使我们都认为是隐藏在幕后的东西大显威风,对这种东西我们是绝不感兴趣的。就我自己来说,我同样感到遗憾的是,你正在把这个问题弄成一个在纽约那个环境里言论自由的问题。因为如果你败诉了,你就败了;而即使你胜诉了,你也是败了。而且那些大学也要败了,因为在公众心目中已有的那个印象会更加深了,即那些大学坚持认为一切假说都是同等水平的,没有哪个是荒谬的,也没有哪个是不道德的,它们全都是一批与普通人的看法毫无共同点的孤傲乖僻的知识分子用以进行争论的玩偶。一切假说是否都处于同等水平或者能否避免使用由于厚此薄彼而引起反感的形容词,我个人和普通人一起对此表示怀疑。

主要是由于这个原因,我至今对此问题没有公开讲过什么话。人们有保持沉默的自由,我一直在追求这种伟大而被遗忘的权利,这种权利在我们国家是很难坚持的。如果我要说话的话,那么大体上与4月20日《纽约时报》社论第一节的话是一致的,你无疑已看过那篇社论,它的一句口头禅是:"判断的错误是所有有关的主要人员造成的"。 231

你的讲课题目大纲收到了,我看很好,多谢了。待系里详阅以后,我再写信给你。

你的诚挚的

欧内斯特·霍金

1940 年 4 月 30 日

马萨诸塞,坎布里奇

昆西街 16 号

亲爱的霍金:

谢谢你的来信。它使我希望能体面地再签约受聘詹姆士讲座,但是我不知道我如何能这样做而不使自己被指责为怯懦和背弃全体教师的利益。

我几乎也希望校务委员会并未重新确定对我的聘任,因为如你所说和从你寄来的报纸引文所看到的,反对的人在法律上有相当的根据。按照我的看法,最好现在就把我解雇,给以经济补偿,而不要使我在长时间的忧虑和苦恼之后既被剥夺了聘任职务,又失掉了补偿。

我没有企求过受聘任职,我并非如此喜欢扮演殉道者的角色,以至要连续而不停歇地为一个对别人远比对自己更利害相关的事业去受苦受难。美国大学的独立性是他们的事,不是我的事。

看来有人对我和纽约高等教育委员会关于我在那里的聘任一事采取的方针给你做了误导。当我被雇去讲逻辑或语义学的时候,我从未梦想去要求一种讲性伦理学的权利;同样地,一个被雇去教伦理学的人也不会有任何权利去讲逻辑。我要求两点：一、对学术职务的聘任应当由有能力判断一个人在学术上的资格的人员做出；二、在专业工作时间之外，教师应当有表达其见解的自由，不论那可能是什么见解。市立学院和高等教育委员会只是根据上述第一个论点提出他们的辩护。因为他们的辩护跟你说的哈佛所考虑的辩护是一样的。

言论自由的原则是别人提出来的，我看是正确的。我觉得哈佛像纽约高等教育委员会一样恐怕不可能抑止群众基于这个原则而爆发的激动情绪；虽然在这两个讼案中官方对聘任我一事的辩护显然是建立在正式设立的学术团体应有其独立性和自行决定其聘任事宜的权利这个原则之上的。

现在我要求，将哈佛大学因为聘任我而被起诉的任何法律程序都通知我，而且承认我为此讼案的一方。在纽约那个案子里没有这样做，因为操纵其辩护的校务委员会法律顾问反对。我不能忍受第二次在法庭上被诽谤和谴责而没有对诬告进行反驳的机会；由于缺乏了解，任何别的人都不可能充分地反驳这种诬告而为我辩护。

我希望哈佛正式地将诉讼进展的情况惠予通知，而不要让我只是从不准确的新闻报道中获悉对我至关重要的事情。

你若将此信给校务委员会一阅，我当非常高兴。

你的诚挚的

伯特兰·罗素

1940 年 5 月 6 日

加州，洛杉矶

洛林大街 212 号

致《哈佛绯红报》编者

亲爱的先生：

4 月 29 日贵报提及近来有关我受聘纽约市立学院的诉讼案，请允许我略述鄙见。

贵报说："言论自由将不是辩论的中心之点，因为在起诉纽约市立学院这个案子中，学院一方以罗素应被允许在讲台上宣讲其道德观点这个主张为理由为其聘任罗素提出的辩护是不成功的。"

事实上，纽约市立学院和高等教育委员会并不是为言论自由辩护。他们的辩护是基于学术自由的原则，那只是指正式设立的学术机构有其独立性，有自行做出聘任的权利。照你们报上的标题看，这恰恰是哈佛校务委员会所考虑提出的辩护。无论高等教育委员会还是纽约市立学院哲学系，任何时候都不曾主张我"应被允许在讲台上宣讲我的道德观点"。相反地，他们反复强调陈述的是：我的道德观点与我被聘讲授的课程不可能有任何关系。

即使我被允许在课堂上讲我的道德观点，我自己的良心也不会容许我这样做，因为那与作为我职业要教的课程毫不相干，而且我认为不应当利用课堂作为拿任何题目进行宣扬的机会。

言论自由的原则并不是纽约高等教育委员会作为他们的法律辩护提出来的，而是由遍及美国的成千上万人提出来的，他们觉得这个原则与这场争论有明显的联系，即：美国宪法保障人人有表达其无论什么见解的权利。这种权利当然要受到一个人所承担的契约关系的限制，契约要求他把一部分时间用于他的职业工作而不是发表自己的见解。因此，如果一个售货员、一个邮差、一个裁缝、一个数学教员恰好都对一个与其工作无关的问题有某种见解，不论那是什么见解，他们都不应该把他们被雇来从事销售、送信、裁剪衣服或教授数学的时间用来夸夸其谈这个与其工作无关的问题。但是他们都应被允许在业余时间可以自由发表他们的见解而无须担心受到处罚，都应被允许在他们并非从事其本职工作的时候在法律容许的范围内随其意愿去思考、讲话和行动。

233

　　这就是言论自由的原则。人们对此似乎毫无所知。因此如果有人要对此有进一步的了解，我请他去看美国宪法及其缔造者们的著作。

你的忠实的

伯特兰·罗素

1940 年 5 月 6 日

加州洛杉矶

洛林大街 212 号

致《新政治家报》编者金斯利·马丁

亲爱的金斯利·马丁：

　　感谢你对我在纽约被聘一事所写的善意的短评。我们仍然希望上诉，但是纽约市长和市立学院校务委员会董事出于对天主教选民的尊重，正尽力加以阻止。对今秋我被聘在哈佛担任詹姆士讲座一事相信也会有同样的争吵。

　　实际上我对人们表示的友好支持深为感激,但是在这个国家里,正派的人们是极端软弱无力而且常常是非常天真的。这场争吵有利于唤起人们注意不大知名的人经常碰到的那类事情。

　　来自欧洲的消息令人感到难以忍受的痛苦。我们大家但愿没有离开它那么遥远,尽管我们即使在家也没有什么用处。

　　自从战争爆发以来,我已觉得我不可能再做一个和平主义者了;但是我一直感到犹豫而没有这样说,因为这涉及我们担负的责任。如果我还年轻足以亲自去作战,我会这样做的,但是要劝别人也这样做就比较困难了。无论如何,我现在认为我应当宣布我已改变了想法,如果你能找到一个机会在《新政治家报》上提一下你曾听我说过这种意思的话,我当非常高兴。

你的诚挚的

伯特兰·罗素

1940 年 5 月 13 日

加州,洛杉矶

洛林大街 212 号

约翰·杜威致霍金教授

亲爱的霍金:

　　我看到你给罗素的信的一份副本,我禁不住要说,其中一部分使我深感不安——尤其是那又出诸你的笔下。

当然,我并不认为自己有资格从哈佛的观点去讲话或者对涉及哈佛行政事务的问题提出意见。但是我确信一点:哈佛大学方面的任何软弱畏缩都会增强教会的和其他的反动力量;大概是因为目前如此普遍的恐慌和不稳定状态所致,这些反动力量已经增长得太快了。我认为指出下面一点没有什么不适当的,即:纽约市政参议会在干预市立学院的事务之后紧接着做出一个决定,要求解散现任高等教育委员会,任命一个新的委员会——现任的委员会主要是拉瓜迪亚①委托的,而且深具自由主义的态度,他们最初就是因为这种态度才被任命的,尽管这位市长近来胆小得令人吃惊。坦慕尼协会②和基督教会现在已得不到他们以往得到过而且还想要的那些教育上的高位要职。在我看来(无须证明),最初对罗素聘任一事的攻击,乃至麦吉罕的判决的那些说法,都不是孤立的事件。纽约布鲁克林区反动的天主教报纸《简报》公开表示希望现在走的这一步棋会成为在大纽约消灭所有市立院校(现有四所)的运动的开端。照我的看法,对这个老牌极权主义的组织采取"姑息"政策并不比对那些新的组织加以姑息更好。任何软弱畏缩都将导致新的攻击。关于哈佛方面的境况就说这么多吧,从你的观点看,我说的这些也许是无关紧要的。

你的信里使我深感不安的还不是上面提到的那一段毫无道理的话,而是你声称对罗素提出言论自由问题感到遗憾。首先,他并没有提出这个问题;首先提出这个问题的是麦吉罕的判决(我不能

234

---

① 拉瓜迪亚(1882—1947),美国众议员,曾任纽约市长(1933—1945),致力于市政改革。——译注

② Tammany,纽约市一个民主党实力派的组织,以政治腐败而闻名。——译注

不怀疑你曾否看过这份极端荒谬的文件），之后又有其他一些人提出，最初是在纽约的一些院校，但是很快有全国各地的许多人参加进来了，他们明白消极地袖手旁观而不提出这个问题会产生严重的影响。就法律方面而言，这个问题已经而且还将根据与你在哈佛讼案中提出的基本相同的理由展开争辩。但是教育的问题要更宽泛，更宽泛得多。纽约大学校长蔡斯在写给《纽约时报》的一封很有勇气的信中已经陈述了这个问题。这封信最后使得该报发表了第一篇社评，虽然勉强而且措辞粗鲁，但是毕竟赞同此案应当提出上诉。如果人们因为对政治、经济、社会或道德问题表示了不符合习俗的非正统或甚至是不明智的意见（但谁人应当是有智无智的评判者呢？），把这些意见发表在面向广大公众的出版物上，就要被拒之于美国大学门外，那么我衷心乐意结束我的教学生涯。在任何院校中总会有一些拳养的学痞；总有一些生性胆怯而以教书为一种保险职业的人。如果在外界集团势力的压力下，在没有学院教师抗议的情况下，校董们被容许限定各院系只能聘用这两类教师，前景确实是阴暗的。如果我把话讲得激烈了，那是因为我对这个问题深有所感。对于罗素一家陷入的极其不愉快的处境我非常难过，但是看到有众多普通的人们为此而感到痛苦，看到罗素的案子具有如此重大的意义，竟至吸引了广泛的注意和抗议，我又不能不感到欣慰。如果你读了麦吉罕的判决，我认为你会像我们其他一些人那样觉得，任何一个有自尊的人都不会做任何漠然承认那些无耻编造的说法为真实的事情——类如《纽约时报》社论建议人们去做的事情。这些无耻的说法如果不是以编造者们的地位为其庇护，肯定是犯诽谤罪的。但是除了这些，我对罗素勇于接受这

场挑战而对教学机构和教育界同行所做的贡献表示感激——因此
我要擅自将此信的一份副本寄给罗素。

你的非常诚挚的

约翰·杜威

1940 年 5 月 16 日

纽约　　西 89 街 1 号

杜威将上信寄给罗素时附言如下

亲爱的罗素先生:

寄上我给霍金信的复件一份,阅后自明,无需解释。——我知
道您非常之忙,因而不必作答。

您的诚挚而心怀感激的

约翰·杜威

怀特海致罗素

亲爱的伯蒂:

伊夫琳和我不能不趁此时刻对你说,在纽约聘任一事上我们
对你深表同情。当然,你知道,我们的意见遭到诸多方面的断然反
对。这封短信只是在你遭到个人烦恼时表示我们的爱和同情——

致以我们最好的祝愿。

你的永远的朋友

艾尔弗雷德·怀特海

1940 年 4 月 26 日

马萨诸塞,坎布里奇,

坎布里奇街 1737 号

关于我为纽约市立学院聘任一事的争论在 1940 年并未结束。

下面两封信是在《为什么我不是基督教徒》一书出版之际发表在 1957 年 11 月 23 日和 26 日的《泰晤士报》上的。

沃伦致《泰晤士报》的编者

先生:

罗素勋爵在一封致《泰晤士报》的信(刊于 10 月 15 日)中抱怨说,1940 年纽约市新教圣公会会友和天主教徒们使他未能在法庭上拒绝他们的所谓"诽谤"。

当年法庭向他明白宣布的关于所争议的其教授职位问题的判决的官方记录清楚地表明,他的律师曾代他提出一份被法庭接受了的辩护状。他后来要重审此案的请求被法庭以下述理由予以驳回,即他丝毫没有表明有可能提出可改变法院判决的任何新的证据,而这个判决是两个上诉法庭一致同意的。

他本来也可能采取行动,为了法庭所做的那些说明而诽谤什么人,但是他没有这样做。

情况既然如此,像罗素勋爵那样,硬说新教圣公会会友和天主教徒们阻止了他在法庭上拒绝主要是根据他自己的著作而被提出的指控，难道是公正的吗？

您的真诚的

舒伊勒·N.沃伦

巴思，达灵顿街 10 号

罗素致《泰晤士报》编者

先生：

贵报 11 月 23 日发表了舒伊勒·N.沃伦先生的一封信，这封信表明他对事实完全无知。我将逐条回答他的问题。

首先关于"诽谤"的问题。我当时曾公开写信："在法庭上对我的行为做出与事实截然相反的说明时，我觉得我不能不斥责他们在说谎。我从未在英国举办过裸体营。无论我妻子还是我自己从未以裸体示众。我从不喜欢读色情的诗篇。这些说法都是蓄意制造的谎言，那些毫无事实根据制造这些谎言的人对此一定心知肚明。有机会在庄严的誓言下否定这些谎言，我将感到非常高兴。"但是法庭却以我不是这个诉讼案件的一方为由而拒绝给我这个机会。说我犯过上述这些恶行的指控（这是由原告律师当庭提出的）并非如沃伦先生所断言的那样是根据我的著作，而是根据那些顽固分子们的病态的想象提出来的。

我无法理解沃伦先生所谓我的律师曾代我提出一份辩护书的说法。从未听说有任何代表我的律师。我也无法理解他所说的两个上诉法庭都赞同法院对我的判决,因为纽约市拒绝上诉,虽然人们曾敦促它这样做。只有对当时围绕着这个案件的那种歇斯底里的气氛显然无知的人才会真正推想我本来会采取诽谤的行动。原告律师在法庭上把我描写为"好色,荒淫,贪求肉欲,纵欲无度,色情狂,刺激性欲,傲慢无礼,心地狭窄,虚伪,丧失了道德品质",竟能为人们广泛地接受,这就足以说明当时的气氛了。

　　　　　　　　　　　　　您的真诚的

　　　　　　　　　　　　　罗素

　　　　　　　　　　　　　梅里奥尼斯,彭赖恩丢德莱特,

　　　　　　　　　　　　　普拉斯·彭林

与舒伊勒·N.沃伦的往来书信

亲爱的罗素勋爵:

　　我是就你发表在 11 月 26 日《泰晤士报》上的那封信致函给你的。这封信涉及关于你被聘为纽约市立学院哲学教授的那场争论及随后的诉讼案,你反对我在 11 月 23 日《泰晤士报》上发表的一封信中的说法。

237　　　随信附上最高法院两份判决书的影印件,以供参考,一份是解除对你的聘任,一份是驳回你要求重审此案的申请。并附上查尔斯·H.塔特尔先生来信的复印件,他那时和现在一直是高等教育委员会的委员。

　　既然你不承认有任何代表你的律师,也不承认他曾代你提出上诉,那么附上的两份判决书则证实了我的说法是正确的。在《为什么我不是基督教徒》一书的附录中,爱德华滋教授提到奥斯蒙德·弗伦克尔先生曾是你的辩护律师,并提到他为你向上诉法院和上级法院提出上诉而没有成功。

你的非常真诚的

舒伊勒·N.沃伦

1958 年 1 月 10 日

巴思,达灵顿街 10 号

亲爱的沃伦先生:

你 1 月 10 日的信和附寄的影印件并未证明你对 1940 年我的纽约案件的看法是正确的。你提到的上诉并非对此案的实质内容提出上诉,而是关于我是否应被允许作为此案的一方出庭的问题。你对整个这件事情的特殊性不甚了解。被告方面希望结束此案——这是当时众所周知的——因而不愿看到麦吉罕的判决由于上诉而被推翻。所谓我知晓此案的诉讼程序,在某种狭义的法律意义上,这也许还说得过去,但是我当时是在洛杉矶忙于工作不能脱身,关于在纽约发生的事情的消息都是通过平寄邮件送来的,而诉讼程序进行得如此匆促,当我真正知道发生了什么事情时,一切都已过去了。事实终归是:我未被允许作为这场讼案的一方,我未能提出上诉,在我知道他们对我说了什么之后我没有任何机会出庭作证。你提到的弗伦克尔先生是公民自由协会委派的而不是我聘请的,而且他是听命于他们的。

你的真诚的

罗素

1958 年 1 月 13 日

普拉斯·彭林

菲利普·P.维纳教授致《纽约时报》编者

《纽约时报》编者：

　　我代表我自己和我的许多同事对贵报《话题》栏编辑对罗素案件意欲旧事重提、荒谬炒作的那种不公正的态度和卑劣的作风表示痛心。众所周知，知识界从道德上谴责麦吉罕法官破坏世界最伟大哲学家之一的名誉，并谴责法庭不允许罗素涉足此案。由于这位伟大人物已年近 90 高龄，而且还在为维护人类而斗争（虽然我们有些人并不赞成他的单方面裁军的政策①），我们认为你们的专栏作家应向他和文明世界道歉。

哲学系主任和教授

菲利普·P.维纳

1961 年 10 月 4 日

纽约市立学院哲学系

维纳致罗素

---

① 我那时只是对英国主张单方面裁军。

亲爱的罗素教授：

在 P.E.A.①有幸听到您的适时的讲演又在宾州铁路终点站得与您叙谈之后，我对我的同事们说，我们确实被夺走了一位伟大的教师，他本来会给我们的学生带来如此之多的光明和仁爱，以致使那些黑暗腐败的恶人们在这位严重威胁着他们利益的人物面前会感到恐惧而发抖。约翰·杜威正就麦吉罕判决书涉及您论教育的著作对它作一分析。这是杜威为将由巴恩斯出版的一本书写的文章。我们系曾提出与此书编者合作，但是我们还没有得到霍勒斯·卡伦的回音，他似乎是此书的主编。

赫斯特报系的报纸把您被纽约市立学院聘任一事与对被州立法委员会（负责调查市立学院教师的颠覆性政治活动）点名的共产党人的聘任联系在一起，是为了攻击高等教育委员会，从而提议改组它，将其置于更反动的控制之下。在昨天的《纽约时报》上您也许注意到了，福德姆大学校长甘农建议调查市立学院的"颠覆性的哲学活动"！

我看到您准备在未来四年致力于哲学史的计划很感兴趣。我一向认为您的论莱布尼茨的著作就重要性而言仅次于尊作《数学的原理》和《数学原理》。如果您从原始资料即使仅仅对几位最有影响的哲学家，如柏拉图、亚里士多德、阿奎那、霍布斯、休谟、康德和黑格尔，加以类似的分析和批判的研究，那么您就会为批判的哲学史做出只有一位拥有现代分析手段又对古典文献具有亲知的哲学家才能作出的贡献。这是在对类如自由观念（自由主要是作为

---

①　进步教育协会。

一种观念而存在的)那样的普遍观念的研究上把分析的方法和历史的方法结合起来,会具有重大的哲学的意义。

239　　我很想有机会同您讨论这个问题,因为整个这个课题与我办《思想史杂志》的主旨和活动有密切的联系。我可能在 1940 年 12 月 28 日到费城参加美国哲学协会的座谈会,届时我会打电话给您,看您当晚或翌日(12 月 29 日,星期天)是否有暇。

您的诚挚的

菲利普·P.维纳

1940 年 12 月 8 日

纽约市,康文特大街 289 号

又及:如果我能确知您何时有暇谈哲学史问题,洛夫乔伊教授可能乐意一道来看望您。

与罗伯特·特里威廉的往来书信

亲爱的鲍勃:

　　一年前收到你的信,我一直想给你写回信,但是我觉得自己像上帝在考虑创造世界时那样,选择此时进行创造并不比选择别的时刻有更多的理由。不过我没有像他那样等待了那么久。

　　我在这里已被聘为加州大学哲学教授。约翰和凯特出来度暑假,待到战争爆发,所以他们只好在这里上大学了。约翰酷爱拉丁文作品,尤其是卢克莱修的;很遗憾,你的《卢克莱修》和我的其他书籍都存在牛津了。(我本来打算去年春天返回英国的。)

多谢你列表指出印刷错误。

我不知道你对这场战争有何感受。我仍坚持做一个和平主义者，但是想象希特勒和斯大林会取胜，这是我难以忍受的。

克利福德·艾伦之死，一定使你感到极大的悲痛。不知道他最后是什么观点。

美国人都说"你在此时在这里一定很高兴"，但是除了为孩子们着想，我们并无这种高兴之感。

我们夫妇向你和贝西致深挚的问候。有暇请来信——收到老友的信是一种安慰。

永远深爱你的

伯特兰·罗素

1939 年 12 月 22 日

美国加州　洛杉矶　洛林大街 212 号

亲爱的伯蒂：

非常高兴，前几天收到你的来信而且得知你和彼得以及孩子们（我想他们现在恐怕已不再是小孩子了）一切都好。我们这里也很好——无论如何目前是这样。贝西仍很快活，虽然她的眼睛并无好转。现在是我在晚上把书读给她听，而不是她给我读了。

我们很高兴孩子们待在美国，虽然我希望他们不要永久居住在那里。目前看来事情毫无希望。我已为约翰寄去一本我的《卢克莱修》，对他或许有所帮助。并寄上我的诗集和剧作，作为圣诞礼物。当然，我并不希望你把它们从头到尾通读一过。实际上，如 240

果你觉得一定要读它们,我建议你从末尾开始,倒着读回去(不是一行一行地倒着读,而是从后面的诗读起,一首一首地倒着向前读),直至精疲力竭。

我想我不会再写很多的诗。如果我要写的话,那也许是惠特曼式的东西,我是指在形式上,或者毋宁说某种无定型的东西;虽然没有人比 W.W.①当其灵感来时对形式更具有敏锐的感觉了,他像大多数诗人一样灵感飞扬,或者比他们更富有灵感。我完全回到了旧日剑桥读书时代对他的喜爱,对他的诗和散文的喜爱。在我看来,他的《典型岁月》(尤其是关于内战的部分)是我所知道的最感人的作品之一。我一直在读另一本美国的作品,我指的是《愤怒的葡萄》②,这本书在加利福尼亚大概不会流行。此书对移民待遇的描写也许是不公正和夸大了的,这我无法判定;但是我觉得它是一部伟大的史诗般的作品。威尼弗雷德·霍尔特比的《南行记》现在正被人们广泛阅读,我觉得这差不多也算是一部伟著,虽则还略有不足。

我将出版贺拉斯的《书札》和蒙田两篇论文的翻译文集,年内我会寄给你,除非剑桥大学出版社遭到轰炸,不过那似乎不大可能。我还有一本散文集也准备付梓,不过今年恐难做到了。我还没想出一个书名——它是一本"文章杂集",但是所有的同义词(杂烩集,杂拌集,等等)听起来都不够庄重,而书中有些题材却是极其严肃的。贝西不让我把它题名为《枯枝集》,因为她说那表示此书

① 沃尔特·惠特曼(1819—1892),美国诗人,作品有《草叶集》等。——译注
② 美国小说家斯坦贝克(1902—1968)的代表作品。——译注

只配被烧掉。

我想，贝西很快就要给你写信，我希望以后不要又过了一年才得到你的回音。自从战争开始以来，斯特奇·穆尔夫妇一直在我们这里。8月份，G.E.穆尔到我们这儿做过一次愉快的访问。他正在牛津讲学，听众甚多。弗兰西斯·劳埃德说，很多教师都去听了。他们或者觉得有趣，或者有受到冲击之感。她似乎从他的讲学得到很多东西。还有一个意大利小伙子，一个活泼的男孩子，住在我家，他是 L.德·博西斯的外甥，我教他读拉丁文和希腊文。他刚刚获得牛津的彭布罗克奖学金。我现在才明白了，我本应当是一个校长。

贝西和我向你们夫妇深致问候。

永远深爱你的

鲍勃

1940 年 2 月 11 日

多尔京，霍姆伯里·圣玛丽

希福兹

亲爱的鲍勃：

非常感谢你赠的几卷精美的作品，它们已安全寄到，我很高兴得到这些书。

此时此刻，除了战争，很难考虑别的事情。待你收到此信时，目前这个战役的结局大概已经定了。我还记得当马恩战役处于决定胜负的关键时刻，我待在希福兹的情景，那时我让你走了两英里

241

的路去弄一份星期天的报纸。如果那场战争是德皇取胜,也许会更好一些,因为希特勒要坏得多。我觉得这一次我不能做和平主义者了,我要把人类文明的未来同我们的胜利联系起来考虑。我认为,自从公元 5 世纪以来,即自从先前日耳曼人使世界陷入野蛮状态的那个时代以来,还没有发生过如此重大的事件。

你大概已经知道,我在美国要被赶出教学,因为天主教徒们不喜欢我的观点。直至目前这个战役开始之前,我对教学极有兴趣(这意味着有遭受穷困愁苦的严重危险)——现在我觉得对此不堪回首。

不错,我读过《愤怒的葡萄》,认为它是一本很好的书。移民工人的问题是书中一个颇有争议的问题,对此人们有很强烈的反感。

约翰和凯特已安排在此间大学就读,康拉德(只有 3 岁)在健康成长而且很聪明。我们都非常想家,希望一弄到足够的钱就返回英国。

代向贝西问好,告诉她我将非常高兴有她的来信。约翰特别感谢你寄给他《卢克莱修》一书。

深爱你的

伯特兰·罗素

1940 年 5 月 19 日

美国加州洛杉矶,洛林大街 212 号

我亲爱的伯蒂:

我们很高兴从你的来信得知你和你们一家的情况。在邮差就要来取走信件之前,我匆草这封短信。柏拉图的确是一个喜剧的诗人。他显然也写了一些不十分严肃的伪哲学的对话,然而却得到人们过于认真的对待。有些学者说有两个柏拉图;但是学者们是什么话都说得出来的。

我将寄你一本翻译莱奥帕迪①的小书。若不是你要我把他的《鹰爪豆》的一个段落翻译出来,我是绝不会动手去翻译他的,所以你可以把自己看作这本小书的"唯一促成者"。

贝西保养得很好,只是眼睛失明愈来愈甚了。我仍在尽力工作,近来又译了些蒙田的作品,但未能写诗。向你和你们全家致深切的问候。

你的永远的朋友

鲍勃

1941年5月3日　希福兹

我亲爱的鲍勃:

很高兴收到尊译莱奥帕迪作品集,我认为译得非常好。想到我对其出版也有一份功劳,我也很高兴。

给你写信之后不久,我得到柏拉图为喜剧诗人的提示。直到这时以前我是完全不知道有这样一个柏拉图的。

乔治②新居高位③,其感觉如何? 我只是在1914年8月4日同

---

① 莱奥帕迪(1798—1837),意大利诗人、哲学家。——译注

② 指乔治·麦考利·特里威廉。——译注

③ 他成了三一学院院长。

他见过一面。过去在巴特勒学院的那些日子,有一次我待在学院院长的住宅里,在安娜女王的床上睡着了。那张床如今还在那儿吗?

你怎么会搞起蒙田来了?难道你不喜欢弗洛里奥[1]?我很高兴发现通常归之于纽曼的"仁慈地带来光亮"一语实际上是公元前 3 世纪的克利安西斯[2]所写。《新约》中有相当大的部分完全来自斯多噶哲学。

附有给贝西的信一封。希望她的视力不要再坏下去。

> 你的永远的朋友
> 伯特兰·罗素
> 1941 年 8 月 20 日
> 宾夕法尼亚,马尔维恩—马路
> 小达切特田庄

我亲爱的伯蒂:

又得到你的来信,感到极大的快乐。贝西无疑会给你写信,也许已经写了。她现在身体很好,除了眼疾之外。我现在晚上给她读内文森的回忆录,此书写得不坏。我们读威拉·凯瑟[3]的一本小说,我们都喜欢它。我近来没有写很多的诗,但是我很快会把我近期所写的诗和几首旧作印作一卷寄给你,因为我所有的诗集都

---

[1]　约翰·弗洛里奥(1553—1625),英国词典编纂家,《蒙田文集》的英译者。——译注

[2]　克利安西斯(331—232 B.C.),希腊斯多噶派哲学家。——译注

[3]　威拉·凯瑟(1876—1947),美国女作家。——译注

在朗曼出版公司大火中付之一炬。这些诗作中有两三首准哲学诗，也许桑塔亚那哲学的味道太重，不会得到你的赞许。我近来在读他的《论精神的王国》，此书虽然偶尔有点冗长之处，但是它比大多数的哲学更使我喜欢——不过话说回来，我毕竟不是哲学家。我希望我能理解你最近的著作，但是那对我来说是太难了。虽然我喜欢你的小的论文集子（这些论文我以前大都知道），而且觉得你所说的我大都赞同。

　　谈到蒙田，我不知道你是否将弗洛里奥的译文与法文原著对照过；如果没有，我想你就会明白我为什么认为值得重译蒙田的作品，——不过我只是重译我最喜欢的那些随笔或部分随笔。我也在写我自己的散文，随笔和话旧；我还想写一写几位逝去的朋友，如唐纳德·托维，克利福德·艾伦，戈尔迪·迪金森和罗杰·弗莱等人[1]。因此你明白我还不可能写你；但是我也许会写到活着的朋友们，如果他们不早早过世的话。乔治[2]原不想做院长，但是他不愿担任主教教职的想法却被丘吉尔置之不理，现在他当院长已经很开心了。院长住宅由于年久失修，破敝不堪，现已修缮一新，装饰完善，颇为宜人。我睡在初级评审员的房间里。安娜女王的床仍在，不过我想床上的华盖已经不复存在了。我们在那里逗留游览，度过了三天愉快的时光。乔治在有人相伴时很快活，但当他孤独自处时则常常陷入阴郁的心情。他觉得他为之忧心焦虑的这个世界已经完了。我自己不大有这样的感觉，至少不常有这种感

---

[1]　Donald Tovey，Clifford Allen，Goldie Dickinison，Roger Fry.

[2]　乔治·特里威廉是罗伯特·特里威廉的兄弟。

243　觉。他写了一本论英国社会的书,而把战争和政治等等一概撇开不谈。就我所看到的,这本书还是很好的。我想它很快就要出版了。他的儿子汉弗莱写了一本论歌德的书,当它出版时会是非常之好的(我并不是说"出版"才使它成为好书,虽然那或许也真是如此)。弗洛拉·罗素和她的妹妹上周来访,她们蛮有感情地谈到你,弗洛拉说你曾给她写过信,使她感到非常高兴。她变得更老了,而且身有残疾。6 月份以后我没有见过德斯蒙德·麦卡锡,但是希望他很快会来看我们。他也愈见老了,今春又得了重病,然而他还是如以往那样可爱有趣。我们非常喜爱罗杰的《弗吉尼亚·伍尔夫的一生》。

好啦,你务必过不久就再给我们信,那么我们也会写信给你。我希望你们夫妇身体安好,希望你们像亚美利加一样康健太平。G.E.穆尔似乎非常喜欢美国和美国人。我很高兴他今冬将待在那里。我希望孩子们 * 都好。我想他们现在都长大,不再是孩子了。向你们致深挚的问候。

深爱你的

R.C.特里威廉

1941 年 10 月 2 日

多尔京,霍姆伯利·圣玛丽

希福兹

* 康拉德还是婴儿,算不上儿童,但我也祝他健康。

我亲爱的鲍勃:

　　半年来我一直打算给你和贝西写信，但是因为忙得一无暇时，所以只好搁置，未曾动笔。你的诗集竟毁于朗曼大火，太令人痛心了。而我的书却完好无损，这使我格外高兴。我很喜欢收到你的诗，——如果你没有接到对你的感谢的话，那是因为被敌军行动所阻断了。

　　我未曾读过桑塔亚那的《论精神王国》，因为此书出版时我刚刚写完了评论他的文章。我很高兴地发现他喜欢我对他的评论。这个国家的哲学家们缺乏我所喜欢的某种东西，而且我得到的结论是：他们所缺乏的乃是柏拉图。（不是你那个喜剧诗人朋友的柏拉图。）我无法摆脱对与行动对立的沉思的热爱。

　　你是否知道，泰勒斯和耶利米[①]在某个时候同在埃及，也许就在同一座城里？我建议你创作一篇他们之间的对话。

　　我写信给乔治，问问战后我的儿子可否进三一学院读书，如果可以，他会上哪个年级；乔治写来一封非常客气的回信，表示他已经有很多很多麻烦事要办。约翰现在哈佛，他将获许返回英国参军之前在那里修完他的课程（2 月份结束）。很长时间里这是一个疑问，当这个问题得到解决，我们高兴极了。他大概将在 3 月份回到英国。他有丰富的历史知识，为了消遣，他读了拉丁文和希腊文。我正在奋力撰写从泰勒斯直至现今的哲学史。当斯各脱·厄里根纳同法兰西国王面对面坐着用晚餐时，国王问道："把一个苏

244

---

　　① Jeremiah，公元前 7—前 6 世纪希伯来的一位先知，《圣经·旧约》上有《耶利米书》一卷。——译注

格兰人和一个酒鬼区别开来的是什么?"①这位哲学家回答道:"只有这张餐桌。"我曾与 8 位首相共进晚餐,但从未碰到这样的机会。

　　再见,祝好。

深爱你的

伯特兰·罗素

1942 年 7 月 9 日

宾夕法尼亚,马尔维恩一马路

小达切特田庄

我亲爱的伯蒂:

　　久未作复,甚歉。你最后几封信是去年 7 月写给我们的。我住了近两个月的医院,因为在灯火管制下海德公园角黑洞洞地,当我勇敢斜穿那里时,被撞倒受伤。情况本来可能还要更严重,不过现在在家里养了一个月,我已能像平常一样走路了,只是很容易疲倦。你过去只被自行车撞过,我却是被一辆军用汽车撞倒的。一辆军用卡车本来应当是更为可敬的,然而也许更不可爱。

　　特德·劳埃德今天要来吃茶点的,但是得了流感,所以只有玛格丽特和约翰来了。② 我估计你知道特德将去东方。他似乎并不在意返回美国。我们希望下周日见到他,那时我们会从他那里得

---

　　①　"What separates a Scot from a sot?",斯各脱·厄里根纳是苏格兰人,故国王做此戏问。——译注

　　②　特德的妻子玛格丽特·劳埃德是我的堂妹,我叔父罗洛的女儿,约翰是她的大儿子。

知你们的情况。我很高兴你正在写一部可说是哲学和哲学家历史的东西。没有谁能比你把它写得更好。你无疑将追溯耶利米对泰勒斯宇宙论的影响。不错,写一篇他们之间的对话或许很值得一做;但是目前我对耶利米和他那本小书几乎毫无所知。顺便说一下,如果你需要一本真正第一流的论希腊原子论的著作,你应该看一看西里尔·贝利的《希腊原子论者》(克拉伦登出版社,1922年)。不过我想你是知道它的。我觉得他真正理解伊壁鸠鲁,而我们的朋友本①却从未弄懂伊壁鸠鲁。我认为贝利对留基波、德谟克利特等的研究也是非常好的。

我已经将近两年没有写过一首诗了;散文写得也不多;但年内我将出版一本随笔和对话录,届时我会寄给你的,如果我能给你弄到一本的话。近来我在精神上全力以赴去做的事情是一场有点从容舒畅的"mountaineering"(爬山运动)②,我是指翻译蒙田的作品,——不是全部,而是较不枯燥的部分。有的地方他可能真是很好的。例如,我刚刚翻译的他这句有名的话:"当一个人把一切都说完了,却让他因为他说的这些话而受煎熬之苦,那就是赋予他的思想以额外崇高的价值"。

如果你能弄到一部韦利翻译的《西游记》,你应该读一下。这是15世纪中国人写的关于佛教、道教和一般人性的一个神话故事,一部拉伯雷式的、阿里斯托芬式的、圣经故事式的、伏尔泰式的杰作。这个译本于去夏出版(艾伦和昂温出版公司)。

---

① A. W. Benn,古典文学学者。

② 蒙田的名字 Montaigne 在法文中是山的意思,故特里维廉将翻译蒙田作品戏称为"爬山运动"。——译注

245　　约翰①路经此地时,希望有机会见到他。我们仍在订阅《曼彻斯特卫报》,所以看到了你和彼得的信,我们很赞同你们的意见。

　　我们希望你能来这里同我们一起过圣诞节。也许是明年的圣诞节吧?——但是我怕不会那么快。

　　有一本赫斯克特·皮尔逊写的很有趣的萧伯纳传,不过大半是萧自己写的。然而在我尚未读完此书之前对萧已经有点厌倦了。雷蒙德·莫蒂默的小品文并不坏(《水道邮船》)。对《安伯利文集》有一篇很好的评论;不过我想你已经看到了。正好到吃晚饭的时候了,所以我必须停笔。

　　贝西和我祝你们好。

　　　　　　　　　　　　　深爱你的

　　　　　　　　　　　　　鲍勃

　　　　　　　　　　　　　1942[1943]年 1 月 3 日

　　　　　　　　　　　　　多尔京,霍姆伯利·圣玛丽,

　　　　　　　　　　　　　希福兹

德斯蒙德今秋曾病得很重,但是现在似已康复。

罗素与吉尔伯特·默里的往来书信

亲爱的吉尔伯特:

---

　　① 指罗素的长子。——译注

谢谢你的来信。C.A.[1]瞪着眼睛说瞎话。这个发言是反对增加军备的,而认为保守党上院议员反对扩军则是胡说。

西班牙已经远离和平主义。我自己也感到主张和平主义是非常困难的,因为我了解西班牙,了解战斗在那里进行的大多数地方和西班牙人民,而且我对西班牙问题有一种可能是最强烈的感触,所以我就越是觉得和平主义是困难的。我当然不会觉得对捷克斯洛伐克持和平主义更为困难。当 1914 年德国人侵入法国和比利时之际,我仍坚持做一个和平主义者,如果他们现在再一次侵略,我看不出我为什么不应当还是一个和平主义者。我们那时采取的战争政策带来的结果并不那么美妙,竟会使我希望把这种政策再采取一次。

你觉得"他们应当被制止"。我却觉得,如果我们真的动手去制止他们,那么,在这个过程中,我们将会变成同他们完全一样,而世界不会得到任何好处。又,如果我们去打他们,我们早晚会制造出一个比希特勒还坏得多的家伙,正如希特勒比当年的德皇更坏一样。在所有这些事情上,我都看不出对人类有任何希望。

您的永远的朋友

伯特兰·罗素

1937 年 3 月 3 日

剑桥,唐宁学院,西宅

---

[1] 指克利福德·艾伦(Clifford Allen)。——译注

我亲爱的伯蒂：

　　有人给《家庭大学丛书》写信说，应当出一本讲清晰思维的书。有关逻辑理论的书很多，但是除了格雷厄姆·沃拉斯的书外，还没有一本有关清晰思维的实际方法的著作。我觉得这样一本书的价值完全取决于作者；例如，我认为沃拉斯的书是极有启发性、极有助益的；我想如果你有意写点东西，会很受欢迎的，而且无论如何会具有真正的价值。它可以有点类似亚里士多德的《辩谬篇》，对人类思维陷入谬误的各种途径加以讨论，不过我认为它可以是某种更具建设性的作品。我不知道这个想法能否令你动心。

　　前些天我以极大的兴趣读了你的《权力：一个新的社会分析》，而且有几个问题想同你讨论一下。

　　请代向你所在的那所大学致以问候。有一回我在纽约，参加一个化装宴会，人们都扮作大名鼎鼎的罪犯去赴宴。有一个人化装成捕兽者，直到晚会结束的时候他都没有被认出来，他自称他就是发现了芝加哥的那个人。

你的永远的朋友

吉尔伯特·默里

1939 年 1 月 5 日

牛津，博尔山，耶茨库姆

我亲爱的吉尔伯特：

　　谢谢你 1 月 5 日的来信。我认为一本讲如何清晰地进行思维的书可能很有用处,但我觉得我不能写。首先是一些外在的理由,因为我有几本书都订了合同,正急着要写呢,而且那将耗去我几年的时间。其次,也是更重要的,因为我对于我如何思维或别人应该如何思维连一点模糊的想法都没有。就我所知,这个过程是一种有如胃肠消化作用一样的本能的和不自觉的过程。我的心里装满我能找到的任何有关的知识,于是就等待着。幸好,到了一个时候,这个作品完成了,但同时我的心思又已用到别的事情上去了。把这种东西写成一本书是不行的。

我不知道在《权力》一书中有些什么问题你想要讨论。我希望书中提及希腊人之处没有全错。

这个大学就哲学而论,大约是我所遇到过的最好的学校。在哲学系有两个截然对立的学派,一个是亚里士多德主义的历史的传统的学派,另一个是极端现代的学派。我觉得它们对学生的影响是正当的。哲学史教授们的博学是惊人的,尤其在中世纪哲学方面。

我在这里只待到 3 月底,但是从思想方面来说,我非常喜爱这个地方。

> 你的永远的朋友
>
> 伯特兰·罗素
>
> 1939 年 1 月 15 日
>
> 芝加哥大学

我亲爱的吉尔伯特:

现在在美国要为学术界的德国难民做很多事情是困难的①。美国的大学一直很慷慨大方,但是此刻已经人员饱和了。我把雅可布斯塔尔的事情向莱辛巴赫讲了,他是这里的一位教授,在道德方面和思想方面,我都很赞赏他。他很了解雅可布斯塔尔的工作,247 这我倒不了解。随信附上这里大学当局的正式答复。我必须将下面的步骤留给别人去做,因为我现在连自己也难保无虞。从德国已侵占挪威来看,我推想雅可布斯塔尔此刻很可能已在集中营里了。

是的,我也希望我们能够见面,像以往那样畅快地交谈。我觉得在这场战争中我不可能再坚持和平主义的立场了。我不十分确知公开声明改变主张会遭致什么对立的反应,虽然可能会得到这样的结果。无论如何,一个英国人在美国只能免开尊口,因为他所说的任何话都会被看作是宣传。不过,我要告诉你的是,你会发现我和你没有 1914 年时那样大的分歧,虽然我仍认为我那时是对的,因为现在这场战争就是《凡尔赛和约》的后果,而《凡尔赛和约》则是道德愤慨的结果。

在战时相距如此遥远,令人痛苦;我之滞留此间只是因为最迫不得已的经济上的需要。使我感到安慰的是三个孩子都在这里,但是老大已 18 岁了,我不知道他多快就要去服兵役了。我们都有着几乎无法忍受的思乡之苦,而且我渴念着老朋友们。我很高兴你仍然是我的老朋友。

代我问候玛丽,纵然她不需要我的问候。请再来信,谈谈你对

---

① 默里曾要求我帮助一个名为雅可布斯塔尔的反纳粹的德国教授。

这整个可怕局势的感想。

你的永远的朋友

伯特兰·罗素

1940 年 4 月 21 日

洛杉矶,洛林大街 212 号

我亲爱的伯蒂:

　　非常高兴接到你的来信,虽然它使我深感忧虑。我本来以为对你作为一个教师进行的显然不公正的攻击,会产生一种有利于你的强烈而有益的反应;在《民族报》(美国)上关于此事有一篇很好的文章。我仍希望这会使你的朋友们采取更积极的态度。

　　我想你并没有考虑即将回国。若是你孤身一人在外,要回来是很容易的,但是孩子都在你身边,情况就不同了。我认为我们这个国家确实是一个危险的地方,虽然普通百姓很难意识到这个事实;生活一切照常,除了增加税款之外,感觉不到有任何特殊的战时的困苦,只是报上天天有空战的消息,而且普遍的印象是我们全都在玩打仗的游戏。我倾向于认为英国人性格的真正优点之一是:我们不像拉丁民族和闪米特人那样在事犹未发之前就早早地惊恐激动起来,而是在被危险打乱之前一直等待着它的来临。我想这就是人们所说的缺乏想象力吧。

　　使我关注的是事态的这样一个进展,即:假定说这场战争在某种意义上是延及全世界的一场内战,或一场宗教战争或者如人们现在所谓的意识形态的战争,那么很长时间我们都不甚清楚对立的双方究竟是什么。例如,有人说它是共产主义或社会主义反对法西斯主义的战争,另有人说它是基督教反对不敬神的邪恶罪行的战争。但是现在就思想观念而言,它显然是英美及其一些支持者反对各式各样的独裁政权的战争,亦即自由主义反对专制暴政248 的战争。我发现前些天贝尼斯也讲了同样的话;他担心这场战争会发展成他所谓的共产主义和法西斯主义之间的一场虚妄之争。他现在认为这已经成为主要的趋势。

　　如有用我之处,请即函告。

你的永远的朋友

吉尔伯特·默里

1940 年 7 月 29 日

亲爱的吉尔伯特:

　　非常感谢你 7 月 29 日的来信。我个人经济问题已由一位(18世纪式的)富有的赞助者给解决了,他给我一份工作不多而待遇丰厚的教学职务。我还不能返回英国,不仅是因为我的孩子们,而且因为我在那里无以维持生计。在这样的时候流亡在外无论如何是无限痛苦的。此时,我们是在一处像蒂罗尔①最好的地带一样极美的地方度暑期,而且我写完了一本大书,《意义与真理的探求》——这是休谟和现代逻辑的结合。有时我想,一个人能做的最好的事情,就是在黑暗时代降临之前尽可能地去抢救文明。我觉

---

　　①　Tyrol 或 Tirol,中南欧的一个地区,位于奥地利西部和意大利北部。——译注

得我们仿佛生活在公元 5 世纪。

我很同意你所说的这是一场意识形态的战争。当俄国转而反对我们的时候，这个斗争就变得很明白了。上一次同沙皇的联盟①使这个争端模糊了。

美国的同情愈来愈偏重于我们一边。我相信，如果我们能安然度过这个月，我们就会取得胜利。但是我对于战争将留给我们一个怎样的世界不抱乐观。

你的永远的朋友

伯特兰·罗素

1940 年 9 月 6 日

美国马萨诸塞州坎布里奇

哈佛大学

我亲爱的吉尔伯特：

10 月 23 日惠函收到，极感高兴。现在我定居在优美农村中一座有 200 年之久的乡间小住宅，这在此间世界就算很古老的了。我在这里做我愉快的工作。如果世界和平了，我会非常快乐。

至于未来，在我看来，如果我们取胜，我们就会彻底胜利。我不信纳粹会逃过这一劫而残存下去。美国会主宰世界，而且大概不会像 1919 年那样悄然退出；美国不会厌战，而且会坚信在他们这里存在的高度的民主。因此我很乐观。日本的军国主义制度很

---

① 指一次大战时英、法与沙俄组成协约国集团。——译注

有希望垮台,而且我不相信中国永远是军阀统治的国家。我认为,
俄国将成为最难对付的国家,特别是如果它最后站到我们一边的
249　话。我绝不怀疑,苏维埃政府甚至比希特勒政权还坏,如果它继续
存在下去,那将是一场灾难。除非世界只有一个空军,再加有一个
它所必需的某种程度上是国际性的政府,否则就不可能有永久的
和平。裁军虽好,但不能保证和平。

　　这里人们的意见随经度而有不同。在东部,人们热烈支持英
国;在商店里,当人们从我们的口音知道我们是英国人时,对我们
特别亲切友好。在加州,人们是反日的,但并不亲英;在中西部,人
们还有点反英。但是到处的舆论都在迅速地变成这样一个信念:
我们一定不会被打败。

　　没有这样一个信念是很可怕的。我很赞赏罗莎琳德(默里之
女),也很羡慕她。

　　我要开一门四年的课程,讲哲学史及其与文化和社会状况的
关系,从泰勒斯到杜威。因为我不能读希腊文,这是有点硬着头皮
干,不过无论如何我颇得其乐。我将哲学史分为三个周期:希腊时
期、天主教时期、新教时期。每个时期一个荒谬的教条的逐渐衰落
都导致无政府状态,从而造成独裁专制。我喜欢从希腊的衰落生
长出天主教,又从马基雅维利的观点生长出路德。

　　我记得你曾将索福克勒斯[①]描写为“杀母罪和高昂情绪的一
种结合”(后来你又否定了)。我还记得,当我恳求你承认“听啊,听
那云雀在鸣叫”这个句子的优美时,你却说它应当赶紧“开始吠

————————————

　　① 索福克勒斯,古希腊悲剧作家。——译注

叫"。我不同意你对莎士比亚的看法,我对索福克勒斯不十分了解,提不出一个看法。此刻,我对阿那克西曼德①满怀钦佩之情,对毕达哥拉斯则感到惊异,他将爱因斯坦与埃迪②集于一身。我不赞成柏拉图,因为除了"统治一切吧,大不列颠"和"英国近卫军"之外的一切音乐他都要禁止。再者,他还发明了《泰晤士报》社论的那种佩克斯尼夫③式的伪善的风格。

望再写信来。再见。

你的永远的朋友

伯特兰·罗素

1941 年 1 月 18 日

美国宾州,马尔维恩一马路

小达切特田庄(永久通讯处)

亲爱的吉尔伯特:

非常感谢你 4 月 23 日的来信,我已平安收到。我虚心承认我有四重错误。我同意你在信中所说的一切,特别是你对"基督教传统"的看法;我一直觉得保守主义对我具有吸引力。不过有几个重要之点要注意。首先,这种传统在美国主要是由天主教会代表的,

---

① 阿那克西曼德,古希腊早期伊奥尼亚学派哲学家,主张万物的本原是"无限者"。——译注

② 埃迪,玛丽·巴克(1821—1910),美国《基督教科学箴言报》的创办人,并建立基督教科学教会。——译注

③ 佩克斯尼夫,狄更斯小说中的一个伪善人物。——译注

可是这里的天主教会并不具有在历史上与之联系的那种文化。（关于这一点，桑塔亚那所写的很令人信服。）天主教会在宗教改革中失去很多东西，当法兰西知识界转向自由思想时，它失去得更多；它今日已不复有昔日的荣耀。一般地说，一个保守的组织，一旦遭到抨击，就不再是一个健全良好的组织了。

250　　我应当把温和形式的社会主义看作基督教传统的一个自然的发展。但是马克思应当归入尼采一派，是一个鼓吹分裂的使徒，不幸的是，马克思主义在社会主义者中间占了上风。

浪漫主义运动是罪恶的根源之一；还可上溯到路德和亨利八世。

我看不到在不久的将来有很大的希望。首先必须有一个世界国家（a World-State），然后有一个奥古斯都时代①，然后这个世界国家慢慢地不带戏剧性地归于消亡。在一段时间里，黄色人种可能给希腊罗马传统注入活力；最后，可能从黑人那里产生出某种新的东西。（我倒认为圣奥古斯丁就是一个黑人。）

我认为，基督教中一切好的东西都来自柏拉图或斯多噶派。犹太人的贡献是造成一个坏的历史；罗马人的贡献是教会统治和教会法。我喜欢英格兰教会，因为它是最纯粹的柏拉图主义形式的基督教。天主教太罗马化了，清教太犹太化了。

生活在这里，又有我的工作，如果没有战争，会是非常愉快的。这里的乡村很像英格兰内陆的多塞特郡；我们的住宅是一处 200

①　奥古斯都时代，古罗马帝国皇帝奥古斯都（Augustus）统治时期（公元前 27 年—公元 14 年），是拉丁文学全盛时期。——译注

年的老宅子,是一个威尔士人建筑的。我的工作很有兴味,工作量也不大。但是一切似乎都是不实在的。周围激荡着凶恶的气氛,人人似乎早晚都注定要变成凶暴。除了去实际进行我没有机会参加的反抗希特勒的斗争,很难觉得还有什么事情是值得做的。有一些英国朋友将返回英国,我们很羡慕他们,因为他们将去参与被认为是重要的某种事情。我力图相信保持文明是值得的,但那似乎还很微弱。我全心全意地敬佩英国人的抵抗,但是因为不能成为其中的一分子而感到遗憾。

再见。请再来信。

你的永远的朋友

伯特兰·罗素

1941 年 6 月 18 日

宾夕法尼亚,马尔维恩一马路

小达切特田庄

我亲爱的吉尔伯特:

你的信放在我桌子上已经很久了,但是因为一直忙得不可开交,故未早日作复。你的信谈到物理学和哲学。我认为物理学取得的结果支持了贝克莱;不过每个哲学家对这个问题有其自己的看法。你还谈到战后的重建。我认为日本闯进来使事情发生了变化。英美的仁爱的帝国主义是行不通的:必须承认"亚洲人的亚洲"。唯一的问题是印度和中国将获得自由还是在日本统治之下。如果它们获得自由,它们就会倾向也是亚洲国家的俄罗斯。不会有文化的统一,我怀疑俄国和美国在建立某种形式的国际政府的问题上能达成协议,或者即使名义上建立了一个国际政府,我怀疑它是否会具有任何实在性。我对战后的世界比日本人崛起之前的世界更不怀有希望。

我的文化史(或者说"从亚当到希特勒的罪孽史")概述已经写到查理曼①时代。我发现公元 400—800 年这段时期非常重要,而人们对它知道得太少了。那时人们自觉的思想微不足道,但是他们的盲目行动却建立了今日英国仍赖以生活的一些社会公共机构,例如牛津和大主教。那个时代有许多孤独的人——坎特伯雷大主教西奥多,他在雅典受教育,力图把希腊文教给盎格鲁－撒克逊人;英格兰人圣博尼费斯和爱尔兰人圣维吉尔在日耳曼森林的荒野中争论在我们这个世界之外是否还有别的世界;苏格兰人约翰②身体虽生在 9 世纪,思想却留在 5 世纪,甚至 4 世纪。中央集权的罗马帝国的毁灭毕竟是件好事。也许我们需要 400 年的时间才能从无政府状态中恢复过来。在一个集权的世界里,几乎没有人被认为是重要的。

在美国正进行着非常有趣的斗争。政府不得不对资本家加以控制,而资本家转过来力图控制工会。这里比英国那里远更害怕"计划经济",这被认为是社会主义的而且据说要导致法西斯主义;然而战争的需要迫使实行计划经济。在华盛顿人人都明白,战后将必然在很大程度上实行计划经济,然而资本家们却希望那时会

①　查理曼大帝(742?—814),神圣罗马帝国皇帝。——译注
②　即斯各脱·厄里根纳。——译注

回到自由放任的经济政策。也许那时会有很多的困难。这里还有很多更为根本的变化正在进行中，这是值得研究的。但是我希望我能够回家了。

祝一切好。

你的永远的朋友
伯特兰·罗素
1942 年 3 月 23 日
宾夕法尼亚，马尔维恩—马路
小达切特田庄

我亲爱的吉尔伯特：

3 月 13 日来信今晨刚刚收到，谢谢。也谢谢你前些时候来信谈到巴恩斯。他是一个喜欢争吵的人；我猜不透有任何理由，他突然撕毁了他和我订的合同。最后，我大概会从他那儿得到损失赔偿；但是法律程序的拖拉耽搁现在像莎士比亚时代一样严重。必须着手做的种种事情使我要在这里待到 10 月末；然后（若一切顺利的话）我将返回英国——彼得和康拉德亦同行，如果遭到潜水艇袭击的危险不是太大的话。我们再也无法忍受远离故土了。在英国我将必须觅得某种谋生的办法。我很乐于去搞政府宣传，因为我对这次战争的看法是很正统的。我希望能找到一条路子，使我对美国的知识可以致用；我发现英国人在力图迎合美国舆论时很容易出错。但是我愿接受能勉强维持三口人生计的任何正当的工作。

现在使我感到烦恼的,不是日益增长的狂热,而是日益增长的民主。你是否读过阿威洛依①的传记? 他受到君主们的保护,却遭到狂热迷信的群氓的憎恨。最后,群氓胜利了。自由思想从来都是贵族统治集团的特权。同样只有贵族妇女才有发展智力的特权。听说玛丽必须自己做家务,我很难过。我的彼得全部时间就是消耗在家务上了,煮饭和照料康拉德;她几乎从来没有时间读点书。18 和 19 世纪是人类正常的野蛮状态的一个短促的中断;现252 在世界已经回到它的常态。对于我们这些自以为是民主派而事实上是贵族政治娇惯的产儿的人来说,这是很不愉快的。

得悉露西·西尔科克斯②的情况,我很难过;如果你看到她,请代我致以问候和同情。

我们要回家的理由是我们不愿意把康拉德送到一个美国学校去读书。不仅因为这里的教学很糟,而且强烈的民族主义很可能在他的幼小的心灵中产生一种有害的家庭和学校之间的冲突。我们认为,潜水艇、炸弹和营养不良倒是一种比较小的危险了。不过这一切也还没有定下来。

今夏我将写完哲学史这部大书——你不会喜欢它的,因为我没有赞美亚里士多德。

我儿约翰目前在英国受海军训练。凯特仍在拉德克利夫学院学习。她希望战后参加类似教友会教徒救济工作那样的事情——她专攻德语,不可能[对德国]有官方要求的那种仇恨感。

---

①　Averroes(1126—1198),12 世纪阿拉伯哲学家伊本·鲁士德(Ibn-Rushd)的拉丁化名字。——译注

②　一位著名的自由派女教师。

代我问候玛丽——能与你们重逢将是一种真正的快乐——老
朋友愈来愈少了。

你的永远的朋友

伯特兰·罗素

1943 年 4 月 9 日

宾夕法尼亚,马尔维恩一马路

小达切特田庄

乔赛亚·韦奇伍德上校,即后来的巴拉斯顿的韦奇伍德勋爵之弟
拉尔夫·韦奇伍德致罗素

亲爱的罗素:

乔斯已平安回国,他做的第一件事就是告诉我说他看到了你,
而把你给他的信寄给我以为佐证。这让我想起了很久以前在剑桥
的日子——我觉得这是我现在很适于做的一件事,因为我已经过
了 65 岁大关,而我一向相信这是我积极生命的终点。这应当是人
一生中真正的好时光,这时一个人的良心已得到满足,工作也完成
了,他可以重温旧日的乐趣,也还可以寻来旧日的友朋。再说,我
一直在读你最近的一本文集,只是这个就使我要写信给你,告诉你
我读这些文章感到多么喜悦。好些文章是我新读到的,但是我不
能确定我最喜欢的是新的还是老的文章——我只是相信当我把它
们一起阅读时,那是最开心的了。

愿再见到你并认识你的妻子。你是否可能再回英国? 我想无

论如何不要等到战后才回来。在那个令人高兴的(令人渴望的)事件到来之前,我不会去美国。我们有许多朋友已然过世了,——有些人则简直变得太反动了!G.E.穆尔是唯一守常不变的一个,我估计你在美国已见到他了。他看来也可能在那里待到战争结束,但这却是剑桥的一大损失。上个月有一个晚上我在院长住宅同新任三一学院院长在一起——似乎并不像听说的那样可怕。他其实是一个可爱的人,不过你跟他谈话一定要避开诸如瘟疫之类的话题。但不管怎样,我们还是谈论了以往的时光,谛听着夜莺的歌

253　唱——因此没有发生什么不快的事情。德斯蒙德·麦卡锡,我过去时不时见到他,但是战争时期使所有这类社会交往都终结了——人人都各干各的,各有烦恼。有暇请来信,谈谈你自己的情况。见到乔斯时我要问问他拜访你的全部情况,他的信对访美的整个情况有点预示不祥地保持沉默。我担心惠勒那段经历对他刺激很大。

　　再见,祝好。

> 你的兄弟般的
>
> 拉尔夫·韦奇伍德
>
> 1941 年 7 月 29 日
>
> 斯塔福德郡,
>
> 斯通,阿斯顿住宅

罗素致桥梁专家伊利·卡伯特森

亲爱的卡伯特森:

经过反复的思考,对于建立国际政府问题以及你提出的方案,我已形成大致明确的意见。

关于建立国际政府问题,我认为无疑是目前世界面临的最重要的问题。凡是在我看来能够使绝大多数的武装力量站到维护国际法一边的方案,我都准备予以支持;某些方案可能比别的方案更令我满意,但是我会支持无论哪一种有较大可能被采纳的方案。这个问题归根结底要由罗斯福、斯大林和丘吉尔(或他的继任者)来决定;或者也许没有斯大林。罗斯福和丘吉尔会受其本国舆论的很大影响,但是也会受其阁僚的影响。他们大概肯定要对他们所采纳的任何方案加以修改。

在这种情况下,我认为我的任务是倡导国际政府的原则,而不是这个那个具体的方案。为了使事情得以付诸实践,具体的方案是极有用的,但是我不愿陷入有关此一方案和彼一方案的争论。

你一定知道,你非常有说服力,我曾经想过我可能公开同你站在一起,但是,很遗憾,经过深入思考,我得出了这样的结论:我与你的分歧之点是极其重要的,以致我不能与你站在一起。最重要的分歧如下:

(1)你提出的由主要国家组成地区性联邦的计划有一些困难。你在拉丁联邦中将法国与意大利置于同等地位;南美诸国会耻于承认在地位上低于美国;德国不应被放在诸条顿小国之上,这些小国比德国要文明得多,而且远更乐于组成一个世界性联邦。

(2)我不能赞成你关于印度的建议。我多年来一直主张印度自由,我不可能在刚好有了实现这个自由的良机时放弃这个主张。

（3）我不赞同你提出的将军事力量的限额"永久"固定下来或者即使固定 50 年；我认为以 25 年为限是明智的。不过,这还只是我提出的下面这个更大的反对理由的一部分,即:我认为你并没有为军事力量限额提供一种能进行合法变动的充分的机制,然而要使暴力对人们失去吸引力,这一点却是绝对必要的。

你也许会说,你的方案中我所不赞成的几点倒是可能使它更易于被采纳。我不这样想。在我看来,任何切实可行的计划,其核心在于英美合作,有了英美合作,许多小国很快就会像卫星一样围绕它而联合起来。我们可以希望中国和得到复兴的法国也这样参加进来。因此首先,我希望这是一个排除前敌对国而且对俄国大概也要敬而远之的联邦。至于前敌对国,对意大利,人们不会有争议,它不是一个很强烈的法西斯国家。我认为,日本将崩溃瓦解,需要由占领军维持秩序;在占领军的支配下,可能引入一种新的文明。德国无疑将需要一个相当长的时间,但是我认为,其变化亦不出 20 年之内。至于俄国,我们必须等着瞧。

我要说的要点是:我认为我们不可能有了一纸和平条约就万事具备了。真正协同一致的各大国最好有一个核心,然后逐渐发展,而其先决条件永远是:在和平时期,这个核心具有绝对的军事优势,并且具有能保持这种优势于多长时间的手段。

如前所说,我赞成任何建立国际政府（不是像希特勒的［轴心国同盟那样的］国际政府）的计划,如果你的计划被采纳了,我会非常高兴,虽然比较起来我还是觉得我在《美国信报》上概述的那个方案更好。如果你愿意的话,我还会非常高兴去仔细考察你的任何一篇作品,旨在从你的观点提出一些批评。也许有一些细节可以修改得更好些。你的方案一旦公开发表，无论何时我若有机会谈或写有关国际政府问题，我都会说这个方案极有价值。但是你不能为了使我公开出面而给我以任何报偿，因为我觉得这意味着太多地牺牲了思想的独立性。

对此我深感遗憾，这是因为一方面我觉得同你合作的前景极有吸引力，另一方面这个合作却将减少我独自提倡国际政府的机会。由于这些原因，对于是否同你站在一边，我曾颇感焦虑，而且我曾认为我能这样做；但是我这人不善于使自己的见解听从任何他人，如果力图这样做，我认为那是不会有好的结果的。

上述这些尤其适用于我可能在哥伦比亚教师培训学院做的一次讲演，我过去曾写到过这个学院。

如果我在此信所言有伤及我们个人关系之处，我的确感到非常抱歉。我们之间的交谈曾经给我以很大的思想的激励，我希望我提出的一些不同意见对你或许是有用的。尽管如此，我还是认为我们之间有一种真正的友谊。

你的诚挚的

伯特兰·罗素

1942 年 1 月 12 日

我的妻子要我代她问候你。

《大地》及其他作品的作者赛珍珠致罗素

我亲爱的罗素：

上星期天,您的态度给我以如此深的印象,以致我曾想是否不该给您写信。

255　　后来林语堂在星期三谈到你发表在《太平洋邮报》上的那封信,他认为那封信的确写得非常好。我自己还没有看到它(我要设法弄一份来),但是他给我讲的已足以使我觉得我确实必须给您写信。

很长时间以来(事实上有好几个月的时间);我因为许多美国人心中对英国的反感而深感不安,我知道那肯定是为印度局势而发的。我相信我几年前在印度时就认识到了这一点,而且我亲自感觉到如果战争爆发会有什么不可避免的事情发生,而且即在那时战争就已很明显地将要来临了。

如果我对我们两国之间的关系没有表现出多少热情,您也许会问我何以要参与有关印度问题的讨论。我之所以这样做,是因为尽管我很爱英国,但是作为一个美国人,首先我觉得我有责任去做我所能做的一切,看看可否不要设法使印度全力卷入战争,其次,因为我知道我们必须以某种有力的方式再向中国人保证,我们绝不是按同一旧的思路考虑问题的。由于这后一个理由,我欣然接受英国人对美国在驻英武装力量中实行种族隔离政策所采取的卓越立场。

现在我认为,人们在印度做的事情已经做完了,下面的问题不再是讨论在那里谁对谁错,而是我们大家一起来筹划一下,如何应付未来的灾难。我希望您读一读(如果您还未读过的话)埃德加·斯诺发表在《星期六晚邮报》上题为“我们必须首先打日本吗?”的文章。这是一个很严重的问题,我们大家必须一起来考虑。

美国人和英国人之间龃龉不合绝不能允许继续下去了。我不认为我们会越过印度,特别是在远东战场我们的人员伤亡愈来愈严重的时候,而印度既然又不会被动员起来帮助我们。我既怕那些专事反英的人士,又怕那些由于未能使印度全心全意投入战争而怀有敌意的人们。我甚至更怕那些当看到失掉印度会使我们付出多大代价而变得愤怒的人们。

我认为,美国人并不特别亲印度(即使说有点亲印),我知道我就不是。但是在普通美国人中间确乎对在印度发生的那类事情有点真心感到厌恶,尽管我们对本国的有色人种也采取同样恶劣的态度。当然,我们充满了矛盾,但是在印度也是如此。我们能做些什么来改善我们两国关系的状况呢?

我想有一件事应当不太难做到。假定丘吉尔不可能下台,那么,如果我们能找到一个另一类型的英国人,而且在许多这类英国人中同他会见,听他讲话,那会有很大的帮助。您知道,自由派英国人士的意见一直遭到极其苛刻的审查。在美国这里我们也一直不允许听到英国那边持不同政见的声音;在我们这儿的英国官方人士及其一切宣传未做任何事情来弥合普通人之间的裂痕。

我们这些懂得人类平等之必要的英国人和美国人一道能做些什么来宣明我们的思想和目的的一致呢?

对我们来说,为了这个同一种类的世界,互相援助和团结一致的时候已经到来。我们不能屈服于彼此的过错和傲慢,但是我们能够同声谴责它们,能够一起确定一条更好的前进路线,从而在我们的敌人和我们的犹疑不定的盟友面前到处重申我们两国人民在根本上是团结一致的。

　　　　　　　　您的非常诚挚的

　　　　　　　　赛珍珠

　　　　　　　　1942 年 12 月 23 日

　　　　　　　　宾夕法尼亚,珀尔卡西三马路

　　我那时对印度问题的看法是:必须说服英国政府与印度重开谈判。然而,在丘吉尔还在执政之际,很难看出有什么办法能做到这一点。同时,也要说服印度领导人结束不合作运动①,在谈判中进行合作。后面这一点也许可以通过尼赫鲁做得到。印度应当摆脱一切外国的统治,无论是英国的还是其他国家的统治,我认为这是理所当然的。

与西德尼·韦布夫人的往来书信

我亲爱的伯特兰:

　　从国会议员 W.J.布朗写的《我接触美国》这本出色的书中,我非常高兴地看到,你不仅渴望打赢这场战争,而且想要在战后重建这个世界。得悉你已决定留在美国而且鼓励你的儿子在那里而不是回英国谋职,我们对此也极为关注。如果你不是不列颠王国的一名上院议员,你的儿子也不是像他的曾祖父那样一位可能成为大政治家的人物,那么我会认为你的决定是聪明的,但是我们还

---

　　① 指印度民族运动领袖甘地倡导的对英国殖民政府进行"不合作主义"的非暴力反抗斗争。——译注

是希望你们爷俩统统返回英国,因为你是我们议会民主制政府的一分子或一小份啊。我也想到那些也是英国上院议员的教师们,就社会职业而言,他们在美国处于某种微不足道的不利的地位,因为他们会引起那些势利小人的注意而得罪劳工运动。但当然我也许说错了。

我欣然告诉你,西德尼身体很好,也很愉快。不过由于1938年那次中风,他已不能再参加社会活动了。我还在为发表著作而继续不断地写,写,写。但是我老了,感到累了,又有种种病痛的折磨,从双腿水肿到夜间失眠。

寄上我们最近的一个小册子,它在英国颇为畅销,纽约朗曼出版公司亦将印行此书。你也许不赞同此书的观点,但是我想你会感兴趣的,而且萧伯纳写的序也很风趣。像我们一样,萧伯纳夫妇也很老了,萧还在继续写作,但夏洛特是一个久治不愈的大病号,过得很不快活。萧正在写一本书,名为《政治家之诀窍》。这本书他已写了几个月了,如果不是因为纸张短缺,他本来还要继续写一部长而又长的大作。

不论你是否待在美国,我确实希望你和你那两名聪明的后生到英国来访,而我们则因见到你和你的妻子而深感快慰。请代我向她问候,我不知道她是否喜欢美国。

深爱你的朋友

贝阿特丽斯·韦布

(西德尼·韦布夫人)

1942 年 12 月 17 日

汉茨，利富克

帕斯菲尔德角

257　又及：我想你不认识我们的外甥斯塔福德·克里普斯吧。——但他代表着正在英国兴起的一个新的思潮，要把基督教信仰与……[有漏字]结合起来——这也许会引起你的兴趣。他离开内阁到印度去了！

我亲爱的贝阿特丽斯：

非常感谢你 12 月 17 日的来信。很高兴有了你和西德尼的消息并得知他身体安好。听说你为"病痛"所苦，我很难过。我想，人到了一定的年龄，这是不可避免的——而我很快也要到这个年龄了。

我不知道是什么使 W.J.布朗以为我打算在美国定居。我在任何时候都不曾有过这样的想法。最初我是要来待 8 个月的，后来因工作受阻。后来战争打起来了，我觉得对康拉德（现已 5 岁）来说最好待在这儿。但是所有这些理由都将近终结了。

约翰（安伯利）已在哈佛读完书，日内即将返回英国，如果可能，去进海军，否则就去陆军。我女儿凯特在拉德克利夫；她各门功课都学得很好。她的希望是战后去参加欧洲大陆的救济工作。我因为有若干聘约要暂且留在这儿，但我会很快就回国，彼得和康拉德则在这儿待到战争结束。

印度拒绝克利普斯的建议，我深感失望。此间人们对印度不了解，但是舆论却很强烈。我一直在通过演讲和撰文力图克服在印度问题上的反英情绪,在一些地区这种情绪非常强烈。

多谢你寄来你的极有趣的论俄国的小册子。不论你是否喜欢它的制度,你不能不大大地赞佩俄国在这场战争中取得的成就。

待我返回英国时,我确实希望再见到你。彼得问候你并感谢你的来信。

深爱你的

伯特兰·罗素

1943 年 1 月 31 日

小达切特田庄

怀特海夫妇致罗素

亲爱的伯蒂:

我们从三一学院评议会会议录上刚刚看到你被重新选为研究员和讲师。会议录还着重指出,你是全票当选的。致以我们最热烈的祝贺。这本来就是应当如此的。

你的永远的朋友

艾尔弗雷德和伊芙琳·怀特海

1944 年 1 月 3 日

马萨诸塞州,坎布里奇

坎布里奇街 1737 号

索　引

（索引中的数字为原书页码，即本书边码）

图书在版编目（CIP）数据

罗素文集. 第14卷, 罗素自传. 第二卷/（英）罗素（Russell, B.）著；陈启伟译. —北京：商务印书馆，2012（2018.7重印）

ISBN 978 - 7 - 100 - 09123 - 7

I. ①罗… II. ①罗… ②陈… III. ①罗素，B.（1872～1970）—自传 IV. ①B561.54

中国版本图书馆 CIP 数据核字（2012）第 090613 号

罗素文集

第 14 卷

罗素自传

第二卷

1914—1944

陈启伟 译

商 务 印 书 馆 出 版
（北京王府井大街36号 邮政编码 100710）
商 务 印 书 馆 发 行
北 京 冠 中 印 刷 厂 印 刷
ISBN 978 - 7 - 100 - 09123 - 7

2012 年 10 月第 1 版　　　开本 787×960　1/16
2018 年 7 月北京第 2 次印刷　印张 28⅞　插页 7
定价：118.00 元